全国高等教育自学考试指定教材
计算机通信工程专业（独立本科段）

计算机通信接口技术

（2014 年版）

（含：计算机通信接口技术自学考试大纲）

全国高等教育自学考试指导委员会　组编

编著　任国林

机 械 工 业 出 版 社

本书主要介绍了计算机通信接口的技术原理及其应用方法，内容由理论学习及实践环节两部分组成。理论学习部分包括计算机通信接口概述、PC 机 I/O 接口概述、并行接口、串行接口、时间接口 5 章内容，实践环节部分包括汇编语言程序设计、PC 机串行接口通信、PC 机时间接口应用 3 个实验指导书。

本书注重软硬件相互结合，突出接口应用技术；每章配有思考题与练习题，以帮助读者巩固所学知识；每个实验配有参考程序，以降低读者独自实验的难度。

本书既可作为高等教育自学考试电子、通信及其应用类专业独立本科或专科段教材，也可作为计算机接口应用及开发人员的技术参考书。

图书在版编目(CIP)数据

计算机通信接口技术/任国林编著．—北京：机械工业出版社，2014.9 (2025.3 重印)
全国高等教育自学考试指定教材
ISBN 978-7-111-48181-2

Ⅰ．①计…　Ⅱ．①任…　Ⅲ．①计算机通信-接口-高等教育-自学考试-自学参考资料　Ⅳ．①TN915

中国版本图书馆 CIP 数据核字(2014)第 229603 号

机械工业出版社（北京市百万庄大街 22 号　邮政编码 100037）
责任编辑：郝建伟　　责任校对：陈　越
北京中科印刷有限公司印刷

2025 年 3 月第 1 版·第 3 次印刷
184mm×260mm·12.5 印张·301 千字
标准书号：ISBN 978-7-111-48181-2
定价：24.00 元

本书如有质量问题，请与教材供应部门联系。
自学考试教材服务网　网址：http://zkjc.neea.edu.cn

组 编 前 言

21世纪是一个变幻难测的世纪，是一个催人奋进的时代，科学技术飞速发展，知识更替日新月异。希望、困惑、机遇、挑战随时随地都有可能出现在每一个社会成员的生活之中。抓住机遇，寻求发展，迎接挑战，适应变化的制胜法宝就是学习——依靠自己学习，终生学习。

作为我国高等教育组成部分的自学考试，其职责就是在高等教育这个水平上倡导自学、鼓励自学、帮助自学、推动自学，为每一个自学者铺就成才之路。组织编写供读者学习的教材就是履行这个职责的重要环节。毫无疑问，这种教材应当适合自学，应当有利于学习者掌握和了解新知识、新信息，有利于学习者增强创新意识、培养实践能力、形成自学能力，也有利于学习者学以致用，解决实际工作中所遇到的问题。具有如此特点的书，我们虽然沿用了“教材”这个概念，但它与那种仅供教师讲、学生听，教师不讲、学生不懂，以“教”为中心的教科书相比，已经在内容安排、编写体例、行文风格等方面都大不相同了。希望读者对此有所了解，以便从一开始就树立起依靠自己学习的坚定信念，不断探索适合自己的学习方法，充分利用已有的知识基础和实际工作经验，最大限度地发挥自己的潜能，以达到学习的目标。

欢迎读者提出意见和建议。

祝每一位读者自学成功！

全国高等教育自学考试指导委员会

2013年7月

目　　录

组编前言

计算机通信接口技术自学考试大纲

出版前言
Ⅰ. 课程性质与课程目标 …… 3
Ⅱ. 考核目标 …… 3
Ⅲ. 课程内容与考核要求 …… 4
Ⅳ. 关于大纲的说明与考核实施要求 …… 10
Ⅴ. 题型举例 …… 12
后记 …… 15

计算机通信接口技术

编者的话 …… 18
第一章　计算机通信接口概述 …… 19
第一节　计算机总线结构 …… 19
第二节　I/O 接口与 I/O 端口 …… 22
第三节　I/O 控制方式 …… 25
第四节　计算机通信概述 …… 28
第五节　计算机通信接口的概念与技术发展 …… 31
本章小结 …… 32
思考题与练习题 …… 33
第二章　PC 机 I/O 接口概述 …… 34
第一节　PC 机基本结构 …… 34
第二节　PC 机端口技术 …… 44
第三节　PC 机中断技术 …… 49
本章小结 …… 58
思考题与练习题 …… 59
第三章　并行接口 …… 61
第一节　并行通信概述 …… 61
第二节　简单并行接口 …… 65
第三节　可编程并行接口 8255 …… 68
第四节　PC 机并行通信接口 …… 80
本章小结 …… 88
思考题与练习题 …… 88
第四章　串行接口 …… 90
第一节　串行通信的基本概念 …… 90
第二节　串行通信协议 …… 93
第三节　RS-232C 接口 …… 100
第四节　RS-422A/RS-423A/RS-485 接口 …… 105
第五节　PC 机异步串行通信接口 …… 108
第六节　USB 接口 …… 125
第七节　以太网络接口 …… 132
本章小结 …… 134
思考题与练习题 …… 135
第五章　时间接口 …… 137
第一节　定时技术概述 …… 137
第二节　可编程定时/计数器 8254 …… 139
第三节　8254 在 PC 机中的应用 …… 150
第四节　实时时钟电路 MC146818 及其应用 …… 152
本章小结 …… 157
思考题与练习题 …… 158

实验指导 …………………………………… 159
实验一：汇编语言程序设计 ……………… 159
实验二：PC 机串行接口通信……………… 168
实验三：PC 机时间接口应用……………… 175
附录 …………………………………………… 182
附录 A　ASCII 字符编码表 ………………… 182
附录 B　8086/8088 汇编指令一览表 ……… 182
附录 C　汇编语言程序开发过程 ………… 186
参考文献 …………………………………… 192
后记 ………………………………………… 193

全国高等教育自学考试

计算机通信工程专业（独立本科段）

计算机通信接口技术
自学考试大纲

（含考核目标）

全国高等教育自学考试指导委员会　制定

出版前言

为了适应社会主义现代化建设事业的需要，鼓励自学成才，我国在20世纪80代初建立了高等教育自学考试制度。高等教育自学考试是个人自学、社会助学和国家考试相结合的一种高等教育形式。应考者通过规定的专业课程考试并经思想品德鉴定达到毕业要求的，可获得毕业证书；国家承认学历并按照规定享有与普通高等学校毕业生同等的有关待遇。经过30多年的发展，高等教育自学考试为国家培养造就了大批专门人才。

课程自学考试大纲是国家规范自学者学习范围、要求和考试标准的文件。它是按照专业考试计划的要求，具体指导个人自学、社会助学、国家考试、编写教材及自学辅导书的依据。

为更新教育观念，深化教学内容方式、考试制度、质量评价制度改革，更好地提高自学考试人才培养的质量，全国考委各专业委员会按照专业考试计划的要求，组织编写了课程自学考试大纲。

新编写的大纲，在层次上，专科参照一般普通高校专科或高职院校的水平，本科参照一般普通高校本科水平；在内容上，力图反映学科的发展变化以及自然科学和社会科学近年来研究的成果。

全国考委电子电工与信息类专业委员会参照普通高等学校计算机通信接口技术课程的教学基本要求，结合自学考试计算机通信工程专业（独立本科段）的实际情况，组织制定的《计算机通信接口技术自学考试大纲》，经教育部批准，现颁发施行。各地教育部门、考试机构应认真贯彻执行。

全国高等教育自学考试指导委员会

2014年7月

Ⅰ. 课程性质与课程目标

一、课程性质和特点

在高等教育自学考试计算机通信工程专业（独立本科段）的考试计划中，计算机通信接口技术是一门专业基础课，是为培养满足计算机通信工程领域需要的技术人才而设置的。在修完数字逻辑电路、微型计算机原理及其应用（包括汇编语言程序设计）等课程后，通过本课程的学习，使学生掌握计算机通信接口的相关技术，具备计算机通信接口的应用编程能力和初步设计能力。

本课程是一门技术应用型课程，有两个特点：一是软硬件相结合，计算机接口的应用涉及硬件连接、软件编程，两者必须相互配合；二是理论联系实际，计算机通信接口的应用能力培养离不开实践，实验环节有助于加深对课程内容的理解与掌握。

二、课程目标

本课程主要培养考生计算机通信接口的技术应用能力，要求考生：

1）了解 PC 机的 I/O 技术，包括总线、接口、I/O 方式。

2）掌握计算机的通信接口技术，包括并行接口、串行接口、时间接口。

3）具备计算机通信接口的应用能力，包括硬件连接、软件编程。

三、与相关课程的联系与区别

1. 先修课程

本课程的先修课程为数字逻辑电路、微型计算机原理及其应用。通过先修课程的学习，应具备如下知识或能力：

1）数字逻辑电路的基本概念，简单数字逻辑电路的分析与设计能力。

2）PC 机的基本组成及工作原理，8086 汇编语言的基本编程能力。

这两个方面的知识及能力是学习本课程的基础。

2. 相关课程

本课程的相关课程为计算机通信网。本课程侧重计算机与外部设备通信的接口技术，计算机通信网侧重计算机与外部设备通信的互联技术及数据传输技术。本课程的通信接口技术是计算机通信网的知识基础。

四、课程的重点和难点

本课程的重点是通信接口的应用编程技术，次重点是通信接口的组成原理，难点是通信接口的分析与初步设计。

Ⅱ. 考 核 目 标

本大纲在考核目标中，按照识记、领会、简单应用、综合应用四个层次，规定其应达到的能力层次要求。四个能力层次是递升的关系，后者必须建立在前者基础上。各能力层次的含义如下。

识记（Ⅰ）：要求考生能够识别和记忆本课程中有关概念及原理的主要内容，并能够做出正确的表述、选择和判断，如 RS-232C 标准、8255 的引脚信号、中断方式的 I/O 思想等。

领会（Ⅱ）：要求考生能够领悟和理解本课程中有关概念及原理的内涵及外延，硬件组成及适用条件，理解相关知识的区别和联系，并能够对相关问题进行分析，做出正确的判断、解释及说明，如双线与三线异步握手方式、可编程计数器的结构、PC 16550 的中断请求产生条件等。

简单应用（Ⅲ）：要求考生能够运用学过的少量知识点，分析和解决简单的问题，如接口电路分析、接口电路与总线及 I/O 设备的连接、简单功能程序段编写等。

综合应用（Ⅳ）：要求考生能够运用学过的多个知识点，分析和解决较复杂的问题，如简单接口电路设计，完整程序的编写等。

Ⅲ. 课程内容与考核要求

第一章　计算机通信接口概述

一、学习目的与要求

本章主要介绍与计算机通信接口相关的基本概念及基本原理，为本课程的学习阐明技术背景。要求考生了解计算机 I/O 接口的基本结构，熟悉 I/O 端口的组成及其编址方式；掌握不同 I/O 控制方式的原理；熟悉计算机通信的性能及其分类；了解计算机通信接口所涉及的技术。

二、课程内容

1）计算机总线结构。

2）I/O 接口与 I/O 端口。

3）I/O 控制方式。

4）计算机通信概述。

5）计算机通信接口的概念与技术发展。

三、考核知识点与考核要求

1. 计算机总线结构

识记：总线结构的硬件组成；总线结构的特点；总线特性；总线类型；系统总线组成。

领会：总线操作与主/从设备；I/O 接口的作用；总线标准与接口标准；总线操作过程。

2. I/O 接口与 I/O 端口

识记：I/O 接口功能；I/O 端口及其分类；基本、选通数据传送方式；
　　统一、独立 I/O 端口编址方式。

领会：I/O 接口的基本结构及工作原理；I/O 端口的组成与操作控制；
　　I/O 端口编址方式与总线信号及 I/O 指令的关系；总线周期与 I/O 端口操作。

简单应用：I/O 接口的片选引脚、地址引脚与地址总线信号线的连接。

3. I/O 控制方式

识记：查询方式的 I/O 思想；中断方式的 I/O 思想；DMA 方式的 I/O 思想；
　　DMA 接口的功能与组成；DMA 方式的数据传送过程。

领会：查询方式的 I/O 端口需求、程序流程；无条件传送方式的编程方法；

I/O 中断的过程；中断请求产生与撤销的机理；中断服务程序的基本框架；
DMA 使用总线的方法；3 种 I/O 控制方式的异同点。

4. 计算机通信概述

识记：计算机通信及其分类；计算机通信系统的组成；数据通信的分类。

领会：计算机通信与网络通信的区别；计算机通信的主要性能指标；
不同数据通信方式的特点、适用范围。

5. 计算机通信接口的概念与技术发展

识记：通信接口的定义；典型的通信接口及其特性。

领会：辅助接口的作用；接口标准的特性；通信性能与通信接口技术的关系。

四、本章重点及难点

重点：I/O 接口与 I/O 端口；I/O 控制方式。

难点：各个基本概念的关联。

第二章　PC 机 I/O 接口概述

一、学习目的与要求

本章主要学习 PC/XT 微机的基本结构、I/O 端口技术和中断技术，为 PC/XT 上的 I/O 接口应用及编程打下基础。要求考生了解 PC/XT 的主板结构、PC 总线的总线周期时序；掌握 PC/XT 中 I/O 端口的编址、地址译码、操作编程方法，能够按要求连接 I/O 接口到 PC 总线，并进行简单 I/O 编程；了解 PC/XT 中可屏蔽中断的结构、IVT 的组织，掌握 PC/XT 的中断程序编写方法。

二、课程内容

1）PC 机基本结构。

2）PC 机端口技术。

3）PC 机中断技术。

三、考核知识点与考核要求

1. PC 机基本结构

识记：PC/XT 的基本结构；8088 CPU 主要引脚信号；PC 总线主要信号线。

领会：8088 有关中断及 DMA 的信号连接，PC 总线信号与 8088 信号的关系；
PC 总线周期的操作种类，PC 总线周期的信号时序。

2. PC 机端口技术

识记：PC/XT 的 I/O 编址方式、I/O 地址空间大小；
系统板、I/O 通道端口地址的区分方法；74LS138 真值表。

领会：I/O 端口地址译码的逻辑；固定式端口（接口）地址译码方法；
可选式端口（接口）地址译码方法；I/O 指令对应的 PC 总线周期信号及时序。

简单应用：I/O 接口（端口）译码电路的分析，I/O 接口的译码电路设计；
无条件传送方式的 I/O 编程，查询方式的 I/O 编程。

3. PC/XT 微机中断技术

识记：中断的概念；中断过程；可屏蔽中断；向量中断；多重中断；
PC/XT 的中断分类、可屏蔽中断的类型号分配、IVT 的结构及其访问；

键盘输入、屏幕输出的软中断功能调用方法。

领会：PC/XT 可屏蔽中断的请求连接、中断过程的详细操作；

I/O 接口的中断请求产生/撤销电路；主程序、中断服务程序的框架。

简单应用：中断向量设置编程。

综合应用：中断服务程序编程；非向量中断编程。

四、本章重点及难点

重点：PC 总线周期的信号时序；PC/XT 的端口地址译码、I/O 编程技术。

难点：PC/XT 可屏蔽中断的请求产生/撤销、中断响应过程，中断服务程序编程。

第三章　并 行 接 口

一、学习目的与要求

本章主要学习异步并行通信协议及几种并行接口的基本组成，掌握这些并行通信接口的应用编程技术。要求考生理解异步握手协议的原理，了解简单并行接口的基本组成；掌握 8255 不同方式的工作原理，能够进行 8255 的应用及编程；掌握 PC 机并行打印机接口的组成及 IEEE 1284 标准的工作模式，了解 PC 机并行接口的编程方法。

二、课程内容

1）并行通信概述。

2）简单并行接口。

3）可编程并行接口 8255。

4）PC 机并行通信接口。

三、考核知识点与考核要求

1. 并行通信概述

识记：并行通信的特点；并行接口的分类；选通传送方式的数据与联络信号时序。

领会：基本/选通传送方式的端口功能，异步并行通信协议的原理、联络信号时序；

三线握手方式的信号时序、应用特点。

2. 简单并行接口

识记：三态门的功能、应用特点，74LS244 的引脚信号、控制逻辑；

锁存器的功能、应用特点，74LS373 的引脚信号、控制逻辑。

领会：简单并行接口的组成；简单并行接口与并行端口的区别与联系。

综合应用：根据给定芯片及条件，设计简单并行接口，并连接到总线上。

3. 可编程并行接口 8255

识记：8255 的功能、引脚信号、内部端口地址分配；

方式 1 输入、输出的功能、联络信号；方式 2 操作的特点。

领会：8255 与 PC 总线的连接；端口 C 的两种操作方法；方式 0 的工作原理；

方式 1 输入及输出时，数据传送、总线操作的信号时序；

中断允许位 INTE 的功能、操作方法；状态字与引脚信号的关系。

简单应用：8255 初始化编程；8255 工作于方式 0 时的通信编程。

综合应用：8255 工作于方式 1 输入及输出时，查询、中断方式的硬件连线及软件编程。

4. PC 机并行通信接口

识记：PC 机并行打印机接口的主要引脚信号，数据传送时序，端口组织及其地址分配；
　　　IEEE 1284 标准的 5 种工作模式的功能、特点。

领会：PC 机并行打印机接口实现异步并行通信协议的方法，产生中断请求的机理；
　　　IEEE 1284 工作模式转换的方法及其原理；半字节/字节模式实现反向传送的机理。

四、本章重点、难点

重点：8255 的工作原理、应用编程；简单并行接口的组成。

难点：IEEE 1284 并行接口的工作模式转换；PC 机并行打印机接口的反向传送。

第四章　串 行 接 口

一、学习目的与要求

本章主要学习串行通信协议及异步串行接口的基本组成，掌握串行通信接口的应用编程技术。要求考生了解串行通信的基本过程，领会串行通信协议的原理，掌握串行通信接口的组成原理；基于 RS-232C 接口，掌握异步串行通信接口的传输控制、接口连接等技术；基于 PC 16550 芯片，掌握 PC 机串行接口的组成及其串行通信编程技术；基于 USB 接口及以太网络接口，了解同步串行通信接口的传输控制、通信协议、接口应用等技术。

二、课程内容

1）串行通信的基本概念。

2）串行通信协议。

3）RS-232C 接口。

4）RS-422A/RS-423A/RS-485 接口。

5）PC 机异步串行通信接口。

6）USB 接口。

7）以太网络接口。

三、考核知识点与考核要求

1. 串行通信的基本概念

识记：串行通信的特点；串行通信的性能指标；波特率系数；
　　　MODEM 的工作状态及其转换。

领会：串行通信的基本过程；电话拨号过程的状态表示；差错控制的方法。

2. 串行通信协议

识记：异步串行通信协议的帧格式；同步串行通信规程的特征；
　　　方阵校验、LRC 校验、CRC 校验的编码方法和校验原理。

领会：异步协议收/发同步、位采样、差错控制的方法；
　　　同步协议收/发同步、数据透明的方法。

简单应用：异步串行通信数据流中，数据帧的形成及字符数据的识别。

3. 串行通信接口标准

识记：RS-232C 的传输特点、数据及 MODEM 信号线、信号电平；
　　　RS-422A、RS-423A、RS-485 的传输方式、信号线。

领会：RS-232C 实现频带通信的信号时序，半双工通信的收/发方向切换方法；

RS-422A、RS-485 的通信特点、应用方法。

简单应用：RS-232C、RS-422A、RS-485 接口的连接方法。

4. PC 机异步串行通信接口

识记：异步发送器/接收器与同步发送器/接收器的主要区别；

PC 16550 的功能、端口、初始化流程；PC 机 COM 口的接口特性。

领会：异步发送器/接收器的结构、发送和接收过程、接收错误类型、中断类型；

PC 16550 发送/接收过程中的状态端口变化，中断请求的产生条件及处理方法。

简单应用：PC 机 COM 口的初始化编程。

综合应用：PC 机 COM 口的查询方式、中断方式的通信编程。

5. USB 接口

识记：USB 系统的拓扑结构、通信方式；USB 硬件的类型；USB 设备的地址、端点；

USB 接口的信号线、信号电平、总线状态；USB 的包格式、传输类型、事务类型。

领会：USB 通信过程与各层驱动程序的关系；半双工通信与 USB 事务的组成；

USB 接口的信息编码；USB 设备的状态、自动配置过程；

USB 传输类型的表示方法。

6. 以太网络接口

识记：以太网络类型、传输介质类型；接口类型表示方法；

100Base-TX 接口的信号定义、传输方式；曼彻斯特编码；

RJ-45 连接方法；以太网 MAC 协议的帧格式。

领会：通信冲突检测方法；收发同步方法；帧格式中填充域的作用。

四、本章重点、难点

重点：RS-232C 接口标准；PC 机异步串行接口的应用编程。

难点：异步发送器/接收器的工作原理；USB 接口的通信原理。

第五章　时 间 接 口

一、学习目的与要求

时间接口主要实现定时与计时功能，是计算机通信的辅助接口之一。本章主要学习定时/计数及时间接口的相关技术，掌握 PC 机时间接口的应用编程技术。要求考生掌握定时/计数技术的基本原理，掌握定时/计数器 8254 的工作方式及其应用编程方法，了解实时时钟电路 MC146818 的功能与结构，掌握访问实时时钟信息的编程方法，能够利用 PC 机的时间接口编程实现用户的定时操作。

二、课程内容

1）定时技术概述。

2）可编程定时/计数器 8254。

3）8254 在 PC 机中的应用。

4）实时时钟电路 MC146818 及其应用。

三、考核知识点与考核要求

1. 定时技术概述

识记：定时与计时；内部定时与外部定时；硬件定时与软件定时。

领会：定时的实现原理；可编程计数器的基本结构、工作原理、编程方法。

2. 可编程定时/计数器 8254

识记：8254 的基本功能、引脚信号、内部端口地址分配。

领会：8254 各种工作方式的输出波形特征、影响因素；锁存计数值或状态的方法。

综合应用：根据应用需求，选择工作方式、连接信号线，进行初始化编程及工作编程。

3. 8254 在 PC 机中的应用

识记：计数器 0 的应用功能；计数器 1 的应用功能；计数器 2 的应用功能。

领会：IRQ0 请求的频率、中断服务程序功能；控制扬声器发声及声音频率的方法。

简单应用：利用 IRQ0 中断提供的软中断，进行用户定时操作编程。

4. 实时时钟电路 MC146818 及其应用

识记：MC146818 的基本功能、RAM 地址空间；访问 RAM 中信息的方法；
周期中断、报警中断的功能及产生条件。

领会：MC146818 的工作原理；PC 机中访问实时时钟信息的编程方法；
IRQ8 中断与 IRQ0 中断实现定时功能的区别；
PC 机时间接口的功能、组成、具体应用、定时操作接口。

简单应用：利用报警中断，进行用户定时操作编程。

实践环节

一、目的与要求

本课程是一门实践性较强的课程，通过实践可以加深对计算机通信接口原理的掌握程度，培养 PC 机通信接口技术的应用能力。要求考生掌握 8086 汇编语言的 I/O 编程、中断编程方法，能够利用 PC 机的串行接口及时间接口，进行串行通信的应用编程。

二、实践内容

本课程的实践环节属于课程实验性质。共安排有 3 个实验：

1）汇编语言程序设计。

2）PC 机串行接口通信。

3）PC 机时间接口应用。

三、实验大纲

1. 汇编语言程序设计实验

（1）实验目的

掌握 8086 汇编语言程序的编程、调试方法，以及 I/O 软中断的调用方法。

（2）实验内容

编写 2 个包含分支/循环结构及 I/O 的汇编语言程序，调试程序，直至结果正确。

2. PC 机串行接口通信实验

（1）实验目的

熟悉 PC 机异步串行接口的连接方法，掌握 PC 机的串行通信的实现方法。

（2）实验内容

将两台 PC 机的 COM1 口直接互连，编写实现全双工方式串行通信的程序，调试程序，直至结果正确。

3. PC 机时间接口应用实验

（1）实验目的

熟悉 PC 机时间接口的特性，掌握 PC 机的定时功能的使用方法。

（2）实验内容

利用 PC 机时间接口提供的定时操作接口（软中断），编写实现定时播放不同音符功能的程序，调试程序，直至结果正确。

四、考核要求

本课程的实验必须在考试前完成，可在主考院校或主考院校委托的单位进行，考生都必须提交实验报告，并由主考院校负责考核。

Ⅳ. 关于大纲的说明与考核实施要求

一、自学考试大纲的目的和作用

课程自学考试大纲是根据专业自学考试计划的要求，结合自学考试的特点而确定。其目的是对个人自学、社会助学和课程考试命题进行指导和规定。

课程自学考试大纲明确了课程学习的内容以及深广度，规定了课程自学考试的范围和标准。因此，它是编写自学考试教材和辅导书的依据，是社会助学组织进行自学考试辅导的依据，是自学者学习教材、掌握课程内容知识范围和程度的依据，也是进行自学考试命题的依据。

二、课程自学考试大纲与教材的关系

课程自学考试大纲是进行学习和考核的依据，教材是学习掌握课程知识的基本内容与范围，教材的内容是大纲所规定的课程知识和内容的扩展与发挥。课程内容在教材中可以体现一定的深度或难度，但在大纲中对考核的要求一定要适当。

大纲与教材所体现的课程内容应基本一致；大纲里面的课程内容和考核知识点，教材里面一般也要有。反过来教材里有的内容，大纲里就不一定体现（注：如果教材是推荐使用的，其中有的内容与大纲要求不一致的地方，应以大纲规定为准）。

三、关于自学教材

《计算机通信接口技术》，全国高等教育自学考试指导委员会组编，任国林编著，机械工业出版社出版，2014 年版。

四、关于自学要求和自学方法的指导

本大纲的课程基本要求是依据专业考试计划和专业培养目标而确定的。课程基本要求还明确了课程的基本内容，以及对基本内容掌握的程度。基本要求中的知识点构成了课程内容的主体部分。因此，课程基本内容掌握程度、课程考核知识点是高等教育自学考试考核的主要内容。

为有效地指导个人自学和社会助学，本大纲已指明了课程的重点和难点，在章节的基本要求中一般也指明了章节内容的重点和难点。

本课程共 4 个学分，其中包含实践环节的 1 个学分。

在学习过程中，应注意以下几点：

1）在学习本课程内容前，应仔细阅读本大纲的第一部分，了解本课程的性质、地位和任务，熟知本课程的基本要求，以及与有关课程的联系，以便于使后续的学习能紧紧围绕本课程的基本要求进行。

2）在学习教材内容前，应确保具有基本的汇编语言程序设计能力，否则教材中大量的汇编语言程序会看不懂，根本谈不上原理的理解及应用。考生可以先做实践环节的实验一，且该实验可以在 Windows 平台提供的虚拟 DOS 环境下完成。

3）在学习某一章内容前，应查阅考纲中有关该章的考核知识点、自学要求和考核要求，以便在学习时做到心中有数、有的放矢。

4）在阅读教材内容时，应逐段细读、逐句推敲、吃透每个知识点，对基本概念、基本原理必须深刻理解，特别是具体技术的应用方法。学习时，应注意通过具体例题加深对概念和原理的理解，不要一味地纠缠在纯理论中；应注意从应用角度去理解相关原理的必要性；对那些与本课程关系不密切的问题，可以暂时搁置。

5）在学完每一节内容后，应认真地去做教材中的有关思考题和练习题，这是帮助理解、消化和巩固所学知识，培养分析问题、解决问题能力的重要环节，必须特别注意。

6）本课程侧重技术应用，应认真对待实践环节，独立完成实验内容，这是深入理解与掌握所学理论知识的极佳机会，是培养相关技能的必须过程。

五、应考指导

1. 如何学习

合理的计划和组织是学习成功的法宝。如果你正在接受培训学习，一定要跟紧课程并完成作业。为了在考试中做出满意的回答，你必须对所学课程内容有很好的理解。使用“行动计划表”来监控你的学习进展。你阅读课本时可以做读书笔记。如有需要重点注意的内容，可以用彩笔来标注。如红色代表重点；绿色代表需要深入研究的领域；黄色代表可以运用在工作中。可以在空白处记录相关网站、文章。

2. 如何考试

卷面整洁非常重要。书写工整，段落与间距合理，卷面赏心悦目有助于教师评分，教师只能为他能看懂的内容打分。

回答所提出的问题。要回答所问的问题，而不是回答你自己乐意回答的问题！避免超过问题的范围。

3. 如何处理紧张情绪

正确处理对失败的惧怕，要正面思考。如果可能，请教已经通过该科目考试的人，问他们一些问题。做深呼吸放松，这有助于使头脑清醒，缓解紧张情绪。考试前合理膳食，保持旺盛精力，保持冷静。

4. 如何克服心理障碍

这是一个普遍问题！如果你在考试中出现这种情况，试试下列方法：使用“线索”纸条。进入考场之前，将记忆“线索”记在纸条上，但你不能将纸条带进考场，当你阅读试卷时，一旦有了思路就快速记下。按自己的步调进行答卷。为每个考题或部分合理分配时间，并按此时间安排进行。

六、对社会助学的要求

1）应以指定教材为基础，以考试大纲为依据，不要随意增删内容。

2）应注意各知识点要求达到的能力层次，并深刻理解各知识点考核要求的含义。

3）应注意先修知识对课程内容学习的重要性，可适当地回顾或补习。

4）应重视基本原理，强化接口的组成及其应用。

5）应注意学生自学能力和实践能力的培养，要引导学生善于提出问题、分析问题、解决问题，要保证实验数量、分析和优化实验结果。

6）应注意各个能力层次中都存在着不同难度的试题。

七、对考核内容的说明

1）本课程要求考生学习和掌握的知识点内容都作为考核的内容。课程中各章的内容均由若干知识点组成，在自学考试中称为考核知识点。因此，课程自学考试大纲中所规定的考试内容是以分解为考核知识点的方式给出的。由于各知识点在课程中的地位、作用以及知识本身的特点不同，自学考试将对各知识点分别按四个认知（或叫能力）层次确定其考核要求。

2）课程核心内容分为四个部分，分别为PC机I/O接口、并行接口、串行接口、时间接口，考试试卷中所占的比例大约分别为20%、25%、35%、20%。

八、关于命题和考试的一些规定

1）考试方法为闭卷、笔试，时间为150分钟，考试只允许带钢笔、圆珠笔、铅笔、橡皮和直尺。

2）本大纲各章所规定的基本要求、知识点及知识点下的知识细目，都属于考核的内容，考试命题既要覆盖到章，又要避免面面俱到。要注意突出课程的重点、章节重点，加大重点内容的覆盖度。

3）命题不应该有超出大纲中考核知识点范围的题目，考核目标不得高于大纲中所规定的相应的最高能力层次要求。命题应着重考核自学者对基本概念、基本知识和基本理论是否了解或掌握，对基本方法是否会或熟练。不应出与基本要求不符的偏题或怪题。试题涉及的控制字格式、状态字格式等应以附录的形式给出。

4）本课程在试卷中对不同能力层次要求的分数比例大致为："识记"为20%，"领会"为35%，"简单应用"为30%，"综合应用"为15%。

5）要合理安排试题的难易程度，试题的难度可分为：易、较易、较难和难四个等级。每份试卷中不同难度试题的分数比例一般为：2∶3∶3∶2。

6）课程考试命题的题型有：单项选择题、填空题、画图题、编程题和应用题。

V. 题型举例

一、单项选择题（在每小题的四个备选项中只有一个是符合题目要求的，请将其代码填写在题后的括号内。错选、多选或未选均无分。）

1. 下列通信接口标准中，采用同步串行通信方式的是　　【　】

A. IEEE 1284　　B. RS-485　　C. USB　　D. Centronics

2. 芯片74LS273是一种　　【　】

A. 三态缓冲器　　B. 译码器　　C. 锁存器　　D. 单稳态触发器

二、填空题（请在题目空白处填写正确答案，错填、不填均无分。）

1. PC/XT中，中断类型号为20H的中断向量，存放在物理地址为________开始的4个主存单元中。

2. 异步串行通信协议约定，每个数据帧均从________位开始。

三、画图题

1. 将某 8255 芯片连接到 PC 总线时，若该 8255 的端口地址范围为 210H～213H，请用门电路画出该 8255 片选引脚$\overline{CS}$与 PC 总线相关信号线连接的逻辑电路图。

2. 异步串行通信时，若约定帧格式中数据（字符）为 6 位、无奇偶校验、停止位为 1 位，画出传输数据 101010B 时的数据帧逻辑信号波形图。

四、编程题

1. 某输入接口电路中，数据口地址为 300H，状态口地址为 301H，状态字的 D0 位为 1 表示数据准备就绪（为 0 表示未就绪）。下列程序段的功能是用查询方式接收一个数据，请完善该程序段。

```
LP_T: MOV   DX, 301H
      IN    AL, DX
      (1)__________
      (2)__________
      MOV   DX, 300H
      (3)__________
```

2. 某 PC 16550 芯片初始化时，采用 8250 缓冲方式，写入 IER 的值为 03H。下列程序段的功能为采用非向量中断方式处理该 PC 16550 的所有中断请求（事件），请完善该程序段。

```
I_REPT: MOV   DX, 3FAH          ;3FAH 为 IIR 地址
        IN    AL, DX
        (1)__________
        JZ    I_EXIT
        TEST  AL, (2)____
        JZ    I_RECV
I_SEND: ...                     ;发送数据程序段
        JMP   _LA1
I_RECV: ...                     ;接收数据程序段
  _LA1: (3)__________
I_EXIT: ...                     ;中断结束程序段
```

五、应用题

1. 已知 8255 端口地址为 60H～63H，使用 A 口与打印机相连，拟采用中断方式打印输出；且中断控制器 8259 采用自动 EOI 方式。请回答下列问题。

1）初始化该 8255 时，方式选择控制字的值是多少？采用按位置位/复位方式置位中断允许位 $INTE_A$时的端口地址是多少？

2）若字符串 STR 以 $ 为结束符、首地址存放在寄存器 BX 中，编写打印输出字符串 STR 的中断服务程序。

2. 已知 8254 端口地址为 40H～43H，引脚 CLK0 的输入脉冲频率为 2 MHz。初始化该 8254 的程序段如下：

```
MOV   AL, 00110101B
OUT   43H, AL
MOV   AL, 50H
OUT   40H, AL
MOV   AL, 12H
OUT   40H, AL
```

请回答下列问题。

1）该8254引脚OUT0的输出信号频率是多少？负脉冲宽度大约是多少？

2）编写使用锁存命令读取当前计数值的程序段。

后　　记

本大纲是根据全国高等教育自学考试指导委员会电子电工与信息类专业委员会制定的《高等教育自学考试计算机通信工程专业（独立本科段）考试计划》和全国高等教育自学考试指导委员会《关于修订高等教育自学考试课程自学考试大纲的几点意见》的精神制定的。

本大纲提出初稿后，曾聘请专家通审，并有电子电工与信息类专业委员会在上海召开审稿会进行审稿，根据审稿会意见由编者作了修改，最后由电子电工与信息类专业委员会定稿。

本大纲由任国林负责编写。参加审稿并提出修改意见的有周建江教授（南京航空航天大学，主审）、戚正伟副教授（上海交通大学）。

对参与本大纲编写和审稿的各位专家表示感谢。

全国高等教育自学考试指导委员会
电子电工与信息类专业委员会
2014 年 7 月

全国高等教育自学考试指定教材
计算机通信工程专业（独立本科段）

计算机通信接口技术

全国高等教育自学考试指导委员会　组编

编 者 的 话

“计算机通信接口技术”是高等教育自学考试计算机通信工程专业的一门专业基础课。本课程的先修课程知识为数字逻辑电路、微型计算机原理及汇编语言程序设计。通过本课程的学习，使考生掌握计算机通信接口的相关技术，具备计算机通信接口的应用编程能力和初步设计能力。

本书是按照高等教育自学考试计算机通信工程专业（独立本科段）的考试计划及本课程的自学考试大纲进行编写的，用以指导考生进行本课程内容的学习。全书内容由理论学习及实践环节两部分组成，理论学习共分五章：计算机通信接口概述、PC 机 I/O 接口概述、并行接口、串行接口、时间接口；实践环节包括三个实验的指导书：汇编语言程序设计、PC 机串行接口通信、PC 机时间接口应用。

本书是按照自学考试的特点编写的，并结合了编者二十多年的硬件课程教学经验，力求讲清概念、强化原理、突出应用。书中大量的图表和例题，有助于理解原理及掌握应用方法；每章所附的思考与练习题，有助于巩固所学知识；PC 机的通信接口技术介绍及实践环节的三个实验，有助于提高 PC 机通信接口的应用能力；教材重视软硬件的相互结合，有助于培养综合应用能力。本书除用作本课程的全国高等教育自学考试教材外，还可以作为普通高校相关专业的本科教材，也可以作为计算机应用技术人员的参考书。

本书内容由东南大学任国林编写，东南大学杨全胜老师参与了第二章的讨论及部分工作，东南大学王晓蔚老师对本书的编写提出了许多宝贵意见，在此表示诚挚的谢意。

由于编者水平有限，加上编写时间紧迫，书中难免有疏漏及欠缺之处，敬请广大读者批评指正。

编　者

2014 年 7 月

第一章　计算机通信接口概述

学习目标

本章主要介绍与计算机通信接口相关的基本概念及基本原理，要求通过概念回顾及原理分析，了解计算机 I/O 接口的基本结构，熟悉 I/O 端口的组成及其编址方式；掌握不同 I/O 方式的基本原理；熟悉计算机通信的性能及其分类；了解计算机通信接口所涉及的技术。

自学时数

4 学时。

教师导学

本章主要介绍计算机通信接口的相关概念及原理，在学习本章时，应注意如下几点：

(1) 本章内容大部分是基本概念，且先修课程均有所涉及，学习目的是回顾所学内容，建立计算机通信接口的整体概念，学习时可参考相关先修课程教材。

(2) 目前的计算机均采用总线结构，本课程亦基于总线结构讲解所有内容。

(3) I/O 接口与 I/O 端口的学习应循序渐进，注意分析与理解，计算机通信及其接口的学习应注意与数据通信相关内容进行比较。

(4) 本章的重点是 I/O 接口的基本结构，查询及中断方式 I/O 的基本原理。

(5) 本章的难点是 I/O 端口的组成与操作控制，计算机通信的分类。

(6) 通过本章的学习，应对计算机通信接口的相关内容有一个整体概念。

第一节　计算机总线结构

一、计算机总线结构

现代计算机系统在体系结构上都采用冯·诺依曼模型，系统硬件由运算器、控制器、存储器、输入设备和输出设备五大部件组成，程序和数据以二进制方式存放在存储器中，控制器自动按程序逻辑顺序，从存储器中逐条取出指令并执行。

现代计算机系统在互联结构上都采用总线结构，各个部件之间通过总线来实现连接。总线是用于信息传送的一组公共导线，总线通常由地址总线、数据总线、控制总线三组信号线组成。采用总线结构的计算机硬件结构如图 1-1 所示，其中，计算机的存储器由 ROM 和 RAM 组成。

总线结构有如下优点：

1) 简化了硬件设计。总线的信号公用特性可使部件以插件形式连接到总线，硬件设计时只需考虑如何与总线通信，而不必考虑到其他部件，硬件设计简单、成本较低。

2) 简化了系统结构。部件的模块化结构可使系统结构清晰，可采用印制化工艺做成总线底板，减少了连线数量，系统设计、制造及安装都很简便。

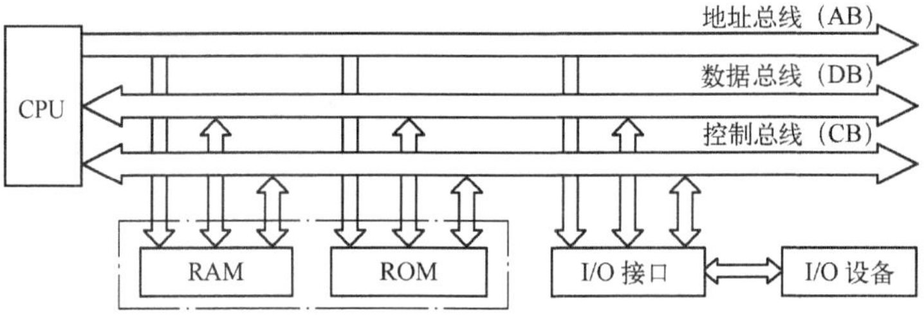

图 1-1　现代计算机的硬件结构框图

3）易于系统扩充与更新。在总线底板的总线插槽中插入扩展卡，可方便地实现系统规模及功能扩充；可采用新技术或芯片扩展部件功能或优化部件性能，部件的总线接口不变使得系统更新实现简单、成本较低。

4）便于故障诊断和维修。模块化结构便于缩小故障范围、快速找出故障位置，同时部件更换方式使得维修速度较快、成本较低。

总线结构的缺点是多个部件不能同时通信且通信性能不够理想，其原因是总线上同时只能有一个部件发送信息，信息传送速度受限于总线时钟（常以最慢部件为基准）。

由于不同 I/O 设备的传送速度、接口信号等均有所不同，而总线要求所连部件必须遵循统一的协议实现信息传输，因此，I/O 设备必须通过称为 I/O 接口的电路与总线连接，以实现个性化设备接口与标准化总线间的操作信号转换，如图 1-1 所示。由于 I/O 接口一侧连接 I/O 设备，因此，不同 I/O 设备对应的 I/O 接口不同。

I/O 接口的根本作用是实现对 I/O 设备的操作标准化。由于 I/O 接口有一侧连接总线，因此，CPU 可使用相同的指令对所有 I/O 设备进行操作，不同的仅是指令中的设备地址、命令参数而已。

二、总线概述

总线是部件间或设备间进行互连和信息传输的一组公共信号线。由于传输介质被共享，总线上任何一个部件或设备发出的信号均可被所有其他部件或设备接收。为了防止信号冲突，总线上同时只允许一个部件或设备发出信号，其他部件或设备只能接收信号。

总线操作指总线上进行一次数据传输的完整过程。为了便于描述，总线上所连接的部件常通称为设备。总线操作过程中，发起操作的设备称为主设备（如 CPU），响应操作的设备称为从设备（如主存）。由于共享传输介质，多个总线操作必须分时进行。

（一）总线特性与分类

总线是多个部件或设备共享的传输介质，为了有效地实现部件连接及数据传输，总线应具备如下 4 个方面的特性：

1）物理特性，又称机械特性，指总线在物理连接上的一些特性。如接插件形状、几何尺寸、引脚数量等。

2）功能特性，指总线中每根信号线的功能。如地址信号线用来表示操作的设备地址，控制信号线用来表示操作的命令、状态等。

3）电气特性，指每根信号线的信号方向、信号有效电平等。通常主设备发出的信号称为输出信号，送入主设备的信号称为输入信号。电平表示有单端与差分两种方式，电平范围因总线不同而异，信号有效的表示方式有正逻辑、负逻辑、跳变逻辑等。

4）时间特性，又称逻辑特性或过程特性，指总线操作过程中每根信号线的信号何时有效、各信号间的时序关系。时间特性一般用时序图来描述。

计算机中有多种总线，从不同角度有不同的分类方法，例如，按照数据传输方式可分为串行总线和并行总线。最常见的有如下两种分类方法：

1）按总线信号功能分类，总线可分为数据总线、地址总线、控制总线3种。

2）按总线连接部件分类，总线可分为片内总线、系统总线、通信总线3种。片内总线连接芯片内部的元器件，系统总线连接计算机内部的主要部件，通信总线连接主机外部的I/O设备或其他计算机。

（二）总线标准

所谓总线标准，指不同部件或设备通过总线进行连接和传输信息时，应遵守的协议与规范。这些协议与规范包括总线的物理特性、功能特性、电气特性、时间特性。

计算机系统中的总线标准很多，不同总线标准的应用范围不同，如ISA、PCI等常用于系统总线，而USB、IEEE 1394等常用于通信总线。

由于通信总线主要用于I/O接口与I/O设备的连接，一般不使用地址信号线，且常通过插头、插座形式连接，因此，通信总线的总线标准常称为接口标准，系统总线的总线标准则称为总线标准。

本课程的重点是通信接口技术，因此，将详细讨论各种接口标准，而总线标准则只介绍最简单的PC总线，掌握PC总线的功能特性及时间特性即可。

（三）系统总线组成

系统总线指连接CPU、存储器及I/O接口（I/O模块）等主要部件的总线，通常由数据总线、地址总线及控制总线3组信号线组成。为了提高计算机的可扩展性及可维护性，毫无例外地，系统总线都会遵循某种总线标准。

经典的系统总线有IBM PC/XT微机上使用的PC总线（又称XT总线），及IBM PC/AT上使用的ISA总线（又称AT总线）。ISA总线由PC总线升级而来，并兼容PC总线。系统总线组成如下。

1）数据总线（DB）：用于指明传输的数据，信号方向为双向，数据总线宽度（又称总线宽度）表明了能够同时传输的最大二进制位数。如PC总线的数据总线为8位（D7～D0），而ISA总线为16位、支持8位传输方式。

2）地址总线（AB）：用于指明数据传输的目标设备及其内部单元地址，信号方向为单向，地址总线宽度表明了目标设备及其内部单元的最大个数。如PC总线的地址总线为20位（A19～A0），而ISA总线为24位。

3）控制总线（CB）：用于控制数据传输的过程，信号方向为单向，信号类型有控制、状态、时钟等，不同类型信号的方向有所不同。如PC总线的主要控制信号如下。

时钟（CLK）：主/从设备间的操作定时信号，脉冲信号由晶振芯片产生；

存储器读（$\overline{\text{MEMR}}$）：表示要从指定的主存单元读出数据，信号由主设备发出；

存储器写（$\overline{\text{MEMW}}$）：表示要向指定的主存单元写入数据，信号由主设备发出；

I/O读（$\overline{\text{IOR}}$）：表示要从指定的I/O端口读出数据，信号由主设备发出；

I/O 写（$\overline{IOW}$）：表示要向指定的 I/O 端口写入数据，信号由主设备发出；

I/O 通道就绪（I/O CHRDY）：表明目标从设备是否处于就绪状态，无效则表明目标从设备无法与主设备同步、请求等待，信号由目标从设备发出。

连接在总线上的多个设备中，可以发起总线操作的设备称为主设备，只能响应总线操作的设备称为从设备。根据总线的信号共享特性，任何时候只允许一个主设备发起总线操作，且总线操作不能重叠。因此，总线操作的全过程一般包括总线请求/仲裁、寻址、数据传送、结束 4 个阶段，由于请求/仲裁与数据传输无关，通常将后 3 个阶段称为总线周期。

第二节　I/O 接口与 I/O 端口

一、I/O 接口组成

总线结构的计算机中，为了实现对 I/O 设备的操作标准化，通常采用 I/O 接口连接总线与 I/O 设备，由 I/O 接口实现两侧的各种信息中转。

（一）I/O 接口功能

由 I/O 接口在计算机中的位置可知，I/O 接口一方面要响应总线操作，另一方面又要与 I/O 设备进行通信。具体来说，I/O 接口应具有如下几个功能：

1）地址译码功能，有总线操作时，通过地址译码，判断自身是否被选中。

2）数据缓冲功能，暂存来自总线及来自 I/O 设备的数据，以匹配两侧的传送速度。

3）操作中转功能，暂存来自总线的操作命令，并根据 I/O 设备状态适时转发该操作。

4）信号转换功能，实现总线与 I/O 设备间的信号转换，包括格式、电平及时序等。

5）设备监视功能，监视并接收 I/O 设备的状态或数据信息，供 CPU 查询或主动报告。

I/O 接口通常使用寄存器或锁存器来暂存数据、状态及控制信息，总线对 I/O 接口的操作实际上是对这些寄存器或锁存器的操作。

I/O 端口指 I/O 接口中的那些可直接与总线交换信息的寄存器或锁存器。按照 I/O 端口的存放信息类型，I/O 端口可分为数据端口、控制端口及状态端口，常简称数据口、控制口及状态口。按照 I/O 端口的信息传送方向，I/O 端口可分为输入端口、输出端口，常简称输入口、输出口。

（二）I/O 接口组成

由 I/O 接口的功能可知，I/O 接口主要由总线缓冲器、端口地址译码逻辑、寄存器、内部控制逻辑、信号转换逻辑等电路组成，如图 1-2 所示。

其中，端口地址译码电路负责实现 I/O 端口选择功能，是响应总线操作的关键部件，包括 I/O 接口选中判断、I/O 端口选择两个方面的功能。I/O 接口仅在被选中时（SEL 有效）才会响应总线操作，I/O 端口选择通过最多有一个端口的端口选中信号（Port Selected，$\overline{PS}$）有效来实现。

寄存器负责实现各种信息的缓冲功能，包括数据信息、控制信息、状态信息。

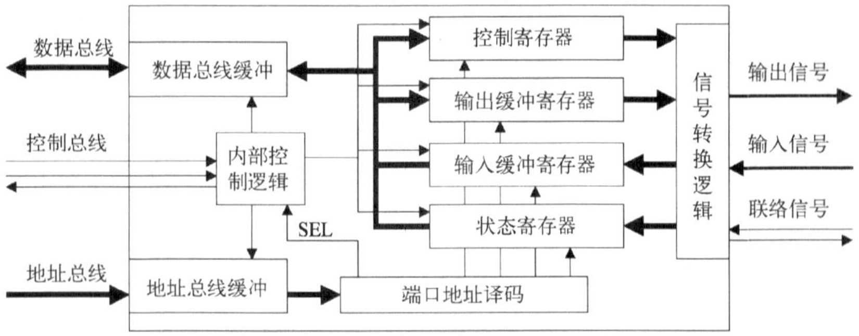

图 1-2　I/O 接口的基本结构

内部控制逻辑电路是 I/O 接口的核心，主要负责实现操作中转功能。其工作原理是通过 I/O 端口，把对 I/O 设备的操作过程分成两个阶段：一个阶段是采用总线协议，将总线上的操作要求接收到 I/O 端口中，或将 I/O 端口中的缓冲信息发送到总线上；另一个阶段是采用设备传输协议，将 I/O 端口中的操作要求转发到 I/O 设备，或将 I/O 设备的状态与数据信息接收到 I/O 端口中。不同阶段的传输协议、传送速度、物理信号各不相同。

I/O 接口中各个 I/O 端口的地址通常是连续的，第一个 I/O 端口地址称为 I/O 接口的端口基地址。为了提高应用灵活性，I/O 接口的端口基地址应可改变；为了降低应用难度、提高可靠性，I/O 接口的主要功能应封装起来。因此，I/O 接口通常由核心芯片及外围电路组成，核心芯片完成主要功能，设置包括片选引脚$\overline{CS}$及端口偏移地址引脚 $Ax \sim A0$；外围电路主要实现 I/O 接口端口基地址译码、信号转换逻辑等功能。

实际应用中，外围电路通常通过地址高位信号实现 I/O 接口寻址（连接到核心芯片$\overline{CS}$引脚），通过地址低位信号实现 I/O 端口选择（连接到核心芯片 $Ax \sim A0$ 引脚）。

二、I/O 端口组成及操作

由于与 CPU 交互的所有信息都要通过数据总线传输，因此，I/O 端口存放的信息类型有数据、控制及状态信息。由于 I/O 端口的信息存放、与 CPU 交互是异步进行的，I/O 端口通常称为缓冲器，按信息传送方向有输入缓冲、输出缓冲两种。

由于 I/O 设备的数据传送通常有持续性、阶段性两种传送方式，持续性传送的数据一直有效、无联络信号；阶段性传送的数据在某时间段内有效，需通过联络信号表明数据何时有效。这两种传送方式又称为基本传送方式、选通传送方式。不同数据传送方式要求的缓冲特性不同，因此，输入端口与输出端口的组成与控制有所不同。

由于信息写入、读出的异步特性，I/O 端口通常由寄存器或锁存器构成。由数字电路知识可知，寄存器或锁存器的数据写入通过控制信号实现，数据输出通常为使能方式，因此，输入端口、输出端口的控制方式有所不同，寄存器输出控制需通过额外电路实现。

（一）I/O 端口的组成

1. 输入端口

输入端口的作用是暂存来自 I/O 设备的信息，以便 CPU 稍后将它取走。

由于各个 I/O 端口与数据总线缓冲器间通常采用总线式连接，被选中的输入端口才可以将数据送到该内部总线上，因此，输入端口必须通过三态门连接到该内部总线上，通过控制三态门实现端口数据的输入控制，如图 1-3a 所示。因此，输入端口的数据读出应通过 I/O 读信号（如$\overline{IOR}$）及端口选中信号（如$\overline{PS_i}$）控制。

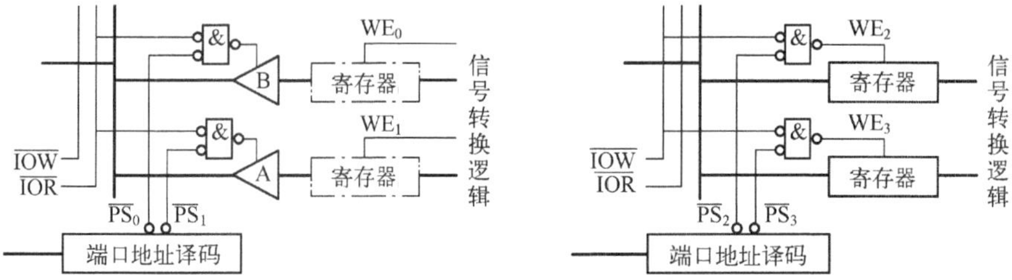

a)　　　　b)

图 1-3　I/O 端口连接与控制

a）输入端口　b）输出端口

输入端口的组成与外设的数据传送方式有关。选通传送方式中，输入端口应由寄存器或锁存器组成，外设数据由联络信号触发写入锁存器；基本传送方式中，输入端口可仅由三态门组成，外设数据通过三态门（即缓冲器）直接送到数据总线上。

2. 输出端口

输出端口的作用是暂存来自 CPU 的信息，以便适当时候送到 I/O 设备，或用于控制 I/O 接口及 I/O 设备的工作。

与输入端口类似，由于输出端口只接收 I/O 接口内部总线的数据，因此，输出端口可以直接连接到内部总线上，如图 1-3b 所示，输出端口的选择及数据写入由 I/O 写信号（如$\overline{IOW}$）及端口选中信号（如$\overline{PS_i}$）决定。

输出端口的组成由寄存器或锁存器组成，与外设的数据传送方式无关。其根本原因是 CPU 输出的数据必须通过寄存器缓冲后再传送，才能满足外设速度较慢的要求。而输出端口到外设的数据传送控制与传送方式有关，如选通方式需要联络信号进行控制。

（二）I/O 端口的操作

由于总线操作通常按地址寻址目标设备（或部件），因此，所有 I/O 接口的每个 I/O 端口都有唯一的 I/O 端口地址。通常，接口内部的所有 I/O 端口地址是连续的，因此，I/O 端口地址的高位用于寻址 I/O 接口、低位用于寻址接口内部的 I/O 端口。

例如，若地址总线信号线为 A9 ~ A0，某 I/O 接口芯片的端口地址范围为 60H ~ 63H 时，地址高位 A9 ~ A2 用于寻址 I/O 接口芯片，其片选引脚$\overline{CS}$有效逻辑为$\overline{A9}\,\overline{A8}\,\overline{A7}A6A5\,\overline{A4}\,\overline{A3}\,\overline{A2}$，地址低位 A1 ~ A0 用于寻址接口内部的 I/O 端口，连接到接口的地址引脚 A1 ~ A0。

由 I/O 接口的功能、总线操作的过程可知，所有 I/O 接口仅在总线操作是针对 I/O 端口的 I/O 操作（根据 CB 信号）时，才可能响应总线操作；在 I/O 总线操作的地址期，各个 I/O接口进行 I/O 端口地址译码（根据 AB 信号），判断自己是否为总线操作的目标设备；在 I/O 总线操作的数据期，目标 I/O 接口控制自身的相应 I/O 端口（$\overline{PS_i}$有效）读出或写入数据，控制逻辑如图 1-3 所示；在 I/O 总线操作的结束期，目标 I/O 接口撤除所发出的总线信号（如状态或数据）。

三、I/O 端口编址

由总线操作过程可知，每个 I/O 端口都有唯一的 I/O 端口地址。CPU 对 I/O 端口地址的编码方式，称为 I/O 端口编址方式，又称 I/O 编址方式。I/O 端口地址构成的地址空间常称为 I/O 地址空间。由于主存与 I/O 接口均连接在总线上，总线地址需要区分出主存单元和 I/O 端口，I/O 端口编址有统一编址、独立编址两种编址方式。

（一）统一编址方式

统一编址方式将 I/O 端口地址与主存单元地址统一编码，两个地址空间不重叠（一般主存空间从零开始编址），如图 1-4a 所示。该方法将主存地址空间分出一部分用作 I/O 地址空间，故又称为存储器映像编址方式。Motorola（摩托罗拉）公司生产的处理器就采用这种方式。

统一编址方式下，CPU 可使用访存指令实现 I/O 端口访问，指令系统无需改变。总线控制信号也无需改变，只需要有 $\overline{\mathrm{MEMR}}$、$\overline{\mathrm{MEMW}}$ 两种即可。

统一编址方式的特点是，由于不需要增加机器指令，系统的读写控制逻辑较为简单；由于访存指令功能及格式丰富，I/O 端口编程灵活、方便；但主存地址空间变少、不易扩展，且由于需进行全部地址译码，I/O 端口地址译码复杂。

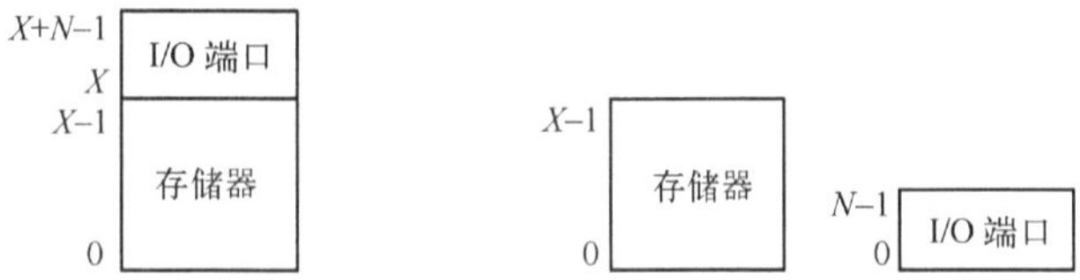

a)　　b)

图 1-4　I/O 端口编址方式

a）统一编址　b）独立编址

（二）独立编址方式

独立编址方式将 I/O 端口地址与主存单元地址分别编码，主存地址空间与 I/O 地址空间重叠（一般均从零开始编址），如图 1-4b 所示。

独立编址方式下，为了区分不同的地址空间，指令系统需增加两条 I/O 指令，CPU 使用 I/O 指令实现 I/O 端口访问。总线控制信号则需要有 $\overline{\mathrm{MEMR}}$、$\overline{\mathrm{MEMW}}$、$\overline{\mathrm{IOR}}$、$\overline{\mathrm{IOW}}$ 四种。

独立编址方式的特点是，主存地址空间不受影响，两种地址空间均易扩展，由于 I/O 地址空间小，I/O 端口地址译码简单；但由于需要增加两条机器指令，因此增加了系统读写控制逻辑的复杂性，而且由于 I/O 指令格式通常较简单，I/O 端口编程灵活性较差。

通常，系统较关注 I/O 译码速度、可扩展性，目前，独立编址方式应用较多。如 Intel（英特尔）公司生产的处理器均支持 I/O 独立编址方式。

第三节　I/O 控制方式

I/O 指主机与 I/O 设备间的数据传送，数据传送的源/目的部件通常是主存和 I/O 设备，数据传送通过 I/O 接口进行，不同 I/O 设备的传送速度、传送频率、传送批量不同。

由于主存、I/O 接口都是由 CPU 控制的，I/O 接口只能承担一部分数据传送工作，因此，I/O 需要 CPU（软件）与 I/O 接口（硬件）协同实现，软硬件所占比例不同，I/O 性能不同，I/O 所占 CPU 的时间也不同。

I/O 控制方式指 CPU 对数据传送的管理与控制方式，又称 I/O 方式。I/O 控制方式的目标是提高 I/O 速度、减少传送所占 CPU 时间。按照 I/O 控制中软硬件所占比例，I/O 控制方式通常有查询、中断、DMA、通道 4 种方式。本节仅介绍较常见的前 3 种方式。

一、查询方式

查询方式又称轮询（Polling）方式，其基本思想是 CPU 需要传送数据时，不停地检查 I/O 设备的状态，在 I/O 设备准备就绪时才进行数据传送。由于 CPU 的主要任务是数据处理或加工，而且系统中通常有多个 I/O 设备，因此，只能周期性地查询 I/O 设备的状态，轮询方式由此得名。查询方式中，“不停地检查”仅是一种宏观现象，并不是微观动作。

查询方式的 I/O 接口组成与图 1-2 基本相同，至少包含两个 I/O 端口：数据口和状态口，I/O 设备状态就存放在状态口中。

查询方式 I/O 的所有操作都由 CPU 执行程序来实现，其程序流程如图 1-5 所示。其中，CPU 对 I/O 设备的所有操作都是通过 I/O 接口的 I/O 端口实现的，而状态测试则通过比较、转移指令实现。

查询方式 I/O 需要 CPU 不停地查询 I/O 设备状态，大大降低了 CPU 的工作效率，仅适用于 CPU 较空闲、I/O 实时性要求不高的场合。

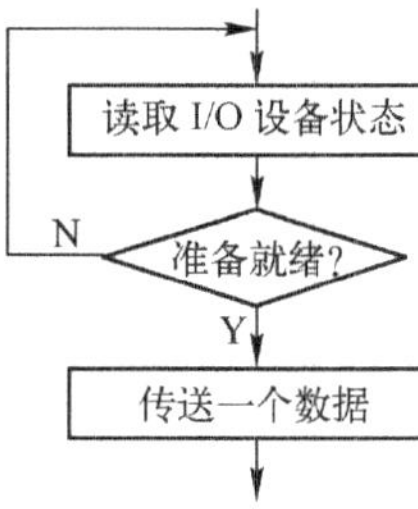

图 1-5　查询方式 I/O 程序流程图

某些 I/O 设备功能简单、工作状态变化缓慢，如开关或发光二极管等。这类简单设备可认为时刻处于就绪状态，I/O 时无需查询其状态，可以直接传送数据，这种 I/O 方式称为无条件传送方式。相应地，需要查询 I/O 设备状态的 I/O 方式称为条件传送方式，即查询 I/O 方式。无条件传送方式是查询方式的特例，适用于基本传送方式。

二、中断方式

中断方式又称中断驱动（Interrupt-driven）方式，其基本思想是 CPU 与 I/O 设备并行地进行各自的工作，I/O 接口在设备准备就绪后主动向 CPU 发出中断请求，CPU 响应请求并实现数据传送。中断方式的 I/O 过程如图 1-6 所示。

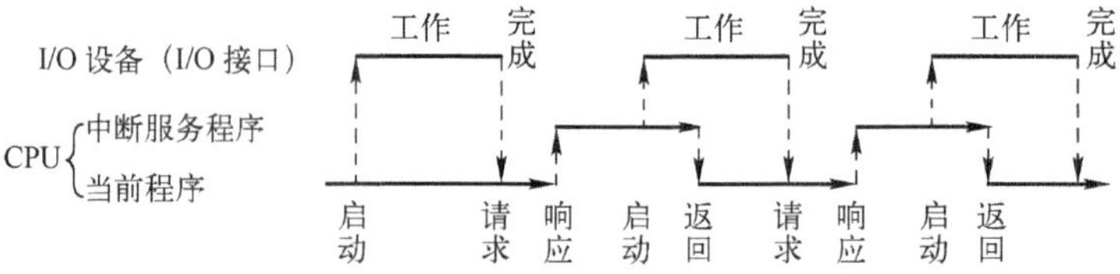

图 1-6　中断方式的 I/O 过程

相对于查询方式，中断方式的 I/O 接口需要增加中断请求的产生及撤销电路，增设中断请求信号引脚。中断请求的当前状态保存在状态口中，以支持查询方式。

当 I/O 设备准备就绪时，I/O 接口应产生中断请求，请求产生通常由 I/O 设备的联络信号触发。在 CPU 响应中断请求、进行中断事件处理过程中，I/O 接口应撤销中断请求，请求撤销通常由数据端口读/写时的 $\overline{IOR}$ 或 $\overline{IOW}$ 信号触发，第 2 章将具体介绍。

可见，中断方式 I/O 的所有操作由软件及硬件共同实现，且 I/O 接口（或设备）是 I/O 主动方，故称为中断驱动方式。中断 I/O 方式中，I/O 接口负责检测设备就绪状态、请求 CPU 进行传送，CPU 执行中断服务程序完成一次数据传送，而软件执行产生的控制信号又可触发 I/O 接口进行下次数据传送的准备，周而复始，直到数据全部传送完毕。

由于 CPU 的当前程序执行状态应不受中断方式 I/O 的影响，因此，CPU 硬件需在响应中断请求时保存硬件现场（又称程序断点）、中断返回时恢复硬件现场，而软件现场（如通用寄存器等）的保存与恢复则通常由中断服务程序来完成，原因是程序现场的信息量较大、需保存的信息不确定。因此，中断服务程序的基本结构是：保存软件现场、开中断、设备服务、关中断、恢复软件现场、中断返回，其中，开中断、关中断的目的是实现中断嵌套，第 2 章将具体介绍。

中断方式 I/O 既可节省 CPU 时间，又可及时响应设备请求，较适用于 CPU 较忙、I/O 实时性要求较高的场合。由于每次 I/O 都需要 CPU 进行中断响应、中断处理，I/O 开销较大，因此，不太适用于传输速度快、传输频率高、传输批量大的场合。

三、DMA 方式

DMA 方式是直接存储器存取（Direct Memory Access）方式的简称，其基本思想是 I/O 接口可以控制总线，直接进行 I/O 设备与主存间的数据传送，而无需 CPU 的干预与中转。支持 DMA 方式的 I/O 接口又称为 DMA 接口，I/O 设备与主存间的数据传送称为 DMA 传送。

由于 DMA 接口可以控制总线进行 DMA 传送，因此，DMA 方式的数据传送不占用 CPU 时间，一个主存周期即可传送一次数据，或连续多个主存周期传送一批数据。因此，DMA 接口均支持批量传送，传送的批量、主存缓冲区的首地址均可以设定。

相对于中断方式，DMA 接口需要增加传送字数计数器、主存地址寄存器、DMA 请求逻辑、DMA 控制逻辑，设置相应的 DMA 请求、DMA 响应引脚。其中，传送字数计数器、主存地址寄存器用于存放批量传输过程中的具体信息；DMA 请求逻辑用于在设备就绪时产生 DMA 请求、通知其响应 DMA 操作；DMA 控制逻辑包括了总线请求、DMA 传送控制、批量控制等功能。

由于 I/O 设备较多，中断方式、DMA 方式 I/O 时的请求较多，系统通常采用中断控制器（如芯片 8259）来管理所有的中断请求，通过 DMA 控制器（如芯片 8237）来管理所有的 DMA 请求，相关硬件连接如图 1-7 所示。

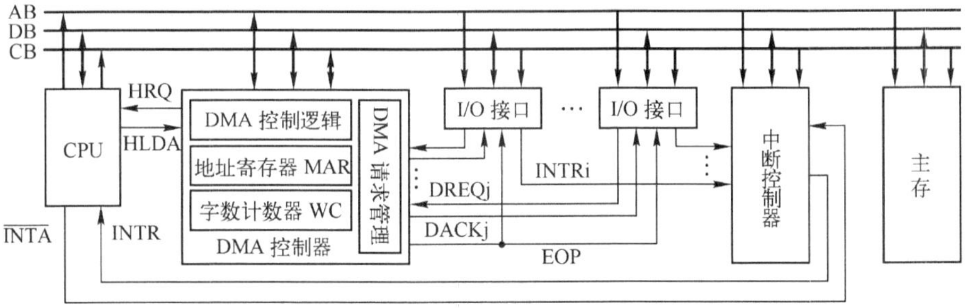

图 1-7　DMA 方式 I/O 的硬件连接示例

由于总线结构的多个 DMA 传送须串行完成，因此，DMA 传送控制可以只配置 DMA 控制器这一个硬件，即 DMA 控制器增加 DMA 请求管理、DMA 控制相关逻辑，DMA 接口简化为具有 DMA 请求功能的中断方式 I/O 接口，如图 1-7 中的 I/O 接口（图中未画出 I/O 设备与 I/O 接口的连接）。

DAM 方式 I/O 的所有操作由软件及硬件共同实现，可分成预处理、DMA 传送、后处理 3 个阶段。

在预处理阶段，CPU 向 DMA 控制器发送需传送的字数、缓冲区的首址等信息，向 I/O 接口发出 DMA 工作方式命令。

在 DMA 传送阶段，I/O 接口在设备就绪时发出 DREQ（DMA 请求），DMA 控制器向 CPU 发出 HRQ（总线保持请求），CPU 在当前总线周期结束时让出总线、发出 HLDA（总线保持应答），通知 DMA 控制器已获得总线控制权；然后，DMA 控制器向主存发出地址、向 I/O 接口发出 DACK（代替 I/O 寻址），向源部件发出命令（$\overline{\text{MEMR}}$或$\overline{\text{IOR}}$），向目标部件发出命令（$\overline{\text{IOW}}$或$\overline{\text{MEMW}}$），完成 DMA 传送；接着，DMA 控制器修改 WC 及 MAR，若 $WC \neq 0$，等待设备就绪时继续 DMA 传送，否则撤销相关信号、发出 EOP（数据包结束），通知I/O 接口 DMA 传送已结束，I/O 接口向 CPU 提出中断请求。

在后处理阶段，CPU 响应中断请求，执行中断服务程序完成 DMA 传送的结束处理工作。

DMA 方式 I/O 可实现快速传输且传送不占用 CPU 时间，较适用于高速 I/O、批量 I/O，如磁盘读写、视频采集等。

第四节　计算机通信概述

一、计算机通信概念

计算机通信是一种以数据通信形式出现，在计算机与计算机之间、或计算机与终端设备之间进行信息传递的方式。其基本原理是将逻辑信号转换为电信号，通过媒介实现信息所对应脉冲信号的传递。计算机通信是计算机技术与通信技术相互融合的产物。

按照传输连接方式分类，计算机通信有直接式和间接式两种。直接式指通信双方直接相连进行通信，如计算机与 I/O 设备通信、计算机间双机通信；间接式指通信双方必须通过交换网络进行传输，如计算机网络通信。

按照通信覆盖广度分类，计算机通信常有局域式、城域式和广域式 3 种，城域式介于两者之间。在应用上，局域式侧重于资源共享，广域式侧重于数据通信；在技术上，局域式领先于广域式，但异步传输模式（ATM）技术的出现大大缩短了两者的差距。

关联 I/O 控制方式与计算机通信可以发现，前者面向软件研究主机内部的信息传输技术，后者面向媒介研究主机与外部的信息传输技术；两者相结合可描述基于软件的计算机与 I/O 设备间或计算机间的信息传输全过程。

通常，计算机通信是由多台计算机通过通信线路连接成计算机通信网进行的，这样既可共享网络资源，又不影响计算机系统效能的充分发挥。计算机通信中各种技术的根本目的都是迅速、正确、可靠、安全地传输信息。

二、计算机通信系统组成

（一）计算机通信系统的组成

计算机通信是以计算机为中心的数据通信，由于用数据电路进行连接，故又常称为数据通信。计算机通信系统一般由计算机子系统、传输子系统、数据终端设备组成，其结构如图 1-8 所示。

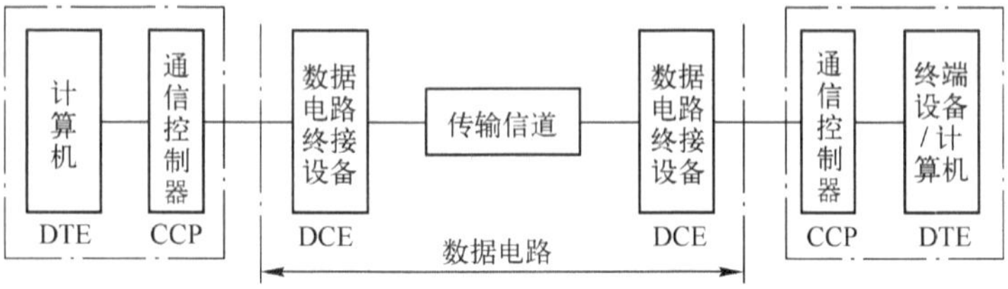

图 1-8　计算机通信系统的结构

数据终端设备（DTE）指用于发送或接收数据的设备，如计算机或终端设备；数据电路终接设备（DCE）指用于连接 DTE 与数据通信网络的设备，主要功能是完成数据信号的变换；通信控制器（CCP）指用于连接计算机与数据电路的计算机接口或设备，常视为 DTE 的一部分（I/O 接口），主要功能是实现通信控制与通信处理，包括收发控制、差错控制、收发同步、数据链路建立等。

对计算机通信系统而言，采用直接式通信时，数据电路无需 DCE；有多个 DTE 时，数据电路通常为数据通信网，目前的数据交换方式有电路交换、报文交换、分组交换 3 种。

（二）计算机通信系统的性能指标

由于通信的任务是快速、准确地传递信息，因此，计算机通信系统的主要性能指标是有效性和可靠性。有效性指在给定信道内传输信息的内容多少，反映通信系统传输信息的速度；可靠性指接收信息的准确程度，反映通信系统传输信息的质量。

1. 有效性

有效性一般用传输速率表示，传输速率有码元传输速率和信息传输速率两种。计算机通信系统的有效性常用信息传输速率表示。

信息传输速率又称比特率，指单位时间内传输二进制信息的位数，单位为每秒比特（bit/s 或 bps）。码元传输速率又称波特率，指单位时间内传输码元的数目，单位为波特（Baud 或 B）。码元是信息载波调制的基本单位，M 进制码元可表示 M 种信息。

比特率用于描述信息传输速率，波特率用于描述信息调制速率；比特率 R_b 与波特率 R_{BM}（M 进制码元）的关系为：$R_b = R_{BM} \times \log_2 M$，如信息两相调制时的波特率 = 比特率。

2. 可靠性

可靠性一般用差错率表示，差错率有误码率和误信率两种。计算机通信系统的可靠性常用误信率表示。

误码率 P_e 指发生差错的码元数占所传输总码元数的比例，即 P_e = 错误码元数 ÷ 传输总码元数；误信率 P_b 指发生差错的比特数占所传输总比特数的比例，即 P_b = 错误比特数 ÷ 传输总比特数。显然，二进制码元的 $P_e = P_b$。

通信系统的有效性与可靠性是一对矛盾，增加系统的有效性，就会降低可靠性，反之亦然。实际应用中，通常采用相对统一的方法，即在满足一定可靠性指标后，尽量提高系统的有效性；或在维持一定有效性条件下，尽量提高系统的可靠性。

三、数据通信分类

计算机通信是一种数据通信，数据通信的分类方法适用于计算机通信分类。按照数据通信过程中数据信号的不同特征，数据通信有多种分类方式。

（一）单工通信与双工通信

按照信道中数据信号的传送方向，数据通信可分为单工、半双工、全双工 3 种工作方式，如图 1-9 所示。其中，T 表示发送器，R 表示接收器，TRCH 表示传输信道。

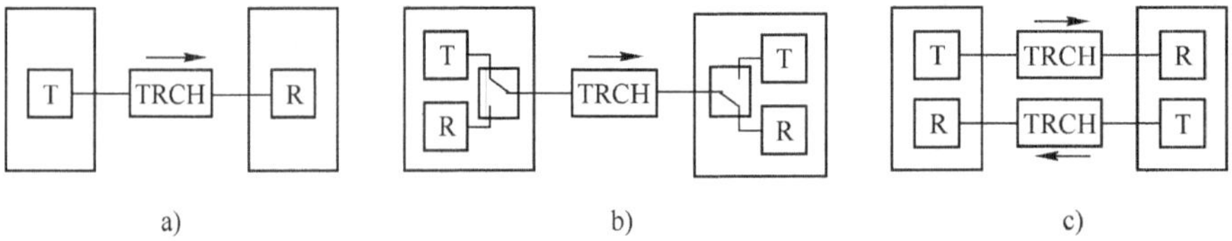

图 1-9　数据通信的工作方式

a）单工　b）半双工　c）全双工

单工方式只允许数据在一个固定的方向上传输，不能进行反向传输。例如，键盘、打印机采用的就是单工通信方式。

半双工方式允许数据在两个方向上传输，但同一时刻只允许数据在一个方向上传输。传输方向的切换通过电子开关实现，不工作时双方均处于接收方式。例如，硬盘、USB 设备采用的就是半双工通信方式。

全双工方式允许数据同时在两个方向上传输。两个方向的同时传输需通过两条信道实现。如计算机串行口（COM 口）采用的就是全双工方式。

半双工方式比单工方式灵活，全双工方式比半双工方式传输效率高。

（二）串行通信与并行通信

数据（块）通常由若干个信息位组成，可分成多个传输单位进行传送，按照信道中数据的传输单位内部的信号排列方式，数据通信可分为串行传输、并行传输两种传输方式。

串行传输方式指数据的传输单位（帧）内部的各个位逐位传输。该方式仅需一条信道，通信线路成本低廉，但传输速度较慢，适用于长距离通信。由于信息逐位传输，为便于接收端采样，发送端须匀速传输信号，双方基于定时脉冲实现数据传输单位内部的位同步。

并行传输方式指数据的传输单位内部的各个位同时传输。该方式需多条信道，传输速度较快，由于通信线路成本较高，以及信号抖动及相互干扰问题，多用于短距离通信。由于信息同时传输，故通信时无需数据传输单位内部的位同步措施。

（三）同步通信与异步通信

数据（块）通常可分成多个传输单位进行传送，每个传输单位的传送均需要进行一次收发同步，通信双方的收发同步方法、同步次数对通信性能的影响很大。按照数据（块）传输过程中的同步次数，数据通信可分为异步通信、同步通信两种同步方式。

1. 同步串行通信与异步串行通信

对串行通信而言，由于通信线路成本低廉，常用于长距离通信，因此，收发同步采用在信息帧中包含数据信息与同步信息的方法实现。按照数据传送过程中的同步次数，串行通信可分为异步串行通信、同步串行通信两种。

异步串行通信中，传输单位的大小固定（如一个字符），数据常分成多个传输单位传送，传输单位内各个位的传送间隔固定，不同传输单位的传送间隔可变。例如，若传输单位大小为字符，数据由多个字符组成，则所传输的数据流中，字符内位间同步、数据内字符间异步。异步串行通信的实现简单、误传损失小，但传输效率低。

同步串行通信中，传输单位的大小可变（如数据全部），数据常使用一个传输单位传送，传输单位内各个位的传送间隔固定。例如，若数据由多个字符组成，则所传输的数据流中，字符内位间、数据内字符间均同步。同步串行通信传输效率高，但误传损失大、同步信息位数多。

计算机中，COM 口采用的是异步串行通信，网络接口采用的是同步串行通信。

2. 同步并行通信与异步并行通信

对并行通信而言，由于多条信道的线路成本较高，仅用于短距离通信，因此，收发同步采用设置联络信号线（如请求、应答）的方法实现。按照数据传送过程中的同步次数，并行通信可分为同步并行通信、异步并行通信两种。

异步并行通信中，联络信号线的每次握手包含一对脉冲，每次握手完成一个传输单位的传送，收发同步次数与数据大小有关。异步并行通信的控制简单。

同步并行通信中，联络信号线的每次握手包含多对脉冲，每次握手完成多个传输单位的传送（每个脉冲对应一个传输单位），收发同步次数通常只有一次。同步并行通信的传输速率较高。

计算机中，LPT 口采用的是异步并行通信，SCSI 接口可采用同步并行通信。

第五节　计算机通信接口的概念与技术发展

一、计算机通信接口概念

数据通信指通信各方按照一定协议、以数字信号（或模拟信号）为载体、完成数据传输的过程，计算机通信是以计算机为中心的数据通信。因此，计算机通信接口指可以与计算机进行数据通信的接口，如串行接口、并行接口。

计算机通信是计算机技术与通信技术相融合的产物。从数据通信技术看，串行通信仅需一条传输信道，特别适用于远程通信，通信接口常仅指串行接口，因此，串行接口是最常见的计算机通信接口。从计算机通信技术看，并行通信需多条传输信道，同样信号频率下，传输效率、传输速度都高于串行通信，因此，并行接口是不可或缺的计算机通信接口。

为了便于应用，计算机业界开发了多种计算机通信接口标准，如 RS-232C、IEEE 1284 等。接口标准包括机械特性、电气特性、功能特性、过程特性 4 个方面。机械特性规定了连接器的规格尺寸、引脚的数量及排列等；电气特性规定了引脚信号的码型结构、电压电平和电压变化规则、阻抗匹配、信号同步等；功能特性规定了信号线的功能、方向、控制方式等；过程特性规定了传输过程中接口间的相互关系、动作顺序等。

二、计算机通信接口的技术发展

串行接口和并行接口都属于计算机通信接口，因此，计算机通信接口技术包含串行接口技术、并行接口技术。除了通信接口外，计算机中还有许多与数据通信相关的辅助接口，如时间接口、中断接口等，计算机通信的实现离不开这些辅助接口，因此，计算机通信的辅助接口技术也是计算机通信接口技术之一。

串行接口是最常用的计算机通信接口，随着接口技术和I/O技术的发展，不断有新的串行接口推出。最基本的串行接口是RS-232C、RS-422A、RS-485等接口，不同的接口在通信工作方式、线路抗干扰能力、传输距离等方面的表现不同，由于采用的是中断I/O方式，因此，传输速率均不高。最主流的串行接口是网络接口，可以实现通信资源共享、达到无地理位置束缚效果，由于采用了DMA I/O方式，传输速率很快，但通信需要计算机网络的支持。最实用的串行接口是USB接口，其技术优势包括传输速率高、即插即用、热拔插等，大大简化了终端设备连接过程，但传输距离较短。

并行接口是不可或缺的计算机通信接口，由于采用异步握手技术实现传输控制，可支持与传输速度不固定的设备通信，这是串行接口很难实现的。最基本的并行接口是IEEE 1284接口，它是在Centronics打印机接口基础上扩充形成的，支持多种传输模式，传输速度较慢；速度较快的并行接口有IDE、SCSI等接口，支持同步传输控制方式，常用于与快速设备进行通信，如硬盘、计算机等。

随着对通信接口的传输速率要求不断提高，并行接口的技术发展遇到了较大的障碍。首先是信号同步问题，信号发送频率、信号线长度均会影响并行信号的不同步到达程度；其次是信号干扰问题，信号发送频率、信号位宽均会加重信号间的干扰程度，若加强屏蔽，又会导致成本急剧增加。这两个问题导致并行接口技术进步有限，而串行接口则无此限制，目前，计算机通信接口逐步成了串行接口的天下。但是，通过增加位宽来提高传输速率的并行策略是永远正确的。技术进步周而复始，以致无穷，我们期待新的接口技术出现。

本章小结

本章主要介绍了与计算机通信接口相关的基本概念与基本原理，希望学习本章后，对计算机通信接口的相关内容有一个整体概念。

现代计算机的体系结构均采用冯·诺依曼模型，互联结构均采用总线方式。为了实现I/O设备的操作标准化，通过I/O接口将I/O设备连接到总线上。连接CPU、主存及I/O接口等主要部件的总线称为系统总线，系统总线由数据总线、地址总线及控制总线组成。

I/O接口的主要功能是中转I/O设备与总线间的操作或状态，I/O接口通过I/O端口实现相关信息的缓冲，通过内部控制逻辑实现两侧的操作或状态中转。I/O端口由寄存器或锁存器组成，可直接与总线交换信息，有数据端口、控制端口、状态端口3种类型，端口操作由总线操作的相关信号触发。每个I/O端口都有唯一的I/O端口地址，相对于主存单元，I/O端口有统一编址、独立编址两种编址方式。

I/O控制方式指CPU对数据传送的管理与控制方式，常见的I/O控制方式有查询方式、中断方式、DMA 方式 3 种，查询方式又可分为条件传送、无条件传送两种。

计算机通信是以计算机为中心的数据通信，计算机通信系统一般由计算机子系统、传输子系统、数据终端设备组成，主要性能指标为有效性与可靠性，常用信息传输速率与误信率表示，数据通信有单工/双工、并行/串行、同步/异步等分类方式。

计算机通信接口指可以与计算机进行数据通信的接口，包括串行接口、并行接口。计算机通信的实现需时间接口、中断接口等辅助接口的支持，计算机通信接口技术涉及并行接口、串行接口、时间接口等接口技术。

思考题与练习题

1.1　计算机系统采用总线结构互联有什么好处？缺点是什么？

1.2　总线有哪 4 个方面的特性？

1.3　什么是系统总线？系统总线操作包括哪几个过程？

1.4　I/O 接口的功能有哪些？主要由哪几个部件组成？内部控制逻辑中转总线操作的基本原理是什么？

1.5　为什么 I/O 接口核心芯片上常设置有片选引脚？影响该类芯片地址引脚个数的主要因素有哪些？

1.6　I/O 端口由哪些器件组成？为什么输入端口连接时需使用三态门？

1.7　I/O 端口有哪两种编址方式？各自的特点是什么？

1.8　I/O 控制方式的定义是什么？I/O 控制方式的目标是什么？I/O 是否可以不需要 CPU 介入？为什么？

1.9　查询方式 I/O 的基本思想是什么？对 I/O 接口的 I/O 端口有什么要求？两次 I/O 的间隔最少为几个指令周期？无条件传送方式的特点是什么？

1.10　中断方式 I/O 的基本思想是什么？I/O 接口产生与撤销中断请求的时机是什么？

1.11　DMA 方式的基本思想是什么？相对于中断式 I/O 接口，DMA 接口需增加哪些电路？常规总线操作中，主设备是数据传送的源头或目的地，操作时只需发送一个地址、一个命令，DMA 控制器如何实现 I/O 接口与主存间的数据传送？

1.12　计算机通信与数据通信的主要区别是什么？计算机通信系统的主要性能指标有哪些？

1.13　简述单工、半双工、全双工通信的特点，并分别举例。

1.14　串行通信如何实现数据传输单位内部的位同步？并行通信呢？

1.15　简述异步串行通信、同步串行通信的特点。

1.16　简述异步并行通信、同步并行通信的特点。

1.17　什么是计算机通信接口？计算机通信接口包含哪几种 I/O 接口？

1.18　相对于串行接口，并行接口发展受限的原因是什么？

第二章　PC 机 I/O 接口概述

学习目标

本章主要介绍 PC/XT 微机的基本结构、I/O 端口技术和中断技术。要求通过本章的学习，了解 PC/XT 的主板结构、PC 总线的总线周期时序；掌握 PC 机 I/O 端口的编址、地址译码、操作编程方法，能够按要求连接 I/O 接口到 PC 总线，并进行简单 I/O 编程；了解 PC/XT 中可屏蔽中断的结构、IVT 组织，掌握 PC/XT 的中断程序编写方法。

自学时数

8 学时。

教师导学

本章主要介绍 PC/XT 的 I/O 接口组织及其技术，在学习本章时，应注意如下几点：

(1) 本章内容在先修课程中已经学过，学习目的是归纳出与 I/O 接口有关的软硬件环境，应以 PC 机 I/O 接口的应用为学习目标。

(2) 学习 I/O 端口技术时，应从 PC/XT 的硬件组织、软件编程两个方面逐渐展开，直到两者汇合，应可以按硬件特性进行软件编程，这一点对接口的应用很关键。

(3) 应了解 PC 总线的信号功能、总线周期时序，接口应用时会涉及与总线的连接。

(4) 应了解可屏蔽中断全过程涉及的所有信号及时序，后续章节学习需要该基础。

(5) 本章的重点是 PC/XT 的 I/O 端口技术、可屏蔽中断技术；难点是 PC 总线时序、I/O 端口译码及中断程序的编写。

(6) 通过本章的学习，应能够按照要求设计 I/O 接口译码电路，能够编写 I/O 相关程序及中断程序。

第一节　PC 机基本结构

PC 机（Personal Computer）是目前应用最广泛的微型计算机。PC 机经历了 PC/XT、PC/AT、386、486、Pentium 等发展阶段，每个阶段的 PC 机在功能、性能上都有很大的进步。各个阶段的 PC 机是系列机，因此，PC 机具有向后兼容特性，即某时期推出的 PC 机上编写的程序，不加修改就能运行于在它之后推出的 PC 机上。

由于 PC 机具有向后兼容特性，且 PC 机的结构与组成不是本课程的重点，因此，本章以最经典的 PC/XT 微机为例，介绍 PC 机的总线、I/O 端口、中断等技术。

一、PC/XT 基本结构

PC/XT 是 PC 系列微机的第一代产品，采用 Intel 8088 微处理器，基本结构如图 2-1 所示。可见，PC/XT 的硬件主要由 CPU、总线、存储器、I/O 接口等部分组成，I/O 接口又可分为设备接口、I/O 管理接口两种类型，I/O 管理接口主要实现中断及 DMA 请求管理。

为了便于应用扩展，PC/XT 在主机板（系统板）上设置了 8 个总线扩展槽（I/O 通

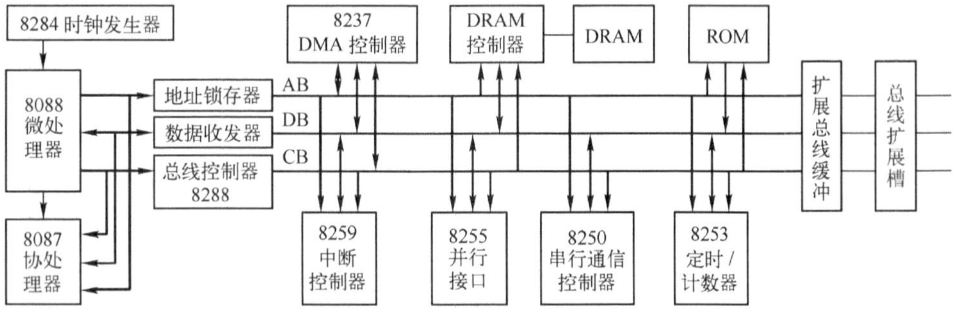

图 2-1　PC/XT 的基本结构

道)，用于插入扩展卡（I/O 接口）。

CPU、总线对各个部件的连接与控制至关重要，且内容相对复杂，稍后将单独介绍。

（一）CPU 相关逻辑

PC/XT 中，CPU 相关逻辑主要包括 8088 微处理器、8087 协处理器、8284 时钟发生器，其中，8087 协处理器是可选配的。

1. 8088 微处理器

微处理器是整个微机系统的核心部件，通过执行程序，对整个系统进行调度和控制，可实现数据处理/加工功能，并可与存储器及 I/O 接口等部件进行数据交换。

8088 是一个 16 位 CPU，具有 20 位地址总线、8 位数据总线；可以实现算术及逻辑运算；支持最大模式、最小模式两种工作模式。8088 在 8086 之后推出，除数据总线为 8 位（8086 为 16 位）外，其余都与 8086 相同，8088 的优势是可与大量现存的 8 位外设兼容。

8088 支持中断和 DMA 方式 I/O。中断逻辑中，支持外部中断及内部中断，外部中断分为可屏蔽中断、不可屏蔽中断两种，支持多个可屏蔽中断源。DMA 逻辑中，8088 通过暂时让出总线控制权的方式，由 DMA 控制器控制总线、实现 DMA 传送，总线控制权的转移采用的是请求/响应联络方式。

2. 8087 协处理器

8087 可以实现浮点运算功能，支持 IEEE 754 单精度及双精度浮点格式。从图 2-1 可以看出，8087 通过局部总线与 8088 相连，其功能实现受 8088 控制。8087 只能与 8086/8088 配对工作，且只有 8086/8088 工作于最大模式时才可以配对。

3. 8284 时钟发生器

8284 可以产生基于晶体振荡器的时钟脉冲信号，可以输出未分频的 OSC 信号，3 分频的 CLK 信号（占空比为 1/3），6 分频的 PCLK 信号（占空比为 1/2）。

PC/XT 中，8284 输入端连接 14.318 18 MHz 的石英晶体振荡器，CLK 用作 8088 CPU 的时钟输入信号（频率为 4.77 MHz），PCLK 用作外设的时钟信号，如定时/计数器 8253 的时钟输入信号为 PCLK 再 2 分频后的信号。

除提供各种时钟信号外，8284 还产生系统复位信号 RESET、等待信号 READY，READY 用于 8088 CPU 在总线周期中插入等待状态，协调 CPU 与外部部件的速度差异。

（二）总线结构

PC/XT 的系统总线基于 8088 微处理器，被称为 PC 总线或 XT 总线，与后来推出的 ISA 总线 8 位标准完全兼容。

PC/XT 采用了单总线结构，PC 总线连接了 CPU、存储器、I/O 接口等主要部件。PC/XT 通过锁存器、收发器（缓冲器）、8288 建立了 PC 总线。总线信号线经过扩展总线缓冲器重新驱动后，连接到多个总线扩展槽（最多有 8 个），用于扩展卡的连接。

（三）存储器

PC/XT 的存储器由 RAM 和 ROM 两种存储器组成。ROM 具有非易失性，可以存储静态信息，如启动计算机的程序，计算机的存储器不包含 ROM，计算机就无法启动。

PC/XT 的存储器空间为 $2^{20} \times 8\ \text{bit} = 1\ \text{MB}$，地址范围为 00000H~FFFFFH，RAM 占用低地址区，ROM 占用高地址区，交界处的一部分 RAM 和 ROM 空间为预留的视频显示空间。视频显示空间的 RAM 及 ROM 由显示适配器（显卡）提供，其余空间的 RAM 和 ROM 由主机板提供。后期 PC 机的视频显示空间已可以定位到更高的存储器空间中。

PC/XT 主机板上的 RAM 容量最多为 640 KB，占用地址区 00000H~9FFFFH，通常由 4 个内存条构成，通过 DRAM 控制器与系统总线连接。内存条由多个 DRAM 芯片组成，容量有 64 KB、256 KB 等规格。DRAM 控制器的主要作用是，将 PC 总线的地址和控制信号转换为 DRAM 芯片的相关信号（含选择芯片），以及实现 DRAM 芯片的定时刷新。

PC/XT 主板上的 ROM 容量为 64 KB、占用地址区 F0000H ~ FFFFFH，存放 BIOS 程序。BIOS 中包含上电自检、系统引导、日时钟管理、硬件驱动等程序，以及相关数据或参数。早期机器上还固化了 32 KB（F6000H ~ FDFFFH）的 BASIC 解释程序。

（四）设备接口

设备接口主要指主机与外设间的数据通信接口，以及通信辅助接口。PC/XT 中的设备接口有并行接口、串行接口、时间接口 3 种。

1. 并行接口 8255

8255 是一个可编程并行接口芯片，具有 3 个独立的 8 位并行口，数据传送支持基本、选通两种方式，支持查询、中断 I/O 方式。

PC/XT 中，A 口用于工作时读取键盘扫描码，B 口用于输出控制系统内部定时器、扬声器等的控制信号，C 口用于读取系统内部配置开关等的状态信号。

2. 串行通信控制器 8250

8250 是一个可编程异步串行通信接口芯片，集成了串行发送器/接收器、波特率发生器，可使用多种波特率进行异步串行通信，具有 MODEM 控制功能。

PC/XT 使用 8250 及信号转换电路，实现了符合 RS-232 标准的串行通信接口。

3. 定时/计数器 8253

8253 是一种可编程定时/计数器芯片，具有 3 个独立的 16 位计数器（通道），每个通道都支持 6 种工作方式，都可以进行 0 ~ 65535 的减 1 计数。

PC/XT 中，通道 0 用作系统计时器，利用每秒产生的 18.2 个脉冲信号，系统实现日时钟计算等计时功能；通道 1 用于控制动态存储器的刷新；通道 2 用于扬声器的声音频率控制，声音频率及持续时间都可以由程序设定。8253 的时钟输入信号（计数脉冲）使用的是 8284 的 PCLK 再 2 分频后的信号（频率为 1.193 181 6 MHz）。

（五）I/O 管理接口

I/O 管理接口主要实现中断方式 I/O 的中断请求、DMA 方式 I/O 的 DMA 请求管理。

8088 支持多种可屏蔽中断和一种不可屏蔽中断，8088 要求中断管理部件管理各个可屏蔽中断源，在 CPU 响应中断时送回中断类型号，以便 CPU 进行向量中断处理。

8088 支持请求/应答方式的总线控制权转移，8088 要求 DMA 管理部件管理各个 DMA 接口，在 CPU 让出总线控制权时，才控制总线、完成 DMA 传送，并尽快归还总线控制权。

1. 中断控制器 8259

8259 是一种可编程中断控制器芯片，可以按优先权方法管理 8 个独立的中断源，代理提出中断请求，具有中断屏蔽和中断嵌套功能。

PC/XT 中，只配置有一片 8259，负责在外设有请求时直接向 CPU 提出中断请求，在 CPU 响应中断时通过系统总线送回最高优先权的中断类型号，CPU 进一步获取该中断类型号对应的中断服务程序入口地址，处理中断事件。PC 机后来采用两片 8259 级联连接，以扩展中断请求数。8259 的应用方法可查阅先修课程教材，或参见第二章第三节。

2. DMA 控制器 8237

8237 是一种可编程 DMA 控制器芯片，具有 4 个独立的 DMA 传送通道，DMA 传送采用请求/应答方式，每个通道可寻址 64K 存储器空间，同一时刻只允许一个通道工作（进行 DMA 传送）。8237 有关 DMA 请求/应答的引脚定义如图 1-7 所示，其中 j = 0 ~ 3。

由第一章第三节可知，DMA 方式 I/O 包括预处理、DMA 传送、后处理 3 个阶段，DMA 控制器仅在 DMA 传送阶段用作总线操作的主设备，控制主存与 I/O 接口间的数据传送；在其余时间则用作从设备，接收 CPU 的控制。因此，图 2-1 中，8237 与地址总线（AB）、控制总线（CB）连接的箭头是双向的。

PC/XT 中，通道 0 用于动态存储器刷新，通道 2 用于软盘读写，通道 3 用于硬盘读写，通道 1 被保留给用户使用。PC 机后来采用两片 8237 级联连接，以扩展 DMA 通道数。

8259、8237 与 CPU 的连接方法与图 1-7 基本相同，只是 8259、8237 与 I/O 接口都通过系统总线的信号线实现连接，便于提高应用的灵活性。

二、8088 微处理器

Intel 公司在 1978 年推出了 8086 微处理器，在 1979 年推出了 8088 微处理器。1981 年，8088 微处理器首次应用在 IBM PC/XT 微机上。

8086 与 8088 都是 16 位 CPU，具有 20 位地址总线，支持最大模式、最小模式两种工作模式。除数据总线宽度外，其余基本相同，下面只介绍 8088 微处理器。

最小模式指系统中只有一个 8088 微处理器，系统总线的控制信号由 8088 直接产生。最大模式指系统中除一个 8088 微处理器外，还可以包含其他协处理器（如数值运算协处理器 8087、输入/输出协处理器 8089），系统总线的控制信号需由总线控制器 8288 产生。

8088 具有 40 个引脚，采用双列直插式封装（DIP），引脚信号如图 2-2 所示，括号外名称为最小模式下的引脚定义，括号内名称为最大模式下的引脚定义。

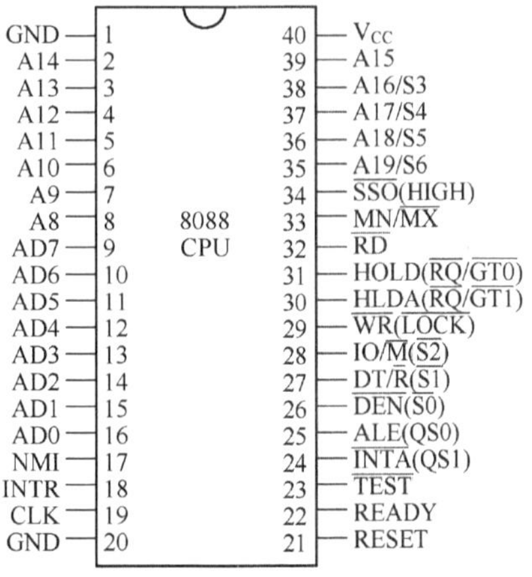

图 2-2　8088 的引脚图

为了减少引脚数量，8088 的部分信号线采用了复用方式。8 位数据总线由 AD7 ~ AD0 构成，20 位地址总线由 A19/S6～A16/S3、A15～A8、AD7～AD0 构成，其余为控制/状态总线。注意，带上划线的信号名表示低电平有效（如$\overline{RD}$），否则为高电平有效。

（一）最大模式和最小模式公共的引脚定义

V_{CC}——电源，输入。8088 采用 +5V、±10% 的电源输入。

AD7～AD0——地址/数据信号线，双向。ALE 有效时，用作地址总线（单向）；ALE 无效时，用作数据总线（双向）。HLDA 有效期间（CPU 让出总线），引脚为高阻状态。

A15～A8——地址信号线，输出。HLDA 有效期间，引脚为高阻状态。

A19/S6～A16/S3——地址/状态信号线，输出。HLDA 有效期间，引脚为高阻状态。S6 恒等于0；S5 表示 FLAG 寄存器中 IF（中断允许标志位）状态，IF = 1/0 时，CPU 允许/屏蔽 INTR引脚请求；S4 和 S3 指示当前总线周期使用的段寄存器（被访问段），如表 2-1 所示。

表 2-1　状态位 S4 和 S3 对应的功能

S4	S3	当前总线周期使用的段寄存器
0	0	ES
0	1	SS
1	0	CS 或未使用段寄存器
1	1	DS

CLK——时钟信号线，输入。为 8088 提供基本的定时信号。8088 要求时钟信号的频率为 4.77 MHz，占空比为 33%（1/3 高电平、2/3 低电平）。

INTR——可屏蔽中断请求信号线，输入。用来请求一个 I/O 型的硬件中断。当 IF = 1 时，若 INTR 保持有效，8088 在当前指令执行结束时，进入中断响应周期（使用$\overline{INTA}$来识别中断源）。软件可修改 IF 位。

NMI——不可屏蔽中断请求信号线，输入。用来请求异常性的硬件中断。当 NMI 从低电平变为高电平并至少保持 4 个时钟周期，8088 在当前指令执行结束时，进入中断响应周期。NMI 中断响应不检查 IF 位是否为 1，且中断类型号为 2（中断源只有一个）。

READY——就绪信号线，输入。用于在总线周期时序中插入等待周期 T_W。该引脚为高电平时，总线周期不受影响；该引脚为低电平时，8088 自动在总线周期中插入等待周期 T_W，直到 READY 变为高电平为止，CPU 继续完成总线操作。

RESET——复位信号线，输入。该引脚保持 4 个时钟周期以上的高电平时，8088 立即复位。8088 复位后，CS = FFFF，DS、ES、SS、IP 及 FLAGS 均被清零，CPU 从存储单元 FFFF0H 开始执行指令。

$\overline{TEST}$——测试信号线，输入。用于与外部硬件同步，测试使用 WAIT 指令实现。当$\overline{TEST}$无效，WAIT 指令相当于 NOP 指令（空操作）；当$\overline{TEST}$有效，WAIT 指令重复测试该引脚，直到它变为无效。该引脚通常与 8087 等协处理器相连，使用 WAIT 指令与之保持同步。

MN/$\overline{MX}$——最小/最大模式选择信号线，输入。用于选择工作模式。该引脚高电平时，表示采用最小模式，低电平时表示采用最大模式。

$\overline{RD}$——读信号线，输出。当$\overline{RD}$有效时，表示 CPU 正在对存储器或 I/O 接口进行读操作；HLDA 有效期间，该引脚浮空（高阻状态）。

（二）最小模式的引脚定义

IO/$\overline{\text{M}}$——接口/存储器选择信号线，输出。指示地址总线上地址的类别。该引脚高电平表示 I/O 端口地址，低电平表示存储器地址。HLDA 有效期间，该引脚浮空。

$\overline{\text{WR}}$——写信号线，输出。当$\overline{\text{WR}}$有效时，表示 CPU 正在对存储器或 I/O 接口进行写操作；HLDA 有效期间，该引脚浮空。

ALE——地址锁存允许信号线，输出。用于 AD7 ~ AD0 信号线的复用选择，该引脚有效时，表示 AD7 ~ AD0 信号线上是地址信息，地址信息可能是 I/O 端口地址或者是存储器地址。

$\overline{\text{DEN}}$——数据允许信号线，输出。用于激活数据总线收发器。$\overline{\text{DEN}}$有效时，收发器允许传输（输出高/低电平），否则禁止传输（输出为高阻态）。HLDA 有效期间，该引脚浮空。

DT/$\overline{\text{R}}$——数据发送/接收选择信号线，输出。指示数据总线收发器的传输方向。高电平时表示发送，低电平时表示接收。HLDA 有效期间，该引脚浮空。

$\overline{\text{SSO}}$——系统状态输出信号线，输出。IO/$\overline{\text{M}}$、DT/$\overline{\text{R}}$及$\overline{\text{SSO}}$的信号组合，可表示 8088 当前总线周期的操作类型，000 ~ 111 分别表示中断响应、读存储器、写存储器、暂停、取指令、读端口、写端口、无效状态（空闲状态）。

$\overline{\text{INTA}}$——中断响应信号线，输出。用于获取中断源的中断类型号，以响应硬件中断请求。CPU 响应中断时，连续发出两个$\overline{\text{INTA}}$脉冲，中断源响应并送回中断类型号。

HOLD——总线保持请求信号线，输入。用来请求系统总线的使用权（用于 DMA 传送）。8088 在当前总线周期结束时，响应该信号。

HLDA——总线保持响应信号线，输出。用来响应 HOLD 的系统总线使用权请求。HL-DA 无效时，表示 8088 控制系统总线；HLDA 有效时，表示 8088 已让出系统总线控制权，并已置地址、数据、控制总线引脚为高阻状态。

（三）最大模式的引脚定义

$\overline{\text{S2}}$、$\overline{\text{S1}}$和$\overline{\text{S0}}$——总线周期状态信号线，输出。指示当前总线周期的操作类型。8288 总线控制器对它们进行译码，产生各种总线操作的控制信号。它们对应的总线操作类型如表 2-2 所示，其中，无效状态表示总线空闲状态（无总线操作）。

表 2-2　$\overline{\text{S2}}$、$\overline{\text{S1}}$和$\overline{\text{S0}}$对应的总线操作及相关信号

$\overline{\text{S2}}$	$\overline{\text{S1}}$	$\overline{\text{S0}}$	总线操作类型	8288 控制信号	PC 总线控制信号	相关指令示例
0	0	0	中断响应	$\overline{\text{INTA}}$	$\overline{\text{INTA}}$	无
0	0	1	读 I/O 端口	$\overline{\text{IORC}}$	$\overline{\text{IOR}}$	IN AL, DX
0	1	0	写 I/O 端口	$\overline{\text{IOWC}}$和$\overline{\text{AIOWC}}$	$\overline{\text{IOW}}$	OUT DX, AL
0	1	1	暂停	保持	保持	无
1	0	0	取指令	$\overline{\text{MRDC}}$	$\overline{\text{MEMR}}$	无
1	0	1	读存储器	$\overline{\text{MRDC}}$	$\overline{\text{MEMR}}$	MOV AX, [1234H]
1	1	0	写存储器	$\overline{\text{MWTC}}$和$\overline{\text{AMWC}}$	$\overline{\text{MEMW}}$	MOV [BX], AX
1	1	1	无效状态	全部无效	全部无效	MOV BX, AX

QS1 和 QS0——队列状态信号线，输出。用于指明 8088 内部指令队列的状态。信号组合 00 ~ 11 分别表示无操作、取指令第一个字节、队列为空、取指令其他字节。这两个引脚

通常被 8087 访问，以监视 8088 内部指令队列的状态。

$\overline{\text{LOCK}}$——总线锁定信号线，输出。用于锁定 8088 对系统总线的控制权。该引脚有效期间，其他主设备不能获得系统总线控制权。该信号由指令前缀 LOCK 产生，直到当前指令执行完成时才无效，如 LOCK REPN CMPS 指令。

$\overline{\text{RQ}}/\overline{\text{GT0}}$和$\overline{\text{RQ}}/\overline{\text{GT1}}$——总线请求/总线允许信号线，双向。用于供两个主设备提出系统总线使用请求$\overline{\text{RQ}}$（同 HOLD），以及向它们发出系统总线使用允许$\overline{\text{GT}}$（同 HLDA）。$\overline{\text{RQ}}/\overline{\text{GT1}}$的优先级比$\overline{\text{RQ}}/\overline{\text{GT0}}$高。$\overline{\text{RQ}}/\overline{\text{GT1}}$通常与 8087 的$\overline{\text{RQ}}/\overline{\text{GT0}}$连接。

PC/XT 中，8088 工作于最大模式，但由于最小模式的信号名称比较直观，因此，本书部分原理图使用了最小模式的信号名称，如$\overline{\text{DEN}}$、$\overline{\text{INTA}}$、HOLD、HLDA 等。

三、PC 总线

PC 总线指 PC/XT 采用的系统总线，又称为 XT 总线，是一种基于 8088 微处理器的 8 位系统总线。ISA 总线是 IBM 公司为 PC/AT 建立的 16 位系统总线，又称为 AT 总线。ISA 总线是 PC 总线的扩展，在 PC 总线基础上扩展了 36 根信号线，因此，PC 总线又称为 8 位 ISA 总线。本节仅讨论 PC 总线的功能特性及逻辑特性。

（一）PC 总线信号定义

PC 总线由 62 条信号线组成，分成 A、B 两排，信号名称如表 2-3 所示。

表 2-3　PC 总线信号

引脚	信号名称	引脚	信号名称	引脚	信号名称	引脚	信号名称
A1	$\overline{\text{IO CHCK}}$	A17	A14	B1	GND	B17	$\overline{\text{DACK1}}$
A2	D7	A18	A13	B2	RESET	B18	DRQ1
A3	D6	A19	A12	B3	+5 V	B19	$\overline{\text{REFRESH}}$
A4	D5	A20	A11	B4	IRQ2	B20	CLK
A5	D4	A21	A10	B5	-5 V	B21	IRQ7
A6	D3	A22	A9	B6	DRQ2	B22	IRQ6
A7	D2	A23	A8	B7	-12 V	B23	IRQ5
A8	D1	A24	A7	B8	$\overline{\text{CARD SLCTD}}$	B24	IRQ4
A9	D0	A25	A6	B9	+12 V	B25	IRQ3
A10	IO CHRDY	A26	A5	B10	GND	B26	$\overline{\text{DACK2}}$
A11	AEN	A27	A4	B11	$\overline{\text{MEMW}}$	B27	T/C
A12	A19	A28	A3	B12	$\overline{\text{MEMR}}$	B28	ALE
A13	A18	A29	A2	B13	$\overline{\text{IOW}}$	B29	+5 V
A14	A17	A30	A1	B14	$\overline{\text{IOR}}$	B30	OSC
A15	A16	A31	A0	B15	$\overline{\text{DACK3}}$	B31	GND
A16	A15			B16	DRQ3		

信号线大体可分成 4 类：地址信号线、数据信号线、控制信号线、其他信号线。

1. 地址信号线

地址信号线为 A19～A0，用于表示存储器或 I/O 端口的地址，A19 为地址最高位。

PC/XT 约定，存储器地址空间为 $1\text{M}=2^{20}$，I/O 端口地址空间为 $1\text{K}=2^{10}$。因此，PC 总线中，使用 A19～A0 表示存储单元地址，使用 A9～A0 表示 I/O 端口地址。

2. 数据信号线

数据信号线为 D7～D0，用于在 CPU、存储器、I/O 端口间传输数据，D7 为最高有效位。

3. 控制信号线

控制信号线可分为命令线、中断请求线、DMA 请求/响应线、IO 通道状态线。带上划线的信号为低电平有效，否则为高电平有效。

$\overline{\text{MEMR}}$和$\overline{\text{MEMW}}$——存储器读、存储写命令，由主设备（如 8088 或 8237）发出。某个信号有效时表示对 A19～A0 指定的存储单元进行读操作或写操作。

$\overline{\text{IOR}}$和$\overline{\text{IOW}}$——端口读、端口写命令，由主设备发出。某个信号有效时表示对 A9～A0 指定的 I/O 端口进行读操作或写操作。

ALE——地址锁存允许信号，由总线控制器 8288 发出。ALE 上升沿表示一个总线周期开始，ALE 高电平时存储器或 I/O 端口地址被送到地址总线上，ALE 下降沿时从设备（如存储器或 I/O 接口）锁存地址总线上的地址信息。

AEN——地址允许信号，由 DMA 控制器 8237 发出。AEN 有效表示当前为 DMA 总线周期（DMA 控制总线），AEN 无效表示当前为 CPU 总线周期（CPU 控制总线）。由于 DMA 方式使用$\overline{\text{DACK}}$信号线选择 I/O 接口（端口），因此，只有当 AEN 为低电平时，才需进行 I/O 端口译码。

IRQ7～IRQ2——中断请求信号，由中断接口（外设）发出。中断控制器 8259 通过总线获取外设的中断请求，IRQ2 优先级最高，IRQ7 优先级最低。8259 的 8 个中断请求引脚中，IRQ0、IRQ1 用于主机的内部中断，故未在总线信号线中定义。

DRQ3～DRQ1——DMA 请求信号，由 DMA 接口（外设）发出。8237 通过总线获取外设的 DMA 请求，DRQ1 优先级最高，DRQ3 优先级最低。8237 的 4 个 DMA 请求中，DREQ0 用于主板上的 DRAM 刷新，故未在总线信号线中定义。

$\overline{\text{DACK3}}$～$\overline{\text{DACK1}}$——DMA 响应信号，由 DMA 控制器发出。$\overline{\text{DACK}i}$ 有效表示接口 i 的 DMA 请求被响应、可以进行 DMA 传送，在 DMA 请求撤销且当前数据传送完成时无效。B19 引脚的 REFRESH 信号即 8237 的$\overline{\text{DACK0}}$，可用于刷新扩展卡上的 DRAM。

T/C——DMA 计数结束信号，由 DMA 控制器发出。$\overline{\text{DACK}i}$ 有效时，T/C 有效表示接口 i 已传送完预设字节数的数据，DMA 方式 I/O 的一次数据传送结束。该信号用于通知接口 i 进行 DMA 方式 I/O 的后处理过程。

$\overline{\text{IO CHCK}}$——I/O 通道校验信号，由 I/O 接口（扩展卡）发出。$\overline{\text{IO CHCK}}$有效表示扩展卡的存储部件或端口发生了奇偶校验错误。用于向 CPU 提出不可屏蔽中断请求（NMI）。

IO CHRDY——I/O 通道就绪信号，由 I/O 接口（扩展卡）发出。IO CHRDY 无效表示扩展卡无法按总线速度传送数据。用于请求 CPU 在总线周期中插入等待周期。

$\overline{\text{CARD SLCTD}}$——扩展卡选中信号，由 I/O 接口（扩展卡）发出。该信号有效表示有扩展卡被选中。可以用于扩展卡测试。ISA 总线将该引脚改为$\overline{\text{0WS}}$信号，表示扩展卡是否为零等待状态，用于通知 CPU 当前总线周期是否不需要插入等待周期。

4. 其他信号线

OSC——振荡器输出信号，由时钟发生器 8284 产生。该信号频率为 14.318 18 MHz，系统中其他时钟信号可由 OSC 分频得到。

CLK——总线时钟信号，由时钟发生器 8284 产生。该信号频率为 4.77 MHz，用于总线操作的定时。

RESET——复位驱动信号，由时钟发生器 8284 产生。该信号用于复位和初始化 I/O 接口和 I/O 设备。

（二）PC 总线时序

PC 总线基于 8088 CPU 建立，因此，PC 总线的总线周期时序与 8088 CPU 的总线周期时序相同；PC 总线的总线时钟频率为 4.77 MHz；PC 总线的总线操作包括读存储器、写存储器、读 I/O 端口、写 I/O 端口、中断响应 5 种，如表 2-2 所示。

PC 总线的主设备有 8088 和 DMA 控制器两种，总线操作对应的总线周期称为 CPU 总线周期和 DMA 总线周期，两者的时序有所不同，通过 AEN 信号区分不同的总线周期。CPU 总线周期可以对存储器、I/O 接口（端口）进行操作，对应的总线周期称为 MEM 总线周期、I/O 总线周期。

PC 总线周期包含 4 个总线时钟周期（T 状态），即总线周期由 T_1、T_2、T_3、T_4状态组成，源/目标来不及完成操作时会包含 T_W状态。PC 总线周期的一般时序如下：

1）T_1周期，使 ALE 变为高电平，总线周期开始；存储器或 I/O 端口地址被送到 A19 ~ A0；ALE 在 T_1结束前变为低电平，存储器或 I/O 接口利用 ALE 下降沿锁存目标地址。

2）T_2周期，发出总线命令，存储器或 I/O 接口开始执行总线操作；若总线命令为写命令，CPU 送数据到 D7 ~ D0。

3）T_3周期，等待总线操作完成；T_3开始时 CPU 采样 READY 引脚，若 READY 为低电平，下个周期为等待周期 T_W，否则下个周期为 T_4。

4）T_W周期，等待总线操作完成；T_W开始时 CPU 采样 READY 引脚，若 READY 为低电平，下个周期继续为 T_W，否则下个周期为 T_4。

5）T_4周期，完成总线操作，结束总线周期；若总线命令为读命令，T_4开始时 CPU 采样 D7 ~ D0；T_4结束前，数据信号变为高阻状态，控制/状态信号变为无效状态。

1. 读操作的总线时序

读操作有读存储器、读 I/O 端口两种，即按地址访问存储单元或 I/O 端口，读操作总线周期时序如图 2-3 所示，可见，两者仅总线命令（$\overline{MEMR}$或$\overline{IOR}$）、目标地址位数（A19 ~ A0 或 A9 ~ A0）不同而已。图中，未画出 AEN、$\overline{MEMW}$及$\overline{IOW}$等无效状态的信号线；READY 为 CPU 引脚、非总线信号线，因其影响总线时序，故画出。

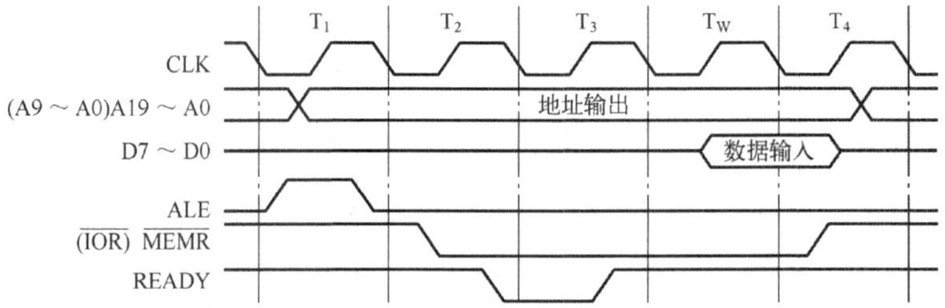

图 2-3　PC 总线的读操作总线周期

T_1周期，ALE 有效后，存储器（或 I/O 端口）地址被送到 A19 ~ A0（或 A9 ~ A0），周期结束前 ALE 变为无效；

T_2周期，$\overline{MEMR}$（或$\overline{IOR}$）有效，存储器（或 I/O 接口）开始执行总线操作；

T_3及 T_W周期，周期开始时 CPU 采样 READY 状态，READY 无效表示下个周期为 T_W；

T_4周期，周期开始时 CPU 采样 D7 ~ D0，之后 CPU 撤销控制信号（变为无效），存储器（或 I/O 端口）在$\overline{MEMR}$（或$\overline{IOR}$）之后撤销数据信号（变为高阻）。

PC 总线的中断响应周期，虽然实现的也是读操作功能，但因其不按地址访问 I/O 端口，因此，未纳入到读操作的总线周期中。

2. 写操作的总线时序

写操作有写存储器、写 I/O 端口两种，写操作的总线周期时序如图 2-4 所示，两者同样仅总线命令（$\overline{MEMW}$或$\overline{IOW}$）、目标地址位数（A19 ~ A0 或 A9 ~ A0）不同而已。图中同样未画出 AEN、$\overline{MEMR}$及$\overline{IOR}$等无效状态的信号线。

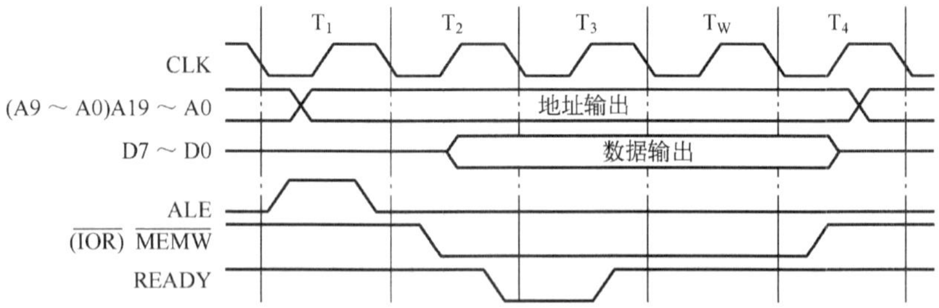

图 2-4　PC 总线的写操作总线周期

T_1周期，ALE 有效，存储器（或 I/O 端口）地址被送到 A19 ~ A0（或 A9 ~ A0），周期结束前 ALE 无效；

T_2周期，$\overline{MEMW}$（或$\overline{IOW}$）有效，数据被送到 D7 ~ D0，存储器（或 I/O 接口）开始执行总线操作；

T_3及 T_W周期，周期开始时 CPU 采样 READY 状态，READY 无效表示下个周期为 T_W；

T_4周期，CPU 撤销控制信号（变为无效），然后撤销数据信号（高阻）。

值得一提的是，ISA 总线时钟频率为 8 MHz，因此，为兼容 PC 总线扩展卡，8 位 ISA 总线周期通常包含 6 个总线时钟周期，总线时序与 PC 总线基本相同。

（三）PC/XT 系统总线建立

PC/XT 中，8088 工作于最大模式，系统总线为 PC 总线。PC 总线通过数据收发器 8286、地址锁存器 8282、总线控制器 8288 建立，主要信号线连接如图 2-5 所示，图中未画出 DMA 请求/响应线（DRQ/$\overline{DACK}$及 T/C）、I/O 通道状态线（IO CHRDY 及$\overline{IO\ CHCK}$）。

其中，8288 受 8088 控制，PC 总线的时序与 8088 相同；CLK 信号的频率为 4.77 MHz，与 8088、8288 相同；AEN 信号由 DMA 控制器 8237 提供，AEN 有效时，8288 输出均为高阻态，导致 8286、8282 输出亦为高阻态。

图 2-5 中，8088 的 INTR 引脚与 8259 的连接未画出；8088 的 HOLD 及 HLDA 引脚与 8237 的连接也未画出；8088 的 READY 引脚连接 8284 的 RDY1 引脚，其状态决定 PC 总线周期是否包含 T_W周期，8284 的 RDY1 引脚与存储器或 I/O 接口状态线的连接未画出。

随着微处理器的发展，PC 机的系统总线结构也有很大的改进。总线标准经历了 PC、

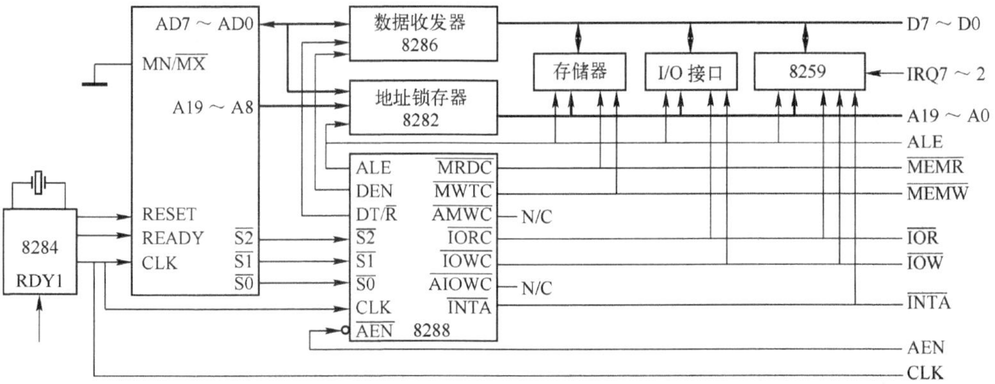

图 2-5　PC 总线信号的产生及其应用

ISA、EISA、PCI、AGP 等发展阶段，目前 PCI Express 等高速串行总线较为流行。系统总线结构也从最初的单总线结构，逐步发展为多总线结构，目前较为流行的是南北桥结构。

第二节　PC 机端口技术

I/O 接口功能是实现 CPU 与外设间的信息中转，CPU 通过总线操作实现对 I/O 接口中 I/O 端口的读/写。I/O 端口技术包括端口编址、端口地址译码、端口操作（编程）等方面。

一、I/O 端口编址

1. I/O 端口编址方式

由第一章可知，相对于存储单元编址，I/O 端口编址方式有统一编址、独立编址两种。统一编址方式下，I/O 端口与存储单元共用一个地址空间（地址范围不同），CPU 通过地址范围来区分访问目标的类型；独立编址方式下，I/O 端口与存储单元各占一个地址空间（均从零开始），CPU 通过不同命令来区分访问目标的类型。

PC/XT 中，I/O 端口采用独立编址方式，即 I/O 端口和存储单元均从零开始编址，通过不同类型的总线控制信号（如$\overline{MEMR}$/$\overline{MEMW}$、$\overline{IOR}$/$\overline{IOW}$）表示操作类型。同时要求 CPU 提供单独的 I/O 指令，产生不同的总线控制信号。

2. I/O 地址空间

相对于存储单元，系统中 I/O 端口较少，为节约硬件成本，I/O 端口地址空间（简称 I/O 地址空间）通常远小于存储器地址空间。

8088 等 x86 CPU 的 I/O 地址空间大小设计为 2^{16} = 64K，由于其编址单位为字节，因此，CPU 的 I/O 空间大小为 64K × 1B = 64 KB，I/O 端口地址范围为 0000H ~ FFFFH。

PC 机的 I/O 地址空间大小可以和 CPU 不同，取决于主机设计时的约定。由于应用有限，PC/XT 的 I/O 地址空间设计为 2^{10} = 1K，I/O 端口地址范围为 000H ~ 3FFH，I/O 端口只使用低 10 位地址线 A9 ~ A0 进行地址译码。随着应用的扩展，从 PC/AT 开始的 PC 机中，I/O地址空间均设计为 2^{16} = 64K，I/O 端口地址范围为 0000H ~ FFFFH，I/O 端口使用低 16 位地址线A15 ~ A0 进行地址译码。

本书基于 PC/XT 介绍相关技术，因此，I/O 端口地址均使用地址线 A9 ~ A0 表示。

3. I/O 端口地址分配

PC/XT 的 I/O 空间大小为 1KB，I/O 端口地址范围为 000H ~ 3FFH，最多支持 1024 个 I/O 端口，端口宽度为 8 位。

PC/XT 中，实现中断控制、RAM 刷新等系统功能的 I/O 接口芯片都安排在系统板（主机板）上，显示器、异步通信等外设接口则安排到 8 个 I/O 通道（扩展槽）中。为了便于应用及实现软件兼容，PC/XT 对系统板及 I/O 通道上的端口地址进行了统一的分配。

PC/XT 将 1024 个端口地址的前 512 个分配给了系统板，后 512 个分配给了 I/O 通道，即地址线 A9 = 0 时寻址系统板，A9 = 1 时寻址 I/O 通道。系统板上的端口地址分配如表 2-4 所示，I/O 通道中的常见端口地址分配如表 2-5 所示。

表 2-4　系统板的端口地址分配

地址范围	I/O 芯片名称	地址范围	I/O 芯片名称
000 ~ 01F H	DMA 控制器 8237	070 ~ 07F H	RT/CMOS RAM
020 ~ 03F H	中断控制器 8259	080 ~ 09F H	DMA 页寄存器
040 ~ 05F H	定时/计数器 8253	0A0 ~ 0BF H	从 8259（PC/AT）
060 ~ 06F H	并行接口 8255	0F0 ~ 0FF H	协处理器（PC/AT）

表 2-5　I/O 通道的端口地址分配

地址范围	I/O 接口名称	地址范围	I/O 接口名称
200 ~ 20F H	游戏控制卡	3A0 ~ 3AF H	同步通信卡 1
2F8 ~ 2FF H	串行口 COM2	3D0 ~ 3DF H	CGA 彩显适配器
300 ~ 30F H	原型卡（用户可用）	3F0 ~ 3F7 H	软盘适配器
320 ~ 32F H	硬盘适配器	3F8 ~ 3FF H	串行口 COM1
378 ~ 37F H	并行（打印）口 LPT1		

需注意，每个 I/O 接口分配的端口地址范围较大，但实际使用的端口地址只有几个，取决于具体的芯片结构。如 8237 占 16 个端口地址，8259 占 2 个端口地址，8255、8253 各占 4 个端口地址，应用编程时应注意进一步限定范围，以防止误操作。

由于系统板上 I/O 端口的地址已由电路固定，应用时必须按此约定编程。I/O 通道上 I/O端口的地址由扩展卡决定，为避免与其他扩展卡发生地址冲突，通常设计为使用 DIP 开关选择的可变端口地址，因此，扩展卡选择端口地址时，应避开表 2-5 约定的端口地址，同时注意硬件设置与软件编程的匹配。

二、I/O 端口地址译码

PC/XT 中，8088 CPU 通过总线操作实现 I/O 端口的读/写，由图 1-3 可见，I/O 端口的读/写控制通过总线操作信号（$\overline{IOR}$或$\overline{IOW}$）及端口选中信号（$\overline{PS}$）的组合实现。因此，I/O 端口地址译码指根据总线信号，使 I/O 端口的端口选中信号$\overline{PS_i}$有效的过程。

（一）I/O 端口地址译码的逻辑

由于 DMA 总线周期（AEN 有效）使用地址线选择存储单元，使用$\overline{DACKi}$线选择 I/O 接口（端口），因此，只有 CPU 总线周期（AEN 无效）才需要进行 I/O 端口地址译码。

由于 I/O 端口编址采用的是独立编址方式，因此，只有 I/O 总线周期（$\overline{IOR}$或$\overline{IOW}$有效）

才需要进行 I/O 端口地址译码，MEM 总线周期（$\overline{MEMR}$或$\overline{MEMW}$有效）不需要进行 I/O 端口地址译码。

I/O 接口通常包含多个（≥1 个）I/O 端口，各个 I/O 端口地址连续，I/O 端口地址可由接口基地址、端口偏移地址两部分组成。因此，I/O 端口地址译码转变为接口基地址译码、端口偏移地址译码两个部分。使用地址线高位（A9 ~ Ax+1）实现接口基地址译码，使用地址线低位（Ax ~ A0）实现端口偏移地址译码，两种地址译码的原理均与译码器相同。

因此，I/O 端口地址译码的逻辑由 CPU 总线周期、I/O 总线周期、接口基地址译码、端口偏移地址译码 4 个部分组成，I/O 端口在 AEN 无效、$\overline{IOR}$或$\overline{IOW}$有效、A9 ~ Ax+1 = I/O 接口基地址、Ax ~ A0 = 端口偏移地址时被选中。

地址译码方法有固定式地址译码、可选式地址译码两种，前者常用于系统板的端口地址译码，后者常用于 I/O 通道的端口地址译码，以满足实际应用的需要。

（二）固定式端口地址译码

固定式地址译码有译码器、门电路两种实现方法。两种方法效果相同，通常，译码输出端的数量较少时采用门电路方法，译码输出端的数量较多时采用译码器方法。

图 2-6 是一个固定式端口地址译码的示例，采用了译码器、门电路两种实现方法，译码器的$\overline{Y1}$引脚连接 I/O 接口的片选信号，$\overline{PS_{10}}$、$\overline{PS_{11}}$用作两个端口的端口选中信号。

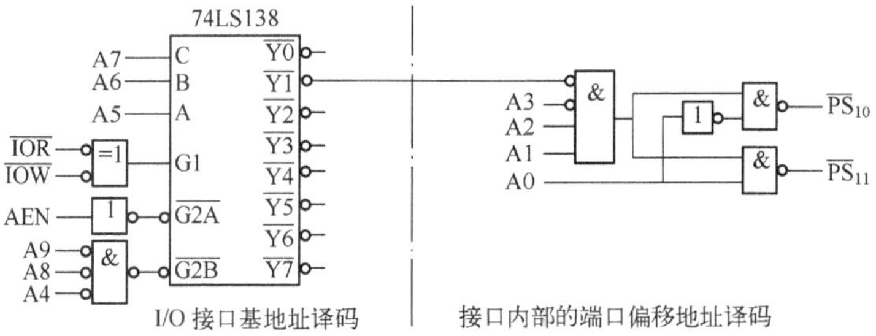

图 2-6　固定式端口地址译码示例

图中，74LS138 是一个 3-8 译码器，入端 G1 = 1、$\overline{G2A}$ = $\overline{G2B}$ = 0、CBA = i 时，出端$\overline{Yi}$有效（低电平）、其余出端无效（高电平）；否则，所有出端全部无效。

图中，A9A8 = 00、A7A6A5 = 001、A4 = 0 时，$\overline{Y1}$才可能有效，所连接口的端口地址范围为 00 001 0 0000 ~ 00 001 0 1111B = 020 ~ 02FH，接口基地址为 020H。A3A2A1 A0 = 0110 时，$\overline{PS_{10}}$对应的端口地址为 026H；A3A2A1 A0 = 0111 时，$\overline{PS_{11}}$对应的端口地址为 027H。

（三）可变式端口地址译码

固定式地址译码虽然简单，但应用灵活性不够。例如，若采用固定式地址译码的两块接口卡的 I/O 端口地址有重叠，则这两块接口卡不能同时使用。

可变式地址译码使用 DIP 开关或跳线来选择地址，通过比较电路来判断地址是否相同，其余的与固定式地址译码相同。

图 2-7 是一个可变式端口地址译码的示例，比较电路采用比较器 74LS688 实现，比较器的输出$\overline{P=Q}$可用于端口偏移地址译码，或接口基地址译码。

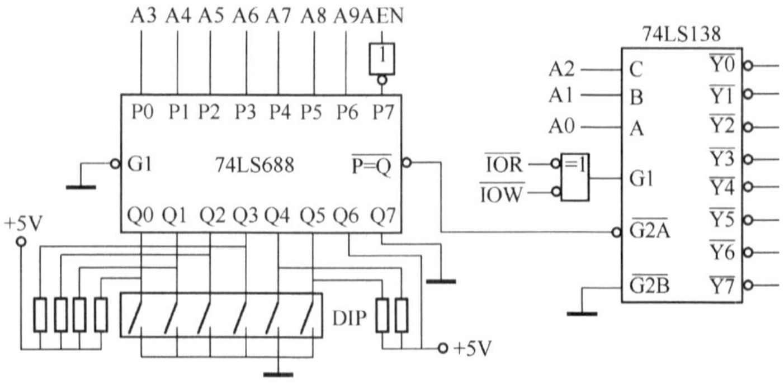

图 2-7　可变式端口地址译码示例

图中，74LS688 是一个 8 位比较器，入端 P7 ~ P0 与 Q7 ~ Q0 各位均相同时，出端$\overline{P=Q}$有效（低电平），否则出端无效。

本例中，DIP 开关全部断开，比较器的$\overline{P=Q}$有效的 I/O 端口地址范围为 03F8 ~ 03FFH；若 Q0 对应的 DIP 开关闭合，则 I/O 端口地址范围为 03F0 ~ 03F7H。

三、I/O 端口操作

对 I/O 端口的操作通过 I/O 总线周期完成，I/O 总线周期由 CPU 执行 I/O 指令产生。

（一）I/O 指令

为支持独立编址方式的 I/O 端口操作，8088 提供了 IN、OUT 两条指令，最大可寻址 64K I/O 地址空间。80286 又增加了 INS、OUTS 指令，以实现 I/O 端口的连续（串）操作。

IN 和 OUT 指令的功能是实现 I/O 端口与 CPU 中 AX 或 AL 寄存器间的 16 位或 8 位数据传送。I/O 指令不影响 FLAG 的标志位。

IN 和 OUT 指令支持 I/O 直接、I/O 间接两种端口寻址方式。I/O 直接寻址中，端口地址为 8 位立即数，地址范围为 0 ~ 255（即 00H ~ FFH）；I/O 间接寻址中，端口地址为 16 位、存放在 DX 中，地址范围为 0000H ~ FFFFH。

IN 指令格式为：

```
IN  AL, port      ;从 port 端口输入 8 位数据到 AL
IN  AX, port      ;从 port 端口输入 16 位数据到 AX
IN  AL, DX        ;从 DX 内容所指向的端口输入 8 位数据到 AL
IN  AX, DX        ;从 DX 内容所指向的端口输入 16 位数据到 AX
```

其中，前两种格式为 I/O 直接端口寻址方式，后两种格式为 I/O 间接端口寻址方式；port 为 8 位端口地址，DX 中存放的是 16 位端口地址，访问的端口地址大于 255 时，指令必须使用 I/O 间接端口寻址方式。

OUT 指令格式为：

```
OUT  port, AL     ;将 AL 中的 8 位数据发送到 port 端口
OUT  port, AX     ;将 AX 中的 16 位数据发送到 port 端口
OUT  DX, AL       ;将 AL 中的 8 位数据发送到 DX 内容所指向的端口
OUT  DX, AX       ;将 AX 中的 16 位数据发送到 DX 内容所指向的端口
```

两种端口寻址方式中，I/O 直接寻址方式的指令效率高，一条指令即可实现 I/O，常用于系统板上的端口寻址；I/O 间接寻址方式的寻址范围大，但需两条指令实现 I/O，常用于 I/O 通道中的端口寻址。

例 2-1 若打印机接口的数据口地址为 0378H，则将字符 A' 送到打印机的指令串为：

```
MOV   AL,' A'
MOV   DX, 378H
OUT   DX, AL
```

（二）I/O 端口操作编程

PC/XT 中，8088 虽然是 16 位 CPU，但数据总线宽度为 8 位，因此，软件编程时只能使用 8 位 I/O 指令。DX 虽然可存放 16 位端口地址，但 I/O 地址空间只有 1K，因此，软件编程时的端口地址不能超过 3FFH。这两点需特别注意。

CPU 执行 IN 指令时，会在系统总线上产生一个 I/O 读总线周期（$\overline{IOR}$有效），指令中的端口地址被送到地址总线 A15 ~ A0 上，对应的 I/O 接口（端口）响应总线操作，将指定端口的内容送到数据总线上，CPU 将该数据写到 AL 或 AX 中。

同理，CPU 执行 OUT 指令时，会在系统总线上产生一个 I/O 写总线周期（$\overline{IOW}$有效），并将 AL 或 AX 的内容送到数据总线上，对应的 I/O 接口（端口）响应总线操作，将总线上数据写到指定端口中。

PC/XT 中，I/O 接口（端口）在 AEN 无效（CPU 控制总线）、$\overline{IOR}$或$\overline{IOW}$有效（I/O 操作）、A9 ~ A0 等于端口地址（指定端口被选中）时，响应总线操作。

例 2-2 假设打印机接口的数据口地址为 0378H、状态口地址为 0379H，状态口的 D7 位为 1 表示打印机忙（不能接收数据）、为 0 表示空闲（可接收数据）。写出采用查询 I/O 方式，将存储器缓冲区 BUFF 中以 $ 为结束符的字符串输出到打印机的程序段。

```
          MOV    SI, OFFSET BUFF
  P_BEG:  MOV    DX, 0379H
 P_WAIT:  IN     AL, DX               ;读打印机状态口
          TEST   AL, 80H              ;测试 D7 位是否为 1
          JNZ    P_WAIT               ;若打印机忙，则等待
          MOV    AL, [SI]
          CMP    AL,' $               ;判断输出是否完成
          JZ     P_OVER               ;若已完成，则退出
          MOV    DX, 0378H
          OUT    DX, AL               ;输出一个字符
          INC    SI
          JMP    P_BEG
 P_OVER:  ...                         ;输出完成
```

I/O 端口有数据口、状态口、控制口 3 种类型，通常，状态口只需要读出，控制口只需要写入。I/O 接口中的端口数量取决于接口功能的需要，通常会利用部分端口的单向操作特

性，节省所占端口地址个数，如同一端口地址，写入操作对应于控制口，读出操作对应于状态口。软件编程时，应特别注意软硬件间的这种约定。

第三节　PC 机中断技术

中断指 CPU 暂停正在执行的程序（即当前程序），转去执行处理中断事件的程序（即中断服务程序），再返回来继续执行被中止程序的过程。中断可以避免不停地检测部件状态，提高了 CPU 的工作效率。

能够引起中断事件的来源称为中断源，8088 CPU 最多支持 256 个中断源，中断源可来自 CPU 外部和 CPU 内部，称为硬件中断（外部中断）和软件中断（内部中断）。

根据中断的概念，中断过程应包括中断响应、中断服务、中断返回 3 个阶段，如图 2-8 所示。其中，i、m、n 等均为指令地址，所有指令的地址都不相同（地址空间相同）。

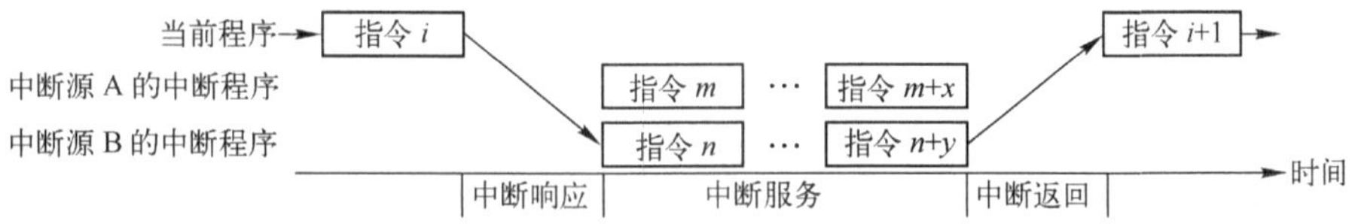

图 2-8　中断过程示意图

中断响应阶段，需完成保存硬件现场（如 $i+1$）、识别中断源（如 B）、获得相应中断服务程序入口地址（如 n）、转入中断服务程序(CS:IP←n)任务；中断服务阶段，只需执行中断服务程序，完成中断事件处理即可；中断返回阶段，需完成恢复硬件现场（如 $i+1$）、转入当前程序(CS:IP←$i+1$)任务。

一、PC 机的中断结构

（一）8088 的中断分类

中断有多种实现方法，从不同的角度有不同的分类方法，常见的有按中断类型分类、按中断源识别方法分类、按中断处理过程能否重叠分类 3 种。

1. 按中断类型分类

8088 CPU 的中断类型有外部中断和内部中断两种，外部中断又分为可屏蔽中断和不可屏蔽中断两种类型，并且支持多种可屏蔽中断、一种不可屏蔽中断、多种内部中断，每种中断都有一个唯一的中断号（即中断类型号）。

（1）可屏蔽中断

可屏蔽中断指可稍后处理的硬件中断，如键盘、鼠标、打印机等产生的 I/O 中断。中断事件的产生是随机的。

8088 CPU 通过 INTR 引脚在指令执行结束时检测可屏蔽中断请求，高电平有效。由于支持多个中断源，中断响应时需识别中断源类型，8088 CPU 通过 $\overline{\text{INTA}}$ 引脚（最大模式为 $\overline{\text{S2}}$ $\overline{\text{S1}}$ $\overline{\text{S0}}$）实现。为了实现按优先权方式处理中断，PC/XT 使用 8259 管理所有的可屏蔽中断请求。

8088 CPU 通过 IF（中断标志位）来实现中断请求的是/否屏蔽。IF = 1 时，CPU 在当前指令执行结束时响应中断请求；IF=0 时，CPU 屏蔽所有中断请求。IF 存放在 8088 的标志寄存器 FLAG 中，软件可以通过 STI（开中断）、CLI（关中断）指令修改 IF。

（2）不可屏蔽中断

不可屏蔽中断（Non-Maskable Interrupt，NMI）指必须立即处理的硬件中断，如某部件电源故障、RAM 校验错等。

8088 CPU 通过 NMI 引脚随时检测不可屏蔽中断请求，上升沿有效。由于仅支持一个中断源，中断响应时无需识别中断源类型（中断类型号固定为 2）。

NMI 请求被识别出（需保持 4 个时钟周期）后，CPU 在当前指令执行结束时立即响应中断请求，可见，NMI 中断不受 IF 位的影响。

（3）内部中断

内部中断指 CPU 内部执行指令或设置 FLAG 引起的中断，有除法错、断点、溢出、软件、单步 5 种中断，并且支持多个软件中断源。

8088 CPU 中，执行 INT 3、INTO、INT *n* 指令将产生断点、溢出、软件中断，中断类型号为 3、4、*n*（指令中指定）；除法运算中，除数为 0 或商溢出时产生除法错中断（中断类型号为 0）；FLAG 的 TF=1 时，每条指令执行后都会产生单步中断（中断类型号为 1）。

由于中断类型号在中断产生时均已固定，中断响应时无需识别中断源。CPU 在当前指令执行结束时响应中断请求，同样，内部中断不受 IF 位的影响。

由 INT *n* 指令产生的软件中断最常用，功能类似于子程序调用，BIOS 及 DOS 操作系统都提供了多种功能供调用，如执行 INT 21H 可调用 DOS 功能。

可见，3 种中断的中断响应时机都在指令执行结束时，如图 2-8 所示；请求检测时机、中断响应条件、中断源识别方法等有所不同。

2. 按中断源识别方法分类

由图 2-8 可见，中断响应需要从多个中断源中选出一个进行中断事件处理，按照选择的实现方法，中断可分为向量中断、非向量中断两种。

（1）向量中断

向量中断指中断响应时，采用硬件方法识别中断源、获得中断服务程序入口地址的中断方式。从当前程序转入中断程序时，无需执行任何指令，转入方式类似于跳转向量。

PC 机中，向量中断的中断服务程序入口地址称为中断向量；所有中断向量连续存放，构成的空间称为中断向量表（Interrupt Vector Table，IVT），按中断类型号查 IVT 可获得对应的中断向量。IVT 存放在主存中，由操作系统负责管理。中断响应时，通过硬件识别出中断源后，使用中断类型号、查 IVT（访问主存）即可获得中断服务程序入口地址。

（2）非向量中断

非向量中断指中断响应时，采用软件方法识别中断源、获得中断服务程序入口地址的中断方式。从当前程序转入中断程序时，转入公共的中断服务程序无需任何指令，公共的中断服务程序中按序查询所有中断源的状态，有中断请求时直接调用对应的中断服务程序，转入方式类似于"轮询+调用"。

PC 机中，CPU 采用向量中断方式，支持 256 个中断向量。由于中断向量有限，中断源通常采用非向量中断方式，即中断源只有一个中断请求，该请求被多种中断事件共用，所有的中断事件都记录在状态口中，中断服务程序采用"轮询+调用"方式处理所有中断事件。

3. 按中断处理过程能否重叠分类

按照中断处理过程能否重叠，中断可分为单重中断和多重中断两种。

（1）单重中断

指中断处理过程中不再响应新的中断请求，无论新的中断事件是否更紧急。中断的硬件现场的保存和恢复可以通过几个寄存器实现。

（2）多重中断

指中断处理过程中可以响应新的中断请求，再次进入中断响应、中断处理阶段，故又称为中断嵌套。中断的硬件现场的保存和恢复必须通过寄存器堆栈实现。

PC 机中，CPU 支持单重中断和多重中断方式，通过 IF 位指示当前采用的方式：IF = 0 为单重中断方式，IF = 1 为多重中断方式，中断响应时自动采用单重中断方式。因此，要实现多重中断方式，中断服务程序应在开始后开中断（IF←1）、结束前关中断（IF←0）。

（二）PC/XT 的可屏蔽中断结构

PC/XT 采用向量中断方式，中断向量表 IVT 存放在主存中，使用一片 8259 管理所有可屏蔽中断源。因此，PC/XT 的中断系统由 CPU 中的中断机构、操作系统管理的 IVT、中断控制器 8259、若干中断源及中断服务程序组成。

PC/XT 可屏蔽中断的中断源连接如图 2-9 所示，其中，日时钟、键盘的中断请求直接连接到 8259，其余中断请求通过 PC 总线的 IRQ2 ~ IRQ7 信号线连接到 8259（参见图 2-5）。

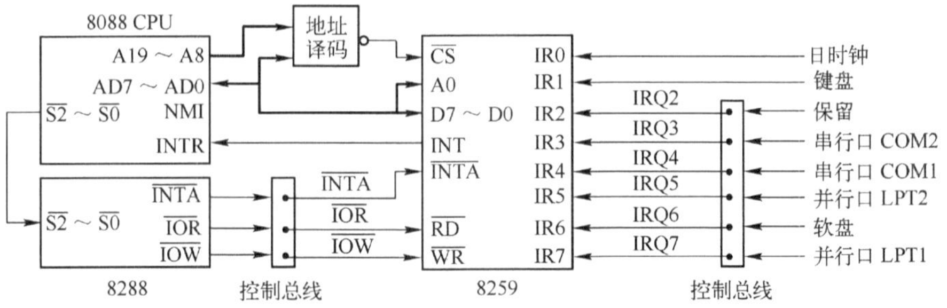

图 2-9　PC/XT 可屏蔽中断的结构

PC/AT 起，可屏蔽中断请求扩展至 15 个，使用两片 8259 级联连接，从片的 INT 连接主片的 IR2。其中，IRQ8 连接实时时钟、IRQ13 连接协处理器、IRQ14 连接硬盘，其余 IRQ 保留给用户使用。8259 主片的端口地址为 20H、21H，8259 从片的端口地址为 0A0H、0A1H（见表 2-4）。

8088 CPU 在中断响应时自动采用单重中断方式，允许中断服务程序采用多重中断方式。结合图 2-8，可屏蔽中断完整的中断过程如下：

1）外设产生中断请求后，IRQ2 ~ IRQ7 中的相应信号线有效，8259 的 IRi 有效。

2）8259 接收中断请求后，若新请求未被屏蔽，8259 的 INT 有效（向 CPU 提出请求）。

3）CPU 在当前指令执行完毕、中断标志位 IF = 1 时，检测 INTR 引脚，若 INTR 有效，CPU 进入中断响应阶段，否则 CPU 再次进入指令周期、取并执行下条指令。

4）CPU 保存硬件现场（IP、CS 及 FLAG），关中断（IF←0 以实现单重中断），产生两个中断响应周期（$\overline{INTA}$有效）识别中断源。

5）8259 在引脚$\overline{\text{INTA}}$第一次有效时，复位中断请求 IRi，第二次有效时，发送中断请求 IRi 的中断类型号。

6）CPU 利用获得的中断类型号，访问主存（查 IVT）获得中断向量，并写到 IP 及 CS 寄存器中，中断响应阶段结束。

7）CPU 执行中断服务程序，处理中断事件。

8）CPU 执行到 IRET 指令时，进入中断返回阶段，恢复硬件现场，转入被中断的程序。

其中，3）是中断请求检测阶段，总线处于空闲状态；4)~6）都是中断响应阶段，产生 3 个总线周期；7）是中断服务阶段，通常产生一个或几个 I/O 总线周期。

（三）可屏蔽中断请求的产生/撤销

可屏蔽中断源通常为 I/O 接口，均有一个中断请求引脚，在外设准备就绪时产生请求（信号有效），在总线操作读/写数据端口时撤销请求（信号无效）。

图 2-10 是输入接口的中断请求/撤销电路示例。其中，触发器 RD 用于表示设备是否就绪，INTR 用于表示是否有中断请求，RD、INTR 都是状态端口的一部分；触发器 INTE 用于控制能否产生中断请求，INTE 是控制端口的一部分。

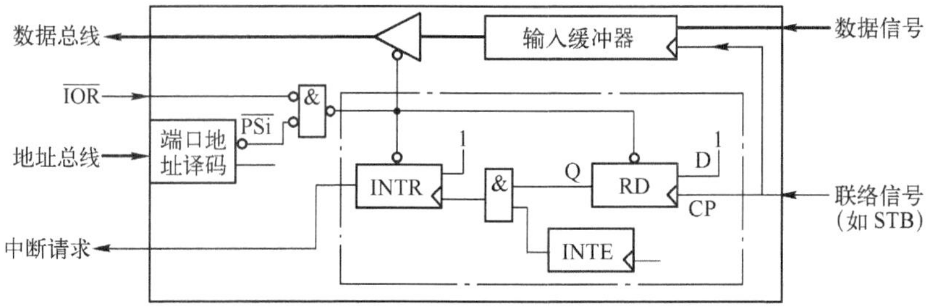

图 2-10　输入接口的中断请求产生与撤销电路示例

由图可见，当外设准备就绪，联络信号触发 I/O 接口锁存数据、置位 RD；当 RD = 1、INTE = 1 时，I/O 接口产生中断请求；当 CPU 响应中断、读取数据（$\overline{\text{IOR}}$有效）时，复位 RD、INTR，I/O 接口撤销中断请求。

支持中断 I/O 方式的 I/O 接口，通常都支持查询 I/O 方式，因此，一般都设置中断允许位 INTE 来实现 I/O 方式的选择。INTE = 0 时采用查询 I/O 方式，RD 用作状态位。

（四）8088 的中断向量表

8088 CPU 支持 256 个向量中断，通过中断向量表 IVT 管理所有的中断向量（中断服务程序入口地址）。

8088 CPU 中，程序逻辑地址采用“段基址:偏移地址”结构表示，段基址、偏移地址均为 16 位，因此，每个中断向量需占 4 个字节。

8088 CPU 约定，IVT 存放在地址 0000:0000 开始的 1KB 主存空间中，每个中断向量占 4 个字节（低部存放偏移地址、高部存放段基址），如图 2-11 所示。

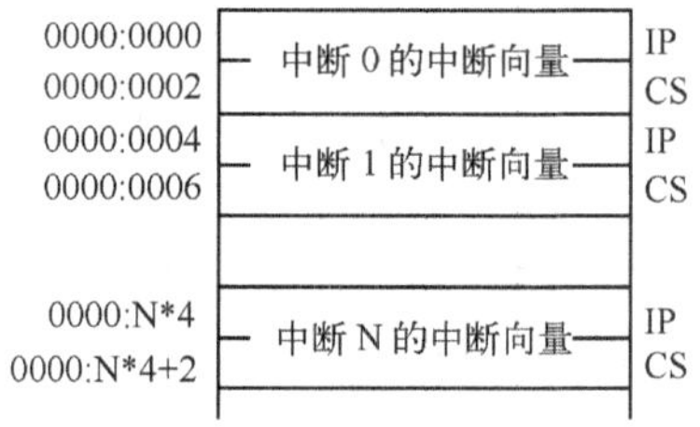

图 2-11　8088 CPU 的中断向量表结构

可见，8088 CPU 访问 IVT 的主存地址等于中断类型号 ×4，读取的 4 个字节即为相应的中断向量。例如，中断类型号为 15 的中断向量应存放在 0000H:003CH（即 15×4＝3CH）开始的 4 个主存单元中，若这 4 个单元的内容为 10H、20H、30H、40H，则中断类型号为 15 的中断服务程序的入口地址为 4030H:2010H。

（五）PC/XT 的中断分配

PC/XT 支持 256 种中断，每个中断都有一个唯一的中断类型号，编号为 0～255。为实现软件兼容，许多硬件中断、软件中断的中断类型号都已预先分配，其余的由用户自行设定。

表 2-6 所示是中断类型号为 00H～0FH 的中断分配，以及常用的软件中断分配。可见，不可屏蔽中断类型号为 02H，可屏蔽中断 IRQ0～IRQ7 类型号为 08H～0FH。可屏蔽中断 IRQ8～IRQ15 类型号分配为 70H～77H，未在表中标出。

表 2-6　PC/XT 中断分配表

中断号	功能	中断号	功能	中断号	功能
0H	除零错	8H	日时钟	10H	视频显示
1H	单步	9H	键盘	13H	磁盘服务
2H	NMI	0AH	保留	14H	串行口服务
3H	断点	0BH	串行口 COM2	16H	键盘服务
4H	溢出	0CH	串行口 COM1	17H	并行口服务
5H	屏幕打印	0DH	并行口 LPT2	1AH	时钟服务
6H	非法指令	0EH	软盘控制器	21H	DOS 服务
7H	协处理器仿真	0FH	并行口 LPT1	33H	鼠标服务

软件中断中，中断类型号≤07H 的中断由特殊指令（如 INTO、DIV 等）产生，中断类型号是由指令执行形成的（值固定），中断类型号≥10H 的中断由 INT *n* 指令产生，中断类型号是由指令给出的。

软件中断中，由 INT *n* 指令产生的软件中断最常用，其中，10H～1FH 为 BIOS 功能调用中断，20H～3FH 为 DOS 功能调用中断。

二、PC 机的中断编程

由于 PC/XT 采用向量中断方式，中断向量存放在 IVT 中，因此，中断方式的程序由主程序、中断服务程序两部分组成，中断服务程序作为一个特殊的过程（子程序）存在，使用 IRET 指令返回。

中断方式的程序中，中断服务程序负责处理中断事件、接收或发送数据等工作；主程序则负责中断源初始化、中断管理、数据加工等工作，当然还包括应用的具体功能。

汇编语言中，人－机交互通常通过调用软件中断实现，下面先介绍一些常用的软件中断。

（一）常用软件中断

为了简化编程难度，BIOS 和 DOS 均以软件中断的形式，提供了许多功能，供用户在编程时调用。

DOS 软件中断主要由 INT 21H 指令产生，侧重键盘输入、屏幕输出、文件操作等基本的操作系统功能。常用的功能如表 2-7 所示，编程时可以使用。

表 2-7　常用的 INT 21H 软中断功能

功能号	功能	调用参数	返回参数
01H	字符输入（带回显）	AH=01H	AL=字符 ASCII 码
08H	字符输入（无回显）	AH=08H	AL=字符 ASCII 码
0AH	缓冲输入（以回车结束）	AH=0AH DS:DX=缓冲区首址（首字节为预设的最大字符数）	无（缓冲区第二字节为输入的实际字符数［不含回车］，第三字节起为输入的字符）
0BH	取输入状态	AH=0BH	无字符输入：AL=00H， 有字符输入：AL=FFH
02H	显示字符	AH=02H，DL=字符 ASCII 码	无
09H	显示字符串	AH=09H，DS:DX=字符串首址	无（以 $ 结束，' $ 不显示）
25H	设置中断向量	AH=25H，AL=中断类型号， DS:DX=中断服务程序入口地址	无
35H	取出中断向量	AH=35H，AL=中断类型号	ES:BX=中断程序入口地址
4CH	结束程序（返回 DOS）	AH=4CH	无

注意，调用 01H、08H、0AH 号功能时，若没有字符输入，则 INT 21H 指令一直等待，直到有字符输入时才返回；调用 0BH 号功能则会立即返回。

BIOS 软件中断可由多种 INT *n* 指令产生，侧重键盘输入、屏幕输出、串行通信、打印输出等基本的 I/O 功能。许多功能与 DOS 软件中断类似，如键盘服务（INT 16H）、屏幕服务（INT 10H）等，键盘服务功能如表 2-8 所示。BIOS 独有的串行口服务（INT 14H）、打印口服务（INT 17H）等功能，在后续章节中将有具体的介绍，此处不再赘述。

表 2-8　键盘服务 INT 16H 软中断功能

功能号	功能	调用参数	返回参数
00H	字符输入	AH=00H	AH=键盘扫描码，AL=字符 ASCII 码
01H	取输入状态	AH=01H	无输入：ZF=1； 有输入：ZF=0，AL=字符 ASCII 码，AH=键盘扫描码
02H	取特殊键状态	AH=02H	D7～D4：Insert，Caps Lock，Num Lock，Scroll Lock， D3～D0：Alt，Ctrl，L-shift，R-shift； 打开或按下时 Di=1

软件中断的使用很简单，与过程调用指令 CALL 的使用方法基本相同。例如，要求键盘输入的字符为 Y' 时才退出程序的程序段如下：

```
M_WAIT: MOV   AH, 01H
        INT   21H          ;读取输入的字符
        CMP   AL, ' Y'
        JZ    EXIT
        JMP   M_WAIT       ;输入的字符不是 Y' 时，等待再次输入
EXIT:   MOV   AH, 4CH
        INT   21H          ;退出程序，返回到 MS-DOS
```

（二）中断服务程序框架

由于中断通常是随机发生的，中断处理必须不破坏中断响应时的软件环境，因此，中断服务程序应负责被打断程序的软件现场的保存及恢复。

由于中断响应时均采用单重中断方式（IF←0），因此，中断服务程序还应负责多重中断方式的实现（IF←1），是否采用由应用需求决定。

中断服务程序是一种特殊过程，使用 IRET 指令返回，而一般过程使用 RET 指令返回。中断服务程序的一般性结构如下：

```
中断程序名 PROC FAR
    保存软件现场
    STI
    处理中断事件
    CLI
    恢复软件现场
    IRET
中断程序名 ENDP
```

其中，STI（开中断）、CLI（关中断）指令是可选的，采用多重中断方式时才需使用；软件现场的保存、恢复通常使用 PUSH（压栈）、POP（出栈）指令实现，保存与恢复的内容相同、次序相反，中断服务程序使用过的寄存器都要保存。

下面是一个中断服务程序示例，该中断服务程序功能为将主存缓冲区 BUFF 中当前字符输出到 138H 端口，采用多重中断方式，当前字符索引存放在变量 BUFF_NDX 中。

```
MY_INT  PROC  FAR
        PUSH  AX                    ;保存软件现场
        PUSH  DX                    ;    保存的内容为所使用的寄存器
        PUSH  SI                    ;    保存的次序不限
        STI                         ;开中断,进入多重中断方式
        MOV   DX, 138H
        MOV   SI, BUFF_NDX          ;处理中断事件
        MOV   AL, BUFF[SI]          ;    读取当前字符
        OUT   DX, AL                ;    输出当前字符
        INC   SI
        MOV   BUFF_NDX, SI          ;    修改当前字符索引
        CLI                         ;关中断,进入单重中断方式
                                    ;通知中断结束(EOI)
        POP SI                      ;恢复软件现场
        POP DX                      ;    恢复的内容与保存的内容相同
        POP AX                      ;    恢复的次序与保存次序相反
        IRET                        ;中断返回
MY_INT  ENDP
```

其中，“通知中断结束”是一个可选步骤，功能是通知硬件当前中断的处理刚刚结束，

仅在硬件需要软件告知 EOI 时刻时才选用。硬件（如中断源或 8259）可以用来撤销中断请求，或用来实现优先级管理，或中断嵌套。

8259 的中断结束（EOI）方式支持自动、手工两种，手工 EOI 方式需要软件通知中断结束，以清除 8259 中 ISR 的相应位，支持中断嵌套的实现；优先级管理方式支持固定、轮转两种。

PC/XT 中，8259 主片的端口地址为 20H、21H，从片的端口地址为 0A0H、0A1H，8259 的操作命令 OCW2 可以改变中断结束方式、优先级管理方式。8259 采用手工结束方式时，“通知中断结束”代码如下：

```
MOV   AL, 20H          ;20H 对应于手工 EOI(不指定)、固定优先级方式
OUT   20H, AL
```

若中断结束方式改为自动 EOI，则发送 00H 即可，且以后都不需要“通知中断结束”操作；若优先级管理方式改为轮转方式，则发送 A0H（手工 EOI）或 80H（自动 EOI）即可。

（三）主程序基本框架

为了使中断服务程序能够被执行，主程序应负责将中断服务程序入口地址设置到 IVT 中，还应负责中断源初始化、中断管理、数据加工等相关工作。

为了在程序退出后不破坏中断系统的环境，主程序应在设置新的中断向量前，保存原来的中断向量，并在程序退出前恢复。主程序与中断相关的基本框架如下：

```
…
CLI
保存原来的中断向量
设置新编的中断向量
设置中断屏蔽字
STI
…         ;主程序其他功能
CLI
恢复原来的中断向量
…
```

中断向量的取出/设置有两种方法：一是直接访问主存实现，IVT 首地址为 0000:0000，每个中断向量占 4 个字节（先 IP 后 CS），根据中断类型号直接读/写即可；二是调用 INT 21H 功能实现，35H 号功能为取出，25H 号功能为设置，调用参数详见表 2-7。

设置中断屏蔽字是一个可选步骤，功能有两个：中断系统初始化时，已屏蔽了一部分中断，若所使用的中断被屏蔽，则必须打开中断才行；某些应用中，可能会出现使用一个中断需要禁用其他中断的情况，可使用该步骤屏蔽那些中断。

下面是一个中断方式的程序示例，使用 0CH 中断，中断服务程序为 MY_INT。限于篇幅，该程序仅为一个框架，无具体功能，在后续章节可以看到完整的中断方式的程序。

```
DATA   SEGMENT
          OLD_0C_IP   DW ?
          OLD_0C_CS   DW ?
DATA   ENDS
CODE   SEGMENT
        ASSUME   CS:CODE, DS:DATA
 START: MOV   AX, DATA
        MOV   DS, AX
        ;主程序其他功能初始化
        CLI                              ;关中断
        MOV   AH, 35H                    ;取出中断向量(35H 号功能)
        MOV   AL, 0CH                    ;     AL = 中断向量号
        INT   21H                        ;     ES:BX = 取出的中断向量
        MOV   OLD_0C_IP, BX
        MOV   OLD_0C_CS, ES
        PUSH  DS
        MOV   AX, 250CH                  ;设置中断向量(25H 号功能)
        MOV   DX, OFFSET MY_INT          ;     AL = 中断向量号, DS:DX = 中断向量
        MOV   DS, SEG MY_INT
        INT   21H
        POP   DS
        IN    AL, 21H                    ;开放 8259 的 IR4
        AND   AL, 11101111B
        OUT   21H, AL
        STI                              ;开中断
        ;主程序其他功能的实现
        CLI                              ;关中断
        MOV   AX, 0                      ;恢复中断向量(直接访问主存)
        MOV   ES, AX
        MOV   SI, 0CH * 4
        MOV   ES:[SI], OLD_0C_IP
        MOV   ES:[SI+2], OLD_0C_CS
        STI
  EXIT: MOV   AH, 4CH                    ;返回 DOS
        INT   21H
MY_INT  PROC  FAR
        ;保存软件现场、开中断、处理中断事件、关中断、恢复软件现场
        IRET
MY_INT  ENDP
  CODE  ENDS
        END   START
```

其中，中断向量的取出/设置采用了两种方法，应注意比较、理解。

8259 的操作命令 OCW1 可实现中断屏蔽功能，通过 8 位寄存器 IMR 存放 IR7 ~ IR0 的屏蔽状态（1 = 屏蔽、0 = 开放），IMR 可读、可写。当需要屏蔽/开放某个中断源时，为了不影响其他中断源，应先读出 IMR，再置位/复位 IMR 的相应位。

（四）中断编程注意事项

主程序及中断服务程序编程时，应注意如下几个问题：

1）使用正确的中断类型号。中断类型号与 PC/XT 的中断分配、中断请求的连接有关，若使用错误可能会引起功能异常或系统崩溃。例如，COM1 口进行中断方式串行通信时，应使用 0CH 号中断（见表 2-6），若使用 0BH 号中断，则中断不会产生；若使用 08H 号中断，则系统日时钟崩溃。

2）关中断时设置中断向量。中断是随机产生的，若设置中断向量被打断，可能会产生异常，如某中断向量的 IP 已设置、CS 未设置时，该中断请求又产生的结果未知。因此，设置中断向量必须在关中断时进行。

3）中断程序中避免调用 DOS 功能。程序通过 INT 21H 调用某个 DOS 功能过程中，若再次执行到 INT 21H 指令，CPU 将再次进入 DOS 功能调用，这一过程称为“DOS 重入”。PC/XT 不允许 DOS 重入，因为这可能导致系统瘫痪，中断程序应避免使用 INT 21H 指令。

4）中断服务程序的执行时间要短。8088 CPU 串行执行程序的指令，中断服务程序的执行时间影响其他中断的请求-响应延迟，可能会影响某些中断源（如日时钟）的功能实现。因此，中断服务程序中禁止人-机交互（如等待输入），尽量避免循环（可下次中断时处理），尽量减少指令数（非必要功能由主程序实现）。

本章小结

本章主要介绍了 PC/XT 的基本结构、PC 总线、I/O 端口技术和中断技术。希望学习本章后，对 PC/XT 的 I/O 接口及 I/O 端口组织、I/O 编程方法有较深入的了解，能够按要求将 I/O 接口连接到 PC 总线，并能够进行 I/O 编程，为后续章节的学习打下坚实的基础。

PC/XT 采用 8088 微处理器作为 CPU，基本结构包括 CPU、总线、存储器、外设接口、I/O 管理接口几个部分。8088 是一个 16 位 CPU，具有 20 位地址总线、8 位数据总线，支持最小模式、最大模式两种工作方式，支持中断及 DMA 方式 I/O。

PC/XT 采用单总线结构，使用 PC 总线作为系统总线，并设置了 8 个总线扩展插槽。PC 总线共有 62 根信号线；支持 MEM 读、MEM 写、I/O 端口读、I/O 端口写、中断响应 5 种总线操作；总线周期时序与 8088 相同，由 T_1 ~ T_4 四个状态组成，可包含 T_W 状态。PC/XT 中，PC 总线通过数据收发器 8286、地址锁存器 8282、总线控制器 8288 建立，8088 工作于最大模式，是总线操作的主设备。

PC/XT 的 I/O 端口采用独立编址方式，I/O 地址空间为 1K，系统板占用前 512 个，I/O 通道占用后 512 个。I/O 端口地址使用 A9 ~ A0 表示，其译码逻辑包含 CPU 总线周期、I/O 总线周期、接口基地址译码、端口偏移地址译码 4 个部分，有固定式、可变式两种端口地址译码方法。

8088 CPU 的 I/O 指令有 IN、OUT 两种，支持 I/O 直接、I/O 间接两种端口寻址方式；

PC/XT 中软件编程时，只能使用 8 位 I/O 指令，端口地址不能超过 3FFH。8088 执行 I/O 指令时，产生 I/O 总线周期，I/O 接口（端口）主动译码、响应并完成 I/O 操作。

中断过程包括中断响应、中断服务、中断返回 3 个阶段。8088 CPU 支持 256 个中断，包括多个可屏蔽中断（由 INTR 引入）、一个不可屏蔽中断（由 NMI 引入）、多个内部中断；采用向量中断方式，通过 IVT 管理所有中断向量，IVT 存放在 0000：0000 开始的 1KB 主存空间内，每个中断向量占 4 个字节；支持单重中断、多重中断方式，中断响应时自动采用单重中断方式。PC/XT 中，使用一片 8259 管理所有可屏蔽中断源，许多中断的类型号已经预先分配，可屏蔽中断类型号为 08H ~ 0FH。

中断方式编程时，程序由主程序、中断服务程序两部分组成。中断服务程序是一个特殊过程，使用 IRET 返回，利用 PUSH/POP 指令保存/恢复软件现场，可通过 STI 指令实现多重中断。主程序需负责中断源初始化、中断管理、数据加工等工作，还应保存/恢复原来的中断向量。基本的 IO 功能可调用软件中断（如 INT 21H）实现。

思考题与练习题

2.1　8088 CPU 最大寻址空间、数据总线宽度各是多少？与 8086 的主要区别是什么？

2.2　PC/XT 中，8088 采用哪种工作模式？CPU 通过哪些信号线表示总线状态（命令）？

2.3　PC 总线周期由几个状态组成？分别画出写存储器、读 I/O 端口的总线时序图。I/O接口如何识别总线周期的开始和结束？

2.4　PC 总线如何区分 CPU 总线周期、DMA 总线周期？DMA 总线周期中，DMA 控制器如何实现 I/O 接口（端口）的选择？

2.5　PC/XT 采用了哪种端口编址方式？I/O 地址空间是多少？8259、串行口 COM1 的端口基地址各是多少？

2.6　某 PC 总线扩展卡上，有 8 块 I/O 接口芯片，每个芯片占 4 个端口地址，现要求各芯片的端口地址连续分布（起始地址为 200H），试用 73LS138 实现该端口译码电路（可不考虑总线的控制信号）。

2.7　某 I/O 接口芯片的片选引脚为 $\overline{CS}$、地址引脚为 A0、数据引脚为 D7 ~ D0，读、写引脚分别为 RD、WR；现将该芯片连接到 PC 总线上，给其分配的端口地址为 210H、211H，试写出/画出该接口芯片连接到 PC 总线时的引脚信号逻辑。

2.8　若题 2.7 中接口芯片的读、写引脚为 R/$\overline{W}$（高电平读、低电平写），写出引脚 $\overline{CS}$ 及 R/$\overline{W}$ 的信号逻辑。

2.9　某接口中输入口、输出口、状态口的端口地址分别为 68H、69H、6AH。现要求：当状态口 D7、D5 位同时为 1 时，将输入口的内容发送到输出口，否则将 00H 送到输出口。写出采用查询 I/O 方式实现上述功能的程序段。

2.10　中断过程包括哪几个阶段，每个阶段各实现哪些功能？

2.11　8088 CPU 支持哪 3 种类型的中断？中断响应时，哪些类型中断需要识别中断源？

2.12　PC/XT 串行口 COM1 的一次中断过程中，相关的 CPU 及总线信号有哪些？试说明各信号的时序。

2.13 8088 CPU 约定，IVT 存放在主存中的基地址是多少？访问 13H 号中断的中断向量时，PC 总线的操作类型是什么？地址总线上的地址是多少？

2.14 图 2-10 中 I/O 接口中设置 INTE 位，有什么好处？

2.15 利用 INT 21H 指令编写一个程序段，实现从键盘输入一串数字或字符（以回车键结束），在屏幕上只显示数字的功能。

2.16 PC/XT 中，为什么多重中断方式需要在中断服务程序中使用开中断指令实现？

第三章　并行接口

学习目标

本章主要介绍异步并行通信协议，分析简单并行接口组成，讨论可编程并行接口8255的结构及其编程技术，通过PC机并行打印机接口、IEEE 1284并行接口，讨论PC机的并行通信接口技术及编程技术。

要求通过本章的学习，理解异步握手协议的原理；了解基本并行接口芯片的应用特性；掌握8255的工作方式，能够对8255进行不同工作方式的应用编程；掌握PC机并行打印机接口的组成及IEEE 1284标准的工作模式，了解PC机并行接口的通信编程方法。

自学时数

12学时。

教师导学

本章主要介绍并行通信接口的基本组成及其应用技术，在学习本章时，应注意如下几点：

（1）并行接口应用涉及查询及中断方式I/O编程，应注意PC机I/O组织及8086汇编语言等基础知识的准备。

（2）异步握手协议是一种收发同步约定，有互锁、半互锁、不互锁3种方式，应注意并行通信所采用的方式，便于理解联络效果。

（3）三态门、锁存器等接口芯片是组成I/O端口的核心器件，应注意掌握其功能及应用特性，对理解I/O接口的组成很重要。

（4）理解8255工作方式时，应注意分析8255总线侧及外设侧的信号变化所产生的动作或效果，这关系到应用时的软件编程、硬件连接方法。

（5）本章的重点是异步并行通信协议、8255的应用编程，难点是PC机并行接口的双向通信原理。

（6）通过本章的学习，应能够利用8255进行应用编程。

第一节　并行通信概述

一、并行通信

并行通信使用多根数据线将数据的各个位同时传输，数据单位一般为“字节”或“字”。

相对于串行通信，同样信号频率下，并行通信的传输速度快、效率高；但通信线路成本也较高，又因信号抖动和相互干扰等问题，并行通信适用于短距离传送，且信号传输频率不高。由于通信距离较短、数据信号线较多，并行通信均采用设置联络信号线的方法实现通信双方的收发同步，即通过联络信号控制传输过程。而串行通信则采用在信息帧中设置同步信息的方法实现通信双方的收发同步，即通过传输协议控制传输过程。

并行通信设备的种类很多，如打印机、扫描仪、LED 指示灯、继电器等，不同设备在功能强弱、传输方向、传送方式、传输速率等方面有所不同。

对于功能简单的设备而言，工作状态变化缓慢，如 LED 指示灯、继电器。这类设备通常无数据传输控制机构，需要持续供给其控制电压，或者可以随时输出其状态电压（即具有数据保持能力）。与这类设备通信时，输出需要一直保持数据信息，输入可以随时获得数据信息，这种持续性的数据传送方式称为基本方式，或基本 I/O 方式。

对于功能复杂的设备而言，工作状态变化较快、数据传输速度较快、传输时间不固定，如打印机、扫描仪。这类设备通常设置数据传输控制机构，通过联络信号表示数据线上信号何时有效，在联络信号有效期间传输数据；由于数据的传输速度较快、处理速度较慢，故联络信号呈现出脉冲信号状态。与这类设备通信时，输入及输出均需要在联络信号有效时进行，这种阶段性的数据传送方式称为选通方式，或选通 I/O 方式。

基本 I/O 方式适合与 LED 指示灯、继电器等持续性传送数据的设备进行通信，选通 I/O 方式适合与打印机、扫描仪等阶段性传送数据的设备进行通信。

二、并行通信接口

计算机与外部设备通信有并行通信和串行通信两种方式，对应的 I/O 接口称为并行通信接口和串行通信接口，简称并行接口和串行接口。

并行接口每次传输一个数据（多个二进制位），采用联络信号线来实现收发同步；串行接口每次传输一个二进制位，一个数据的各个位依次传输，通常采用信息帧中设置同步信息来实现收发同步。并行接口和串行接口与设备的连接如图 3-1 所示，其中，串行接口的数据线宽度为一位，并行接口的数据线宽度为多位，联络线用于并行通信协议的实现。

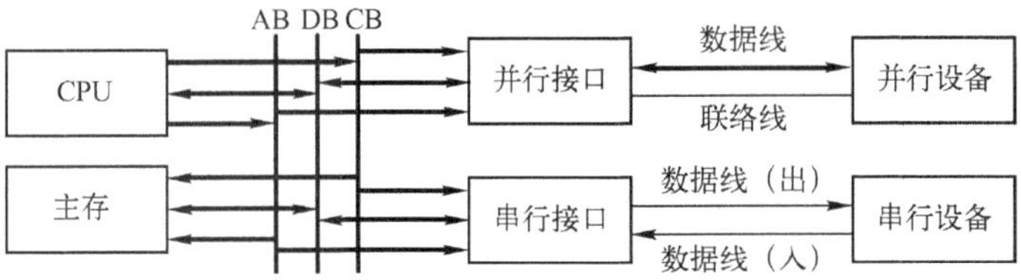

图 3-1　并行接口和串行接口与设备的连接

1. 并行接口分类

根据数据的传输方向，并行接口有输入接口、输出接口、双向接口 3 种类型。

根据数据的传送特性，并行接口有基本 I/O、选通 I/O 两种数据传送方式。

根据并行接口的功能，并行接口有简单接口、可编程接口两种类型。简单接口的工作方式及功能单一，只能进行数据传送，不能产生控制和状态信息，如基本 I/O 方式的接口。可编程接口可通过软件编程改变工作方式及功能，具有较好的适应性和灵活性。

根据并行通信的传输模式，并行接口有异步并行接口、同步并行接口两种类型。不同类型接口采用不同的并行通信协议。本章仅讨论异步并行接口的相关技术。

2. 并行端口功能组织

一个接口中通常包含多个端口，通过内部总线与数据总线缓冲器连接。不同数据传送方式对端口功能有不同的要求。

（1）输入端口功能组织

由于设备的传输速度较慢，输入端口必须具有数据缓冲或暂存能力，以便于 CPU 能够立即读出数据。

对于基本 I/O 方式，由于设备本身具有数据保持功能，故输入端口只需缓冲数据，通常由三态门缓冲器组成。CPU 读取取数据时，触发三态门导通，通过数据总线读取设备中的数据；CPU 不读取数据时，使三态门断开，设备与数据总线脱离。

对于选通 I/O 方式，由于设备在联络信号有效时传送数据，故输入端口须暂存数据，通常由锁存器组成。设备发送数据时，其联络信号触发锁存器锁存数据；CPU 读取数据时，通过数据总线读取锁存器中的数据。

（2）输出端口功能组织

同样的，由于设备的速度较慢，输出端口必须具有数据锁存能力，以便于 CPU 能够立即写入数据、设备稍后接收数据。

基本 I/O 方式和选通 I/O 方式下，输出端口都由锁存器组成。基本 I/O 方式的输出端口必须一直传送数据（保持）；选通 I/O 方式的输出端口只需一段时间传送数据，并使联络信号在此期间有效。

三、并行通信协议

通信协议指通信双方须共同遵守的一种约定，约定包括数据格式、同步方式、传送速度、传送步骤、纠错方式及控制字符定义等方面。数据格式指如何通过传送的信号序列表示数据，同步方式主要指数据的位间、帧间如何实现收发同步，传送步骤在需要建立数据链路时才需要约定。

并行通信中，由于每次传送一个数据（多个二进制位），故无需约定数据格式、纠错方式，同步方式中只有帧同步、无需位同步，因而传送速度可变；由于通过联络信号线实现收发同步，故只需约定帧同步方式，且无需定义控制字符。可见，并行通信协议主要指数据并行传送的收发同步约定。

并行通信协议有异步并行通信协议、同步并行通信协议两种，异步并行通信协议每次握手传送一个数据，同步并行通信协议每次握手传送多个数据。下面仅讨论异步并行通信协议，即异步并行通信中数据传送的收发同步约定。

异步并行通信协议指选通 I/O 方式双线握手方式的数据传输协议。为了便于理解异步并行通信协议与数据传送方式的关系，下面从数据传送收发同步的角度来讨论。

（一）选通 I/O 方式的收发同步

选通 I/O 方式的数据传输须在联络信号有效时进行，联络信号用于表示通信双方的工作状态，因此，选通 I/O 方式又称为条件传送方式。按照联络信号线的数量，其收发同步方式有单线握手方式、双线握手方式、三线握手方式几种类型，以适用于不同的通信环境。

并行通信协议指双线握手方式的数据传输协议，其他握手方式是它的缩减或扩充。

数据通信过程中，接收方的工作状态通常用接收就绪、接收完成表示。接收就绪状态指接收方处于空闲状态，可以接收数据（如已接收并处理完当前数据）；接收完成状态指接收方已接收当前数据，尚不能接收下个数据（如处理未完成）。

1. 单线握手方式

单线握手方式是双线握手方式的缩减，其假设接收方一直处于接收就绪状态，故联络信号线仅用于表示发送方的状态（数据信号何时有效），常记为选通信号线$\overline{STB}$。

这种收发同步方式下，发送方可以随时传送数据、发出$\overline{STB}$脉冲（表示数据有效），接收方在$\overline{STB}$有效时接收数据。传输控制过程及发送方相关电路如图 3-2 所示。

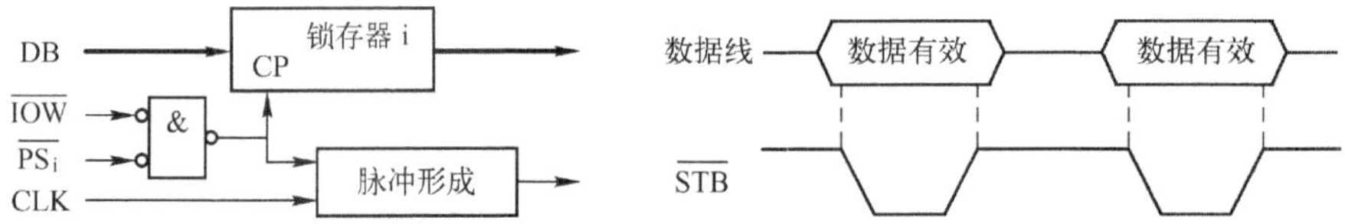

图 3-2　单线握手方式的传输过程

图中，$\overline{PS_i}$为输出端口 i 的端口选中信号，$\overline{STB}$脉冲由端口写操作、延迟时钟 CLK 触发建立，由延迟时钟 CLK 触发撤销，脉冲宽度通常是固定的（取决于 CLK）。接收方使用$\overline{STB}$脉冲作为控制信号，将数据锁存到相应的锁存器中。

可见，单线握手方式仅适用于理想的选通方式通信环境。实际应用中，输入时接口可能忙于处理总线操作，输出时设备可能忙于处理数据，接口和设备都可能存在接收未就绪的状态，因此，增设表示接收方接收状态的联络信号线，可以实现有效的数据传输。

2. 双线握手方式

双线握手方式是并行通信协议默认的握手方式，联络信号线分别用于表示发送方状态（数据信号何时有效）和接收方状态（接收完成或接收就绪），常记为选通信号线$\overline{STB}$、应答信号线$\overline{ACK}$。

这种收发同步方式下，发送方在接收方处于接收就绪状态时，传送数据、发出$\overline{STB}$脉冲（表示数据有效），接收方在$\overline{STB}$有效时接收数据，在接收完成或接收就绪状态时发出$\overline{ACK}$脉冲（表示接收状态）。$\overline{ACK}$不同的有效时机对应的传输控制过程如图 3-3a 和图 3-3b 所示，其中，$\overline{STB}$脉冲的建立方法同单线握手方式，撤销方法取决于握手方法，脉冲宽度须大于接收方锁存延迟。

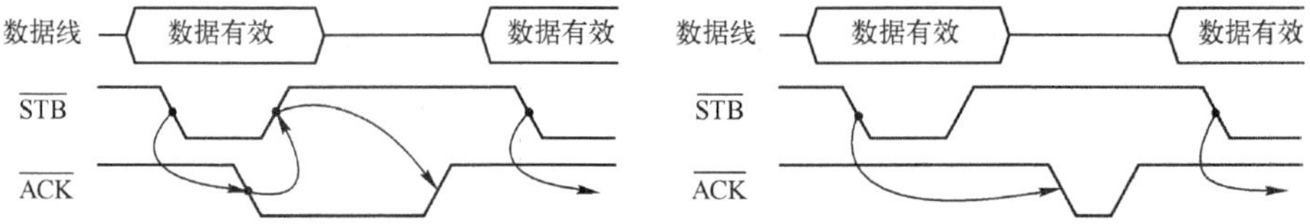

a)　　b)

图 3-3　双线握手方式的传输控制过程

a）互锁方式　b）非互锁方式

互锁方式下，接收方在接收完成状态时置$\overline{ACK}$有效，发送方收到$\overline{ACK}$信号建立后置$\overline{STB}$无效，接收方收到$\overline{STB}$信号撤销后、接收就绪状态时置$\overline{ACK}$无效。可见，$\overline{STB}$和$\overline{ACK}$的脉冲宽度都是可变的，与对方的通信特性有关。这种依赖的信号控制方法，可以实现可靠的数据传输，但握手延迟略大（如线路及处理延迟）。

非互锁方式下，接收方在接收就绪状态时才发出$\overline{\text{ACK}}$脉冲，发送方在$\overline{\text{STB}}$建立后的一定时间内撤销$\overline{\text{STB}}$脉冲。可见，$\overline{\text{STB}}$与$\overline{\text{ACK}}$的脉冲宽度都是固定的，与对方的通信特性无关。这种独立的信号控制方法，可以有效减少信号驱动开销，但数据传输不一定可靠，通信双方的硬件必须满足对方约定的延迟要求。

实际应用中，外设或接口设计一般只选择一种握手方式（互锁或非互锁）。由于接口比外设速度快得多，通常，I/O 接口采用互锁握手方式，保证传输的可靠性；外设采用非互锁握手方式，减少传输的握手延迟。

3. 三线握手方式

三线握手方式是双线握手方式的扩充，设置两根联络信号线表示接收方的接收就绪、接收完成状态，常记为应答信号线$\overline{\text{ACK}}$、忙信号线 BUSY。$\overline{\text{ACK}}$等同于双线握手方式的非互锁应答信号，BUSY 等同于双线握手方式的互锁应答信号。

这种收发同步方式下，发送方采用的是互锁信号控制方法，接收方采用的是互锁和非互锁两种信号控制方法，传输控制过程是图 3-3a 与图 3-3b 中$\overline{\text{ACK}}$的组合。

支持选通 I/O 方式的并行接口，需要设置数据口、状态口及控制口。数据输入端口及输出端口均由锁存器构成。支持中断 I/O 方式时，还需要增设中断请求产生及撤销电路。

（二）基本 I/O 方式的收发同步

基本 I/O 方式的数据传输可以随时进行，无需考虑设备的工作状态，也不需要联络信号线，因此，基本 I/O 方式又称为无条件传送方式，其收发同步方式又称为零线握手方式。

这种收发同步方式下，发送方可随时传送数据，接收方可随时接收数据。可见，基本 I/O 方式是选通 I/O 方式的一个特例，即假设接收方一直处于接收就绪状态，发送方一直在发送数据。

支持基本 I/O 方式的并行接口，只需设置数据口，无需控制口和状态口。数据输入端口通常由三态门缓冲器构成，数据输出端口通常由锁存器构成。

第二节　简单并行接口

并行接口有简单并行接口、可编程并行接口两种类型。简单并行接口又称基本并行接口，工作方式及功能单一，只能进行数据传送，不能产生控制和状态信息。可编程并行接口可以通过软件编程改变工作方式及功能，具有较好的适应性和灵活性。

作为 I/O 接口，简单并行接口的结构与图 1-2 基本相同，但是，简单并行接口没有控制端口及状态端口，信号转换逻辑可以忽略（并行接口常采用 TTL 电平）。因此，简单并行接口的结构只由数据口、读/写控制逻辑组成。

只有一个数据口的简单并行接口又常称为并行端口。简单并行接口通常由接口芯片、外围译码电路构成。本节将介绍一些结构简单、又较为常用的通用接口芯片，并说明由它们构成的简单并行接口，这些芯片同样可以用于构成控制口和状态口。

一、三态门接口

三态门的输出既可以是高电平（逻辑 1）、低电平（逻辑 0），又可以是相当于开路的高阻状态（Hi－Z）。由于其具有高阻抗特性，因此，三态门常被用于信号通/断的控制。

一个典型的三态门芯片是74LS244，其逻辑功能及其引脚如图3-4所示。由图可见，该芯片由8个三态门构成，它们被分成两组，每组4个单元，分别由门控信号$\overline{1G}$和$\overline{2G}$控制。$\overline{1G}$或$\overline{2G}$为低电平时，相应的入端信号被传送到出端；$\overline{1G}$或$\overline{2G}$为高电平时，相应的出端呈高阻态。

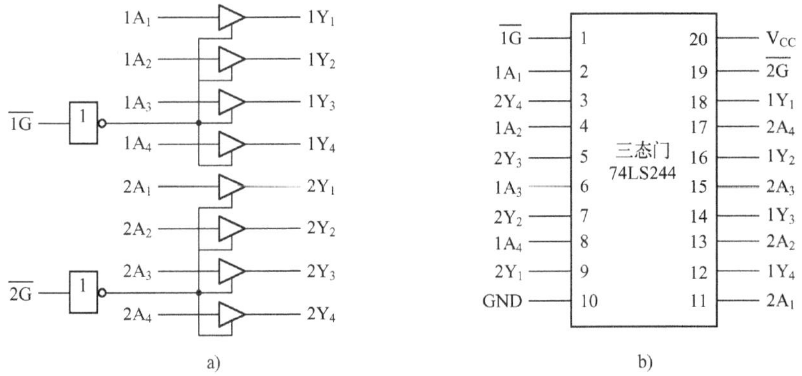

图3-4　74LS244的逻辑功能和芯片引脚

a）逻辑功能　b）芯片引脚

由于三态门具有信号的通/断控制能力，因此，常用作输入端口，或用作数据缓冲器，在端口被选中时才将端口中的数据送到总线上。又由于三态门不具有数据暂存（锁存）能力，因此，三态门作为输入端口时，外设必须能够保持信号状态，即三态门只能用作基本传送方式的输入端口。

图3-5是利用三态门74LS244构成的一个简单并行输入接口，可见，该接口（端口）只有一个可读不可写的数据口，且数据传送只支持基本输入方式。

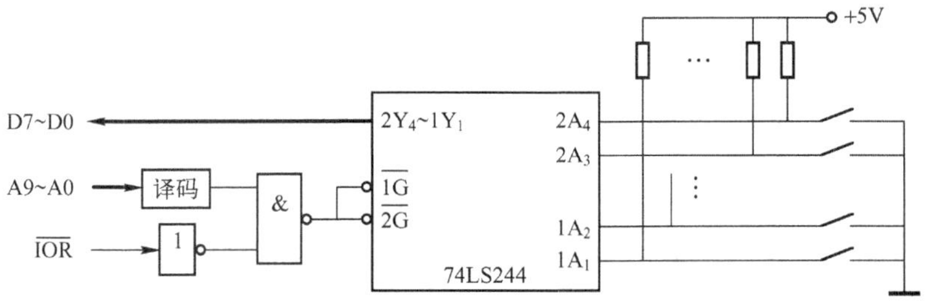

图3-5　由74LS244构成的简单并行输入接口

当CPU读该接口（端口）时，地址总线A9～A0及控制总线的相关电路使$\overline{1G}$和$\overline{2G}$有效、三态门导通，外设开关的状态经过数据总线D7～D0被读入到CPU中；当CPU不读该接口时，$\overline{1G}$和$\overline{2G}$均无效，三态门输出高阻态，接口与数据总线断开。

除74LS244外，74LS245也是很常用的三态门芯片，它是一种双向的三态缓冲器，常用于端口的双向控制。

实际应用中，三态门除用作缓冲器外，还常用来作为信号驱动器。

二、锁存器接口

锁存器可以输出所储存的信息并一直保持，而不依赖于输入端状态。由于其具有数据暂存能力，因此，锁存器常被用作时序逻辑部件，实现异步操作。

74LS273 是一种常用的锁存器芯片，内部包含 8 个 D 触发器，带清除功能，其引脚和内部逻辑如图 3-6 所示。其中，$\overline{MR}$为复位端，低电平有效；CP 为脉冲输入端，在每个脉冲的上升沿，D 端的电平被锁存到 D 触发器中，Q 端输出锁存的电平并一直保持，直到下一个脉冲的上升沿。

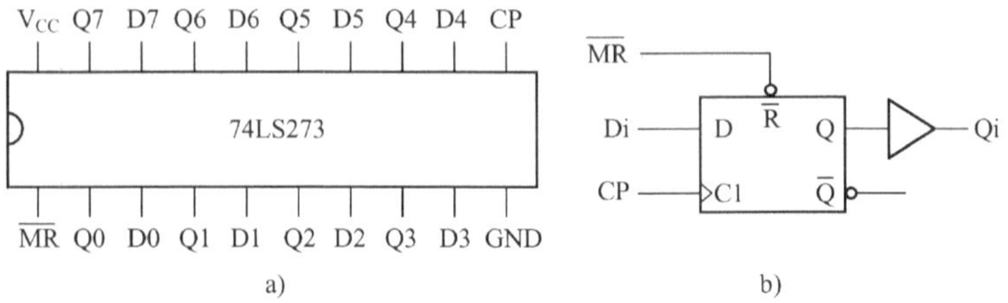

$\overline{MR}$	CP	Di	Qi
0	×	×	0
1	↑	1	1
1	↑	0	0

c)

图 3-6　74LS273 的芯片引脚和内部逻辑

a）芯片引脚　b）内部结构　c）真值表

由于外设速度较慢，输出端口必须能够保持所输出的数据；又由于选通输入方式中，外设传送数据、CPU 读取数据的操作异步性，输入端口必须能够暂存数据。因此，锁存器常用作输出端口和选通传送方式的输入端口，而三态门只能用作基本传送方式的输入端口。

图 3-7 是利用 74LS273 构成的一个简单并行输出接口，可见，该接口只有一个可写不可读的数据口。当 CPU 向该端口写入数据后，数据中值为零的位所对应的 Q 端输出低电平，相应的发光二极管 LED 被点亮。

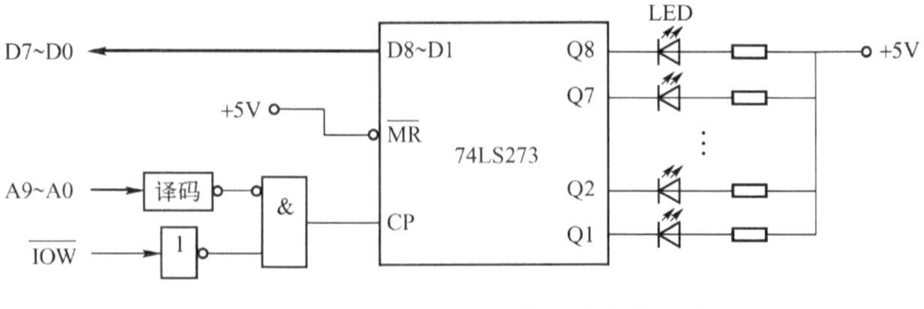

图 3-7　由 74LS273 构成的简单并行输出接口

由图 3-6b 可见，74LS273 的 Q 端是通过一个传输门输出的，总是输出一个稳定的逻辑状态（0 或 1）。接口中的所有端口通常通过总线形式互联，连接在总线上的输入端口必须具有三态输出能力才行，因此，74LS273 不能直接用作输入端口。那么，有没有既可直接用作输出端口、又可直接用作输入端口的接口芯片呢？回答是肯定的。

74LS373 是一种常用的三态输出锁存器芯片，内部包含 8 个触发器和 8 个三态门，其引脚和内部逻辑如图 3-8 所示。其中，$\overline{OE}$为三态输出允许端，$\overline{OE}$为低电平时，Q 端输出正常逻辑状态；$\overline{OE}$为高电平时，Q 端输出高阻状态。LE 为锁存允许端，LE 为高电平时，D 端的状态被保存，Q 端的输出跟随 D 端状态而变化；LE 为低电平时，Q 端输出已被锁存的状态

Q_0，即 LE 变为低电平时的 D 端状态。

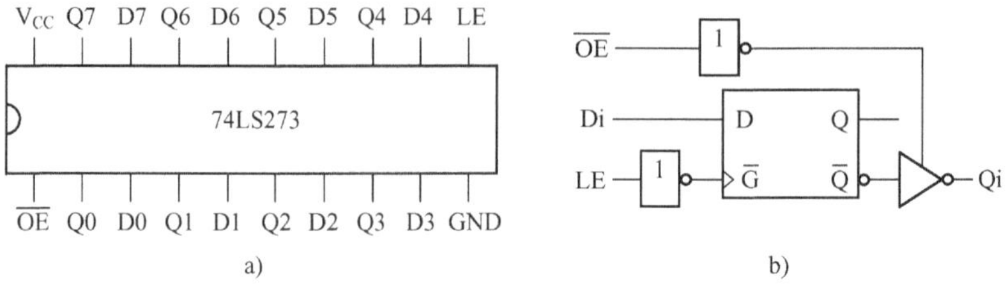

$\overline{OE}$	LE	Di	Qi
0	1	1	1
0	1	0	0
0	0	×	Q_0
1	×	×	Z

c)

图 3-8　74LS373 的芯片引脚和内部逻辑

a）芯片引脚　b）内部结构　c）真值表

74LS373 用作输出端口时，如图 3-9a 所示，LE 端连接总线信号，实现 CPU 的写 I/O 端口操作；$\overline{OE}$端接地，实现输出保持。74LS373 用作输入端口时，如图 3-9b 所示，LE 端连接外设的选通信号$\overline{STB}$，实现选通方式输入；$\overline{OE}$端连接总线信号，实现 CPU 的读 I/O 端口操作。

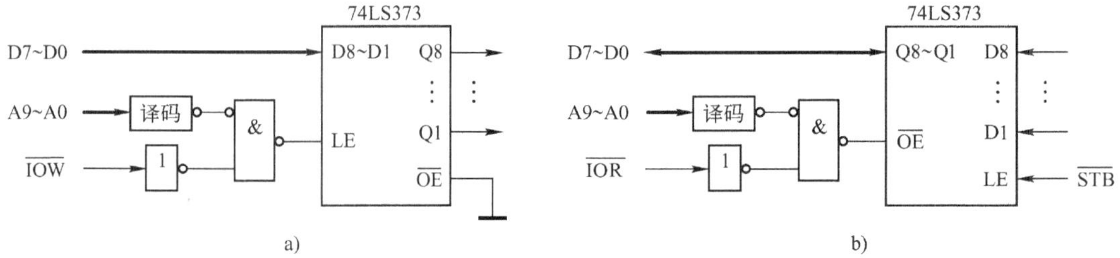

图 3-9　74LS373 用作输出接口和输入接口

a）用作输出接口　b）用作输入接口

除 74LS373 外，74LS374 也是常用的三态输出锁存器芯片，它与 74LS373 在结构和功能上完全一样，区别仅为锁存数据的时机：74LS373 在 LE 为高电平期间锁存数据，74LS374 在 LE 上升沿时锁存数据。

总之，通用接口芯片的结构比较简单、使用也很方便，通常用作功能简单的外部设备的接口电路。而功能复杂、工作方式多样的接口电路，则通常采用可编程接口芯片实现。

第三节　可编程并行接口 8255

82C55 系列芯片是 Intel 公司设计的可编程外围接口（Programmable Peripheral Interface，PPI），是应用最为广泛的可编程并行接口芯片之一。82C55A 是 82C55 的升级产品（快速 CMOS 型），外部引脚和编程特性与 82C55 完全兼容。本节将它们统称为 8255。

一、8255 的基本结构

（一）8255 的基本功能

8255 的基本功能有：

1）具有 3 个独立的 8 位 I/O 端口（A 口、B 口和 C 口），其中，C 口可分成两个 4 位 I/O 口（C 口上半部和 C 口下半部），或者为 A 口和 B 口提供状态信号。

2）支持方式 0、方式 1、方式 2 三种工作方式，可实现基本、选通两种数据传送方式，支持查询和中断两种 I/O 方式。

（二）8255 的内部结构

8255 由数据总线缓冲器、读/写控制逻辑、A 组和 B 组控制模块、I/O 端口 4 个部分组成，内部结构如图 3–10 所示。

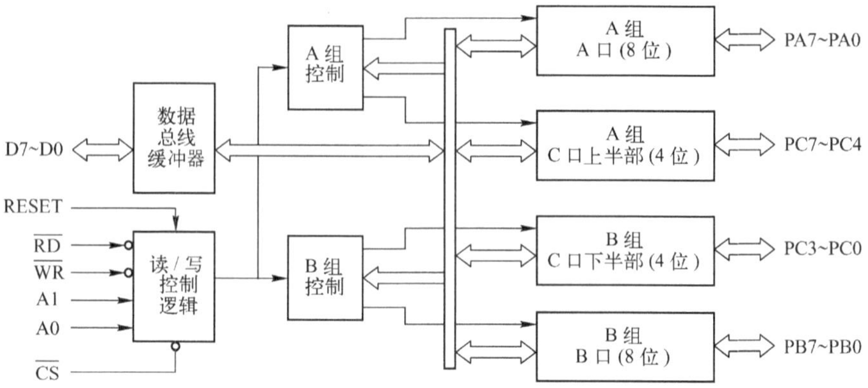

图 3–10　8255 内部结构框图

1. 数据总线缓冲器

数据总线缓冲器是三态、双向 8 位缓冲器，可以直接与系统总线的数据总线相连。CPU 对 8255 的所有操作信息都通过该缓冲器传送。

2. 读/写控制逻辑

主要完成端口地址译码、端口读/写功能。当$\overline{CS}$有效时，根据 A1 和 A0 选择内部寄存器（端口），根据$\overline{RD}$或$\overline{WR}$控制端口的读或写、数据总线缓冲器的传送方向。

3. A 组和 B 组控制模块

用来控制 A 口、B 口、C 口的工作方式。A 组控制 A 口及 C 口上半部（高 4 位），B 组控制 B 口及 C 口下半部（低 4 位）。控制寄存器为 8 位，一部分用于 A 组控制、一部分用于 B 组控制。

4. I/O 端口

共有 A 口、B 口、C 口 3 个 8 位数据端口，可以通过编程分别指定为输入口或输出口，A 口可指定为双向端口。A 口、B 口的输入及输出都具有数据锁存能力，C 口的输出具有锁存能力、输入没有锁存能力。A 口、B 口只用作数据口，C 口可用作数据口或状态口。

注意，C 口的作用与 8255 工作方式有关。方式 0 时，C 口用作数据口；方式 1 或方式 2 时，C 口主要用作状态口，即大多数的位用于存放 A 口及 B 口的工作状态，剩余的位用于传输数据，以充分利用端口的每个位。

为便于对 C 口进行操作，C 口支持按位置位/复位操作，即一次可操作 C 口的一个位。

（三）8255 的外部引脚

8255 是一个单 +5V 电源供电、40 个引脚的双列直插式芯片。芯片外部引脚分为面向总线、面向设备两个部分，信号线定义如图 3–10 所示。

1. 与系统总线连接的信号

D7 ~ D0——双向数据线，用于传送对 8255 的所有操作信息（命令、数据、状态）。

$\overline{CS}$——片选信号，低电平有效。$\overline{CS}$有效时，8255 才响应总线侧读/写操作。

A1 ~ A0——内部端口地址信号，用来寻址内部寄存器（端口）。

$\overline{RD}$——读信号，低电平有效。$\overline{CS}$有效、$\overline{RD}$有效时，读出 A1 ~ A0 对应端口的内容到 D7 ~ D0 上。

$\overline{WR}$——写信号，低电平有效。$\overline{CS}$有效、$\overline{WR}$有效时，将 D7 ~ D0 上信息写入到 A1 ~ A0 对应的端口中。

RESET——复位信号，高电平有效。RESET 有效时，控制寄存器中 A 口、B 口、C 口的工作方式均置为方式 0 输入，A 口、B 口、C 口均被复位；PA7 ~ PA0、PB7 ~ PB0、PC7 ~ PC0 都呈高阻状态。重新写入控制寄存器后，这种状态才会改变。

2. 与外部设备连接的信号

PA7 ~ PA0——A 口的输入/输出信号线，用于传送数据，信号方向由软件编程决定。

PB7 ~ PB0——B 口的输入/输出信号线，用于传送数据，信号方向由软件编程决定。

PC7 ~ PC0——C 口的输入/输出信号线，可用于传送数据或联络信号，信号功能、信号方向由软件编程决定。

8255 内部的端口地址分配及其对应的操作如表 3-1 所示。

表 3-1　8255 内部的端口地址分配及其操作

$\overline{CS}$	$\overline{RD}$	$\overline{WR}$	A1	A0	操　作	内　容
0	1	0	0	0	向 A 口写	数据
0	1	0	0	1	向 B 口写	数据
0	1	0	1	0	向 C 口写	数据
0	1	0	1	1	向控制寄存器写	控制字
0	0	1	0	0	从 A 口读	数据
0	0	1	0	1	从 B 口读	数据
0	0	1	1	0	从 C 口读	数据或状态
0	0	1	1	1	无操作（未定义）	
0	1	1	×	×	无效操作（引脚 D 高阻）	
1	×	×	×	×	禁止操作（引脚 D 高阻）	

二、8255 的控制字

8255 支持方式 0、方式 1、方式 2 三种工作方式。方式 0 为基本传送方式，只能采用无条件传送方式 I/O；方式 1 和方式 2 为选通传送方式，可以采用查询和中断方式 I/O。

为了实现查询、中断 I/O 方式的选择，8255 内部为 A 口和 B 口分别配置了中断允许位 $INTE_A$和 $INTE_B$，INTE 为 1 时可以采用中断 I/O 方式，为 0 时只能采用查询 I/O 方式。设置 8255 工作方式后，所有的 INTE 均自动复位（默认采用查询 I/O 方式）。

8255 编程包括初始化、操作两个方面。初始化编程包括设置工作方式、设置 I/O 方式（可选）。操作编程包括对数据口、状态口的 I/O 操作。

8255 的控制字有两个：方式选择、按位置位/复位。两个控制字共用同一个端口地址（A1A0 = 11），通过标志位（特征位）区分。

1. 方式选择控制字

方式选择控制字用来设置 8255 的 A 组、B 组的工作方式，以及各个端口的 I/O 方向，控制字格式如图 3-11 所示。

D7	D6 D5	D4	D3	D2	D1	D0
1	A 组方式选择	A 口	C 口上半部	B 组方式选择	B 口	C 口下半部
标志位	00—方式 0 01—方式 1 1×—方式 2	0—输出 1—输入	0—输出 1—输入	0—方式 0 1—方式 1	0—输出 1—输入	0—输出 1—输入

图 3-11　方式选择控制字格式

由控制字格式可知，A 组有三种工作方式，B 组有两种工作方式，C 口的上半部、下半部可单独设置 I/O 方向。当然，C 口用作状态口时，设置的 I/O 方向是无效的。

例 3-1　若要求 8255 的 A 口为方式 1 输入，B 口为方式 0 输出，C 口的上半部为输入、下半部为输出，8255 的端口地址范围为 60H ~ 63H，写出设置该 8255 工作方式的程序。

解　依题意，8255 的方式选择控制字为 10111000B，设置工作方式的程序如下：

```
MOV   AL, 10111000B          ;工作方式：A 口方式 1 输入，B 口方式 0 输出
OUT   63H, AL                ;控制寄存器内部地址为 A1A0 = 11
```

可见，8255 初始化编程很简单，通常只需要设置工作方式，采用中断 I/O 方式时，才需要设置 I/O 方式。

2. 按位置位/复位控制字

按位置位/复位控制字用来向 C 口某一位写入 1 或 0，控制字格式如图 3-12 所示。

D7	D6	D5	D4	D3 D2 D1	D0
0	0	0	0	C 口的位选择	操作
标志位	保留			000—C 口位 0 001—C 口位 1 …… 111—C 口位 7	0—复位 1—置位

图 3-12　按位置位/复位控制字格式

由于 C 口用作状态口时，大多数的位用于存放 A 口和 B 口的工作状态，剩余的位可以用于数据传输或 I/O 方式设置，因此，8255 提供该控制字，以便于对 C 口进行位操作。

例 3-2　续例 3-1，若要求 A 口采用中断 I/O 方式，写出初始化该 8255 的程序。

解　依题意，初始化 8255 的程序如下：

```
MOV   AL, 10111000B          ;工作方式:A 口方式 1 输入，B 口方式 0 输出
OUT   63H, AL                ;设置工作方式
MOV   AL, 00001001B          ;
OUT   63H, AL                ;置位 A 口输入的中断允许位 INTE
```

由于设置 8255 工作方式后，各 INTE 位自动复位，因此，采用中断 I/O 方式时，INTE 位必须置为 1。8255 中，A 口输入的中断允许位 $INTE_A$ 存放在 C 口的 D4 位，有关中断允许位的具体内容参见 8255 的工作方式。

三、8255 的工作方式

8255 支持方式 0、方式 1、方式 2 三种工作方式，不同工作方式可以采用的 I/O 方式不同，三个 I/O 端口的功能也随之不同。

（一）方式 0

方式 0 称为基本 I/O 方式，不需要联络信号，仅支持无条件传送方式 I/O。A 口、B 口、C 口上半部、C 口下半部都可以工作在这种方式下，用作单向的输入口或输出口，4 个口共有 16 种输入及输出组态。

由于是基本 I/O 方式，方式 0 的 I/O 端口，用作输入口时具有缓冲功能，用作输出口时具有锁存功能。

输入及输出的信号时序如图 3-13 所示，其中$\overline{CS}$、$\overline{RD}$、$\overline{WR}$都受总线信号控制。

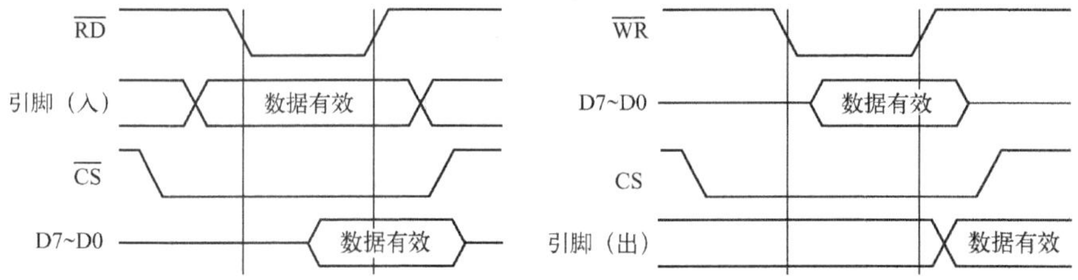

a)　　　　b)

图 3-13　方式 0 输入及输出的信号时序

a）方式 0 输入　b）方式 0 输出

可见，$\overline{CS}$有效时，根据 A1A0 选中某个端口；$\overline{RD}$有效时，端口接收（缓冲）对应的引脚信号，并立即送到 D7 ~ D0 引脚上；$\overline{RD}$无效时，表示 D7 ~ D0 上数据已被读出；$\overline{CS}$无效时，8255 将 D7 ~ D0 变为高阻态，操作结束。同理，$\overline{WR}$有效时，触发将 D7 ~ D0 上信号写入端口（锁存），数据立即被发送到端口对应的引脚，引脚信号一直并被保持。

例 3-3　已知某控制系统选用 8255 作为通信接口，A 口连接 8 个开关，B 口连接 8 个发光二极管 LED，连接电路如图 3-14 所示。现要求通过发光二极管实时显示开关状态：LED 亮表示开关合上，LED 灭表示开关断开。请写出实现上述功能的 8086 汇编语言程序。

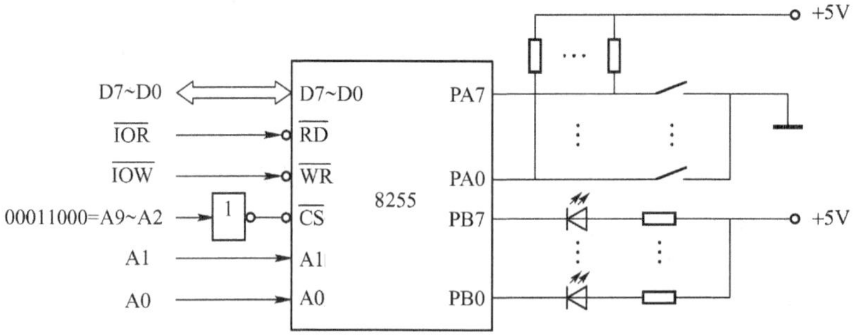

图 3-14　8255 与开关和 LED 的连接

解　依题意，8255 的 A 口应设置为输入口，B 口应设置为输出口；A 口某位为 1 时表示该开关断开，控制 LED 时应使 B 口相应位为 1（灯灭）。可以让 A 口及 B 口均工作于方式

0，软件采用循环检测并控制的方法实现题目要求的功能，即循环地读 A 口，将所读信息写到 B 口，直至程序退出。

由图 3-14 可见，8255 端口地址范围为 60H～63H，由表 3-1 可知，$\overline{\text{IOR}}$有效、A1A0 = 00 时，CPU 读取的是 A 口；$\overline{\text{IOW}}$有效、A1A0 = 01 时，CPU 写入的是 B 口。对应的 8086 汇编语言程序如下：

```
CODE   SEGMENT
          ASSUME   CS：CODE
START：  MOV    AL，10010000B          ;8255 工作方式：A 口方式 0 输入、B 口方式 0 输出
         OUT    63H，AL               ;写方式选择控制字
L_TEST： IN     AL，60H               ;读 A 口，获得开关状态
         JMP    $ +2                  ;延时
         OUT    61H，AL               ;写 B 口，根据开关状态控制 LED
         MOV    AH，01H
         INT    16H                   ;读键盘状态，ZF = 0 表示有键被按下
         JNZ    EXIT                  ;按任意键，程序退出
         JMP    L_TEST                ;循环检测
  EXIT： MOV    AH，4CH               ;返回 DOS
         INT    21H
  CODE   ENDS
         END    START
```

本例中，读键盘状态通过 BIOS 软中断（INT 16H）的 01H 号功能实现，也可以通过 DOS 软中断（INT 21H）的 0BH 号功能实现（AL = FFH 表示有键被按下）。

应注意，硬件连接方法会影响软件编程方法，例如 LED 一侧接地、而非接 +5V。

例 3-4 已知打印机有 3 根联络信号线：选通信号$\overline{\text{STB}}$、状态信号 BUSY、应答信号$\overline{\text{ACK}}$，采用三线握手的异步并行通信协议，即打印机在$\overline{\text{STB}}$有效时接收数据，BUSY 无效表示可以接收数据、有效表示不能接收数据（正在打印），$\overline{\text{ACK}}$用负脉冲表示可以接收数据（已完成打印）。现选用 8255 的 A 口与打印机相连，连接电路如图 3-15 所示。写出 8255 工作于方式 0 下，打印输出内存缓冲区 BUFF 中字符串的程序。

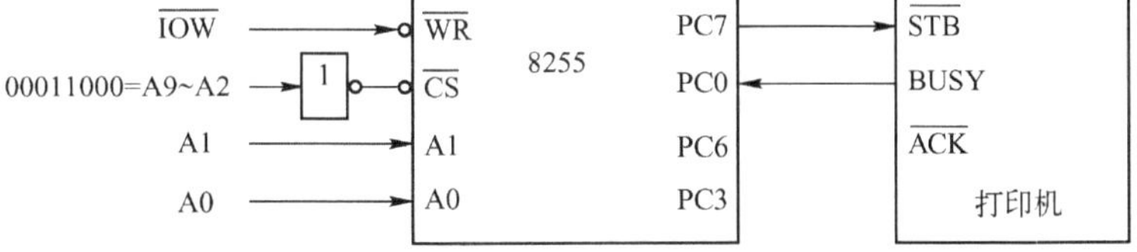

图 3-15　8255 与打印机的连接示例

解　依题意，8255 的 A 口应设置为输出口，在打印机不忙时（PC0 为低电平）才可以

输出数据，输出数据时须产生选通信号（PC7 的电平变化为高→低→高）。可以让 A 口工作于方式 0，C 口上半部输出、下半部输入，软件采用查询 I/O 方式实现打印字符的传送，直到遇到字符串的结束符（ $ ）为止，即：

1）写 A 口，使字符从 PA 输出。

2）读 C 口，若 C 口 D0 位为 1（打印机忙），转 2）。

3）写 C 口，使 PC7 产生一个负脉冲（需写 2 次）。

4）若 BUFF 未打印完毕，转 1）；否则，程序退出。

由图 3-15 可见，8255 端口地址范围为 60H ~ 63H。查询 I/O 方式打印输出的程序如下：

```
DATA   SEGMENT
         BUFF  DB 'Hello, world!' , 13, 10,' $
DATA   ENDS
CODE   SEGMENT
         ASSUME  CS: CODE, DS:DATA
START:  MOV   AX, DATA
        MOV   DS, AX
        MOV   AL, 10000001B          ;工作方式:A 口方式 0 输出, C 口高输出、低输入
        OUT   63H, AL                ;写方式选择控制字
        MOV   AL, 0FH
        OUT   63H, AL                ;置位 C 口 D7 位, 使 PC7 为高电平(STB无效)
        MOV   SI, OFFSET BUFF
  PRN:  MOV   AL, [SI]
        CMP   AL,' $                 ;判断打印是否完成
        JZ    P_OVER
        OUT   60H, AL                ;输出待打印字符
        INC   SI
P_WAIT: IN    AL, 62H                ;读打印机状态(C 口)
        TEST  AL, 01H
        JNZ   P_WAIT                 ;若 PC0 为高电平(BUSY 有效), 则等待
        MOV   AL, 0EH                ;使 PC7 产生选通信号(负脉冲), 2 次写操作实现
        OUT   63H, AL
        JMP    $ +2                  ;延时
        MOV   AL, 0FH
        OUT   63H, AL
        JMP   PRN                    ;循环输出
P_OVER: MOV   AH, 4CH                ;返回 DOS
        INT   21H
CODE   ENDS
       END  START
```

本例中，使 PC7 产生负脉冲通过按位置位/复位控制字实现，也可通过写 C 口实现。

（二）方式 1

方式 1 称为选通 I/O 方式，收发同步采用双线握手方式，支持查询和中断方式 I/O。A 口、B 口都可以工作在这种方式下，用作单向的输入口或输出口，共有 4 种输入及输出组态。

由于是选通 I/O 方式，方式 1 的 I/O 端口，用作输入口和输出口时都具有锁存功能。

方式 1 下，A 口、B 口为数据口，C 口主要用作 A 口和 B 口的状态口。每个数据口有 2 个状态位：I/O 就绪、中断请求（INTR）；以及 1 个控制位：中断允许位 INTE。除存放状态位及中断允许位外，C 口剩余的 2 个位被设计为 2 位数据端口（工作于方式 0）。

1. 方式 1 的输入

A 口和 B 口用作方式 1 输入口时，联络信号线定义如图 3–16 所示。

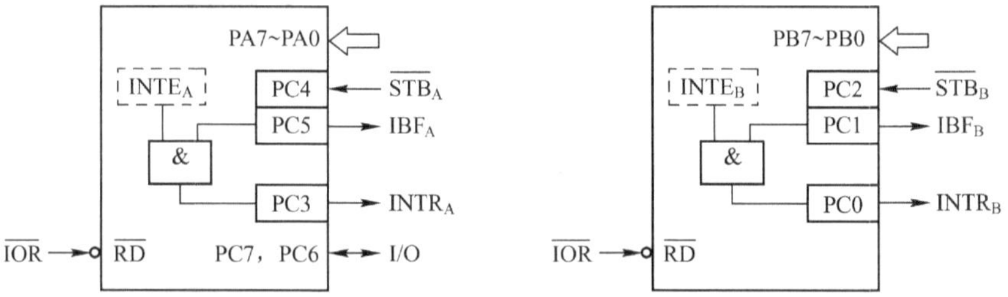

图 3–16　方式 1 输入的联络信号线

由图 3–16 可见，方式 1 输入时，C 口引脚 PC7 ~ PC0 中，PC5 ~ PC3 用作 A 口的联络信号线，PC2 ~ PC0 用作 B 口的联络信号线，剩余的 PC7 和 PC6 用作方式 0 的数据线（I/O 方向同 C 口上半部）。联络信号的功能如下：

$\overline{STB}$——选通输入信号，低电平有效。$\overline{STB}$有效时，表示设备的数据已送至 PA（或 PB）引脚，8255 自动将引脚信号锁存到输入缓冲器（A 口或 B 口）。设备在一定延迟后会置$\overline{STB}$无效，表示传送已完成。

IBF——输入缓冲器满信号，高电平有效。IBF 有效时，表示数据已被写入输入缓冲器，但尚未被取走，通知设备暂停传送数据。当数据被取走时，IBF 自动复位，通知设备可以继续传送数据。可见，IBF 可用作 I/O 就绪状态。IBF 由$\overline{STB}$下降沿置位、由$\overline{RD}$上升沿复位。

INTR——中断请求信号，高电平有效。INTR 有效时，请求 CPU 从 8255 取走数据。INTR 的有效条件是 INTE = 1、IBF 为高电平、$\overline{STB}$为高电平，即允许中断、数据已写入端口、传送已完成时产生中断请求。当 CPU 取走数据时（$\overline{RD}$上升沿），INTR 自动复位。

方式 1 输入的信号时序如图 3–17 所示。设备在数据口处于 I/O 就绪状态时（IBF 无效），发送数据到数据线上，发出选通信号（$\overline{STB}$负脉冲）；$\overline{STB}$下降沿触发 8255 将数据锁存到 A 口或 B 口，完成时 IBF 变为有效；$\overline{STB}$无效后，INTR 变为有效（INTE = 1 时），8255 向 CPU 发出中断请求。

采用中断 I/O 方式时，CPU 响应并处理中断，执行 IN 指令时，产生$\overline{RD}$信号来读取数据；$\overline{RD}$下降沿触发 INTR 无效；$\overline{RD}$上升沿触发 IBF 无效，一次 I/O 全部完成。

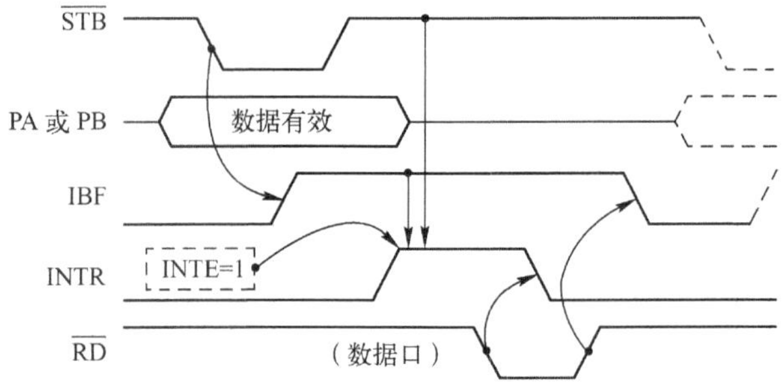

图 3-17　方式 1 输入的信号时序

采用查询 I/O 方式时，可以将 IBF 用作 I/O 就绪状态，此时，CPU 不停地查询 C 口中的 IBF 状态位；当 IBF 有效时，CPU 执行 IN 指令、产生$\overline{RD}$信号读取数据；$\overline{RD}$上升沿触发 IBF 无效，一次 I/O 全部完成。由图 3-17 可见，同样可以将 INTR 用作 I/O 就绪状态。

2. 方式 1 的输出

A 口和 B 口用作方式 1 输出时，联络信号线定义如图 3-18 所示。

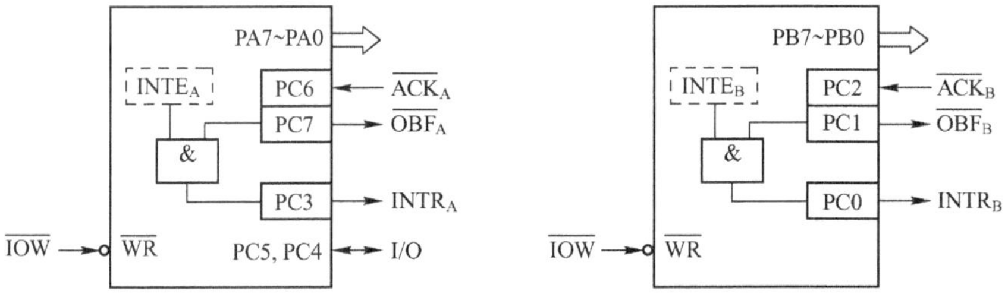

图 3-18　方式 1 输出的联络信号线

对比图 3-16 及图 3-18，可以发现，B 口的联络信号引脚未改变，A 口的联络信号引脚与数据引脚发生了交换（INTR 引脚未变）。方式 1 输出时，联络信号的功能如下：

$\overline{OBF}$——输出缓冲器满信号，低电平有效。$\overline{OBF}$有效时，表示输出缓冲器（A 口或 B 口）已被写入数据，且已输出到引脚，通知设备可以读取数据。当数据被取走时，$\overline{OBF}$自动复位，通知设备暂停读取数据。可见，$\overline{OBF}$可用作 I/O 就绪状态。$\overline{OBF}$由$\overline{WR}$上升沿置位、由$\overline{ACK}$下降沿复位。

$\overline{ACK}$——传送应答信号，低电平有效。$\overline{ACK}$有效时，表示设备已从 PA 或 PB 引脚上取走数据。设备在一定延迟后将$\overline{ACK}$置为无效。

INTR——中断请求信号，高电平有效。INTR 有效时，表示设备已取走数据，请求 CPU 传送新的数据。INTR 的有效条件是 INTE = 1、$\overline{OBF}$为高电平、$\overline{ACK}$由低电平变为高电平。当 CPU 写入新数据时（$\overline{WR}$下降沿），INTR 自动复位。

方式 1 输出的信号时序如图 3-19 所示。CPU 执行 OUT 指令时，产生$\overline{WR}$信号并输出数据到总线上；$\overline{WR}$下降沿触发总线上数据写入 A 口或 B 口，并使 INTR 无效；$\overline{WR}$上升沿使$\overline{OBF}$有效，通知设备可以取走数据；设备接收数据后发出$\overline{ACK}$信号（负脉冲）；$\overline{ACK}$下降沿使$\overline{OBF}$无效；$\overline{ACK}$上升沿使 INTR 有效（INTE = 1 时），8255 向 CPU 发出中断请求。

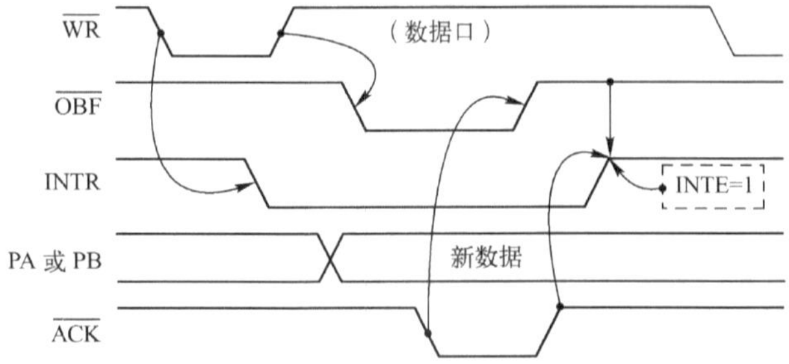

图 3-19　方式 1 输出的信号时序

采用中断 I/O 方式时，CPU 响应并处理中断，执行 OUT 指令时，输出数据、产生$\overline{WR}$信号；$\overline{WR}$下降沿触发 INTR 无效；$\overline{WR}$上升沿使$\overline{OBF}$有效，一次 I/O 全部完成。

采用查询 I/O 方式时，可以将$\overline{OBF}$用作 I/O 就绪状态，此时，CPU 不停地查询 C 口中的$\overline{OBF}$状态位；当$\overline{OBF}$无效时，CPU 输出新数据、产生$\overline{WR}$信号；$\overline{WR}$上升沿使$\overline{OBF}$有效，一次 I/O 全部完成。由图 3-19 可见，同样可以将 INTR 用作 I/O 就绪状态。

3. 方式 1 的状态字

方式 1 时，C 口主要用作 A 口和 B 口的状态口，以支持查询 I/O 方式的实现。数据口的状态包括 I/O 就绪（IBF 或$\overline{OBF}$）、中断请求（INTR）2 种。

方式 1 的状态字的格式如图 3-20 所示，输入时和输出时的状态字格式有所不同。其中，INTE 为中断允许位，I/O 为数据位，可读可写；其余为状态位，只能读出。

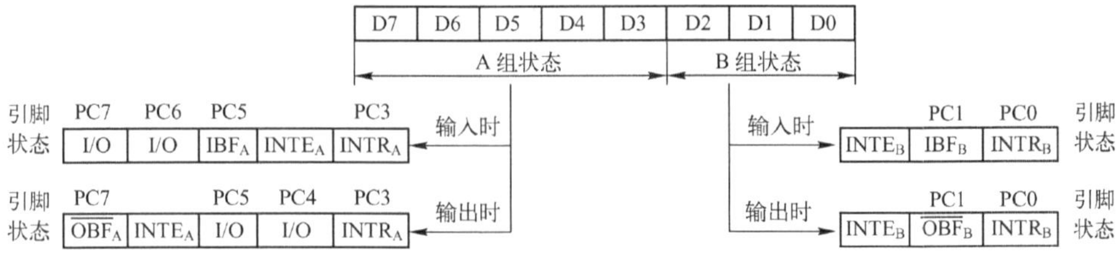

图 3-20　方式 1 的状态字

由图 3-20 可见，4 个状态位及 2 个数据位反映了外部引脚的电平状态，但 2 个中断允许位与外部引脚状态无关。INTR、IBF 或$\overline{OBF}$与引脚对应，$INTE_A$、$INTE_B$与引脚不对应。输入时，PC4 引脚上的$\overline{STB}_A$ 仅用于触发 A 口锁存 PA7 ~ PA0 上数据，其状态（负脉冲）无需保存，因此，C 口 D4 位可以用来存放输入时的中断允许位 $INTE_A$，C 口 D2 位同样处理；输出时，PC6 引脚上的$\overline{ACK}_A$ 功能与$\overline{STB}_A$ 类似，因此，C 口 D6 位可以用来存放输出时的 $INTE_A$。输入、输出时的 $INTE_A$位置不同，主要是为了兼顾方式 2。

例 3-5　对于例 3-4 中 8255 与打印机的连接，现将图 3-15 中的 PC6 与$\overline{ACK}$信号线相连，PC3 与 8259 的 IR5 相连。已知 8259 的端口地址为 20H 和 21H，IR5 对应的中断类型号为 0DH。写出通过中断方式打印输出内存缓冲区 BUFF 中字符串的程序。

解　依题意，8255 的 A 口应采用方式 1 输出、允许中断的工作方式，PC3、PC6、PC7

引脚的连接刚好可以满足 8255 所采用工作方式及打印机通信协议的要求。

中断方式打印输出 BUFF 中字符串的程序如下：

```
DATA    SEGMENT
        BUFF  DB' Hello, world!' , 13, 10, ' $
DATA    ENDS
CODE    SEGMENT
        ASSUME  CS: CODE, DS: DATA
START:  MOV   AX, DATA
        MOV   DS, AX
        MOV   AL, 10100001B        ;8255 工作方式:A 口方式 1 输出, C 口下半部输入
        OUT   63H, AL              ;写方式选择控制字
        MOV   AL, 0DH
        OUT   63H, AL              ;置位 INTE_A, 允许 A 口输出中断
        IN    AL, 21H              ;读 8259 的 IMR
        AND   AL, 11011111B
        OUT   21H, AL              ;写 8259 的 OCW1, 开放 IR5
        ;暂存 0DH 中断向量, 并设置为 PRN_INT
        LEA   SI, BUFF
        MOV   AL, [SI]
        CMP   AL,' $               ;检测第一个字符是否为结束符
        JZ    P_OVER
        OUT   60H, AL              ;输出一个字符, 触发中断产生(打印其他字符)
        INC   SI
OTHER:  ;处理与打印无关的其他事务
        MOV   AL, [SI]
        CMP   AL, ' $              ;检测打印是否完成
        JZ    P_OVER
        JMP   OTHER                ;未完成时, 等待并处理其他事务
P_OVER: ;恢复 0DH 中断向量
        MOV   AH, 4CH              ;返回 DOS
        INT   21H
PRN_INT PROC FAR
        PUSH  AX
        STI
        MOV   AL, [SI]             ;当前字符地址存放在 SI 中
        CMP   AL, ' $              ;检测打印是否完成
        JZ    I_EXIT
        OUT   60H, AL              ;输出一个字符
        INC   SI
I_EXIT: CLI
        ;8259 采用手工 EOI 方式时, 向 8259 送 EOI(OCW2)
```

```
            POP   AX
            IRET
PRN_INT     ENDP
CODE        ENDS
            END   START
```

可见，对于选通方式输出的应用而言，采用 8255 方式 0 实现时，选通信号需由软件产生，如例 3-4；采用 8255 方式 1 实现时，选通信号由 8255 硬件产生，如例 3-5。

（三）方式 2

方式 2 又称为双向选通 I/O 方式，收发同步采用双线握手方式，支持查询和中断方式 I/O。只有 A 口可以工作在这种方式下，用作双向端口。

由于是双向选通 I/O 方式，A 口内部应包含输入缓冲器、输出缓冲器，都具有锁存功能。类似于方式 1 的输入和输出，需要使用 5 根联络信号线（PC7 ~ PC3），如图 3-21 所示，其中，PC3 为输入和输出共用的中断请求信号线。

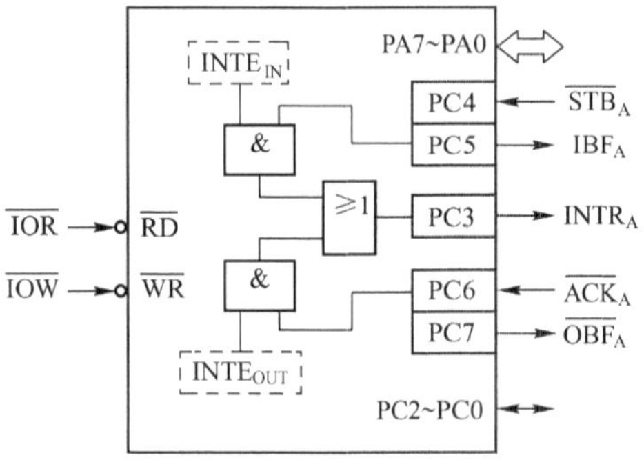

图 3-21　方式 2 的联络信号线

由图可见，5 根联络信号线的安排与方式 1 的输入及输出完全相同，各联络信号线的功能也相同。可见，方式 2 实际上是方式 1 输入与输出的组合，也就不难理解方式 1 输入和输出的联络信号线使用不同引脚的原因了。

方式 2 应用中，输入和输出的先后顺序是任意的，可以根据实际需要处理。输出过程从 CPU 执行 OUT 指令向 8255 写（$\overline{WR}$）数据开始，到设备根据$\overline{OBF}_A$ 从 8255 取出数据、返回 $\overline{ACK}_A$ 结束。输入过程从设备发$\overline{STB}_A$、8255 接收数据开始，到 CPU 执行 IN 指令从 8255 读（$\overline{RD}$）数据结束。当输入与输出同时发生时，8255 优先处理输入，即先将 PA 引脚与输入缓冲器连接、与输出缓冲器断开，接收数据（锁存数据、置位 IBF_A）；再将 PA 引脚与输出缓冲器连接、与输入缓冲器断开，输出数据（送出数据、复位$\overline{OBF}_A$）。

相应地，C 口的高 5 位用作 A 口的状态口，包括状态位 IBF_A、$\overline{OBF}_A$、$INTR_A$，中断允许位 $INTE_{IN}$、$INTE_{OUT}$，状态字格式是方式 1 输入及输出的组合，$INTE_{IN}$及 $INTR_{OUT}$分别存放在 D4 位和 D6 位中。C 口的低 3 位可工作于方式 0 或方式 1（B 口状态）。

由于中断请求线是输入和输出共用的，因此，中断服务程序只能采用非向量方式处理中断，即读取 C 口的状态字，查询 IBF_A和$\overline{OBF}_A$ 状态，完成相应的输入或输出操作，直到 IBF_A和$\overline{OBF}_A$ 全部无效（已完成全部操作）为止。

8255 是一个非常实用的可编程并行接口芯片，支持多种工作方式。PC/XT 中，配置了一块 8255 芯片，具体应用如下：

1）A 口为输入口，用于读取键盘的扫描码。

2）B 口为输出口，用于输出系统内部的控制信号，如定时器、扬声器、键盘的动作控制，RAM 奇偶检验、允许 I/O 通道检验的允许控制，以及系统配置开关的读取控制。

3）C 口为输入口，用于读取系统内部的状态信号，包括系统配置开关的状态、8253 的 OUT2 状态、RAM 奇偶检验和 I/O 通道奇偶校验的状态等。

实际应用中，8255 芯片经常用于单片机控制系统，实现数字信号的采集与控制，如分布式 I/O 模块、报警主机等；8255 芯片还经常用于设计并行通信接口（扩展卡），实现 PC 机与外部的并行通信。

除 8255 外，单片机或嵌入式处理器上的 GPIO（General Purpose Input and Output）接口也是常见的并行接口，采用基本 I/O 方式（同 8255 方式 0）。

第四节　PC 机并行通信接口

PC 机中最早出现的并行通信接口是 IBM PC/XT 所使用的并行打印机接口，该接口标准由 IBM 公司制订，并一直被 PC 系列微机广泛采用，故称为 PC 机并行打印机接口（LPT），简称为 PC 打印机接口。PC 机并行打印机接口是一种单向传输的异步并行接口，不能实现双向的并行通信。

为了实现 PC 机的双向并行通信，美国电气和电子工程师协会（IEEE）于 1994 年 3 月发布了 IEEE 1284 标准（IEEE Standard Signaling Method for a Bidirectional Parallel Peripheral Interface for Personal Computers，PC 机双向并行外设接口的标准信号方法），采用该标准的并行接口称为 IEEE 1284 并行接口。IEEE 1284 并行接口完全兼容 PC 机并行打印机接口，可以实现异步互锁的双向并行通信，数据传输率比 PC 打印机接口快 20～50 倍。

早期 PC 机的标准配置中，并行通信接口只有 PC 机并行打印机接口一种，用于打印机等并行设备的单向并行通信及设备控制，而双向并行通信则需通过扩展的 IEEE 1284 并行接口实现。由于并行传输的信号同步、信号干扰等固有问题，并行接口逐步被串行接口所取代。现代 PC 机的标准配置中，已经没有了 PC 机并行打印机接口，只有部分 PC 工控机中保留有 PC 机并行打印机接口。

本节将讨论 PC 机并行打印机接口、IEEE 1284 并行接口的相关技术。

一、PC 机并行打印机接口

PC 机并行打印机接口是一种单向传输的异步并行接口，其接口标准由 IBM 公司制订，被 PC 系列微机广泛采用，已成为并行打印机接口实际的工业标准。

（一）PC 机并行打印机接口标准

PC 机并行打印机接口有 25 根信号线，使用 25 芯 D 型连接器，其引脚及信号定义如表 3-2 所示，信号方向从计算机角度定义。其中，DATA8～DATA1 用于并行数据传输，$\overline{\text{STROBE}}$和$\overline{\text{ACK}}$用于异步传输的时序控制。

表 3-2　PC 机并行打印机接口的引脚信号定义

引脚序号	信号名称	信号方向	功能说明
1	$\overline{\text{STROBE}}$	OUT	数据选通
2～9	DATA1～DATA8	OUT	数据输出线
10	$\overline{\text{ACK}}$	IN	应答，已完成打印

（续）

引脚序号	信号名称	信号方向	功能说明
11	BUSY	IN	忙，不能接收数据
12	PE	IN	缺纸
13	SLCT	IN	联机，打印机能够工作
14	$\overline{\text{AUTOFD}}$	OUT	自动回车换行
15	$\overline{\text{ERROR}}$	IN	无纸、脱纸、出错
16	$\overline{\text{INIT}}$	OUT	初始化
17	$\overline{\text{SLCTIN}}$	OUT	联机控制，允许打印机工作
18 ~ 25	GND		公共地

PC 机并行打印机接口利用信号电平进行信息编码，其逻辑电平采用 TTL 电平表示。

PC 机并行打印接接口使用了 Centronics 打印机接口的通信协议，该协议为三线握手方式的异步并行通信协议，数据传送时序如图 3-22 所示。其中，$\overline{\text{STROBE}}$反映数据何时有效，负脉冲期间数据有效；BUSY 表示打印机忙/闲状态，低电平表示打印机空闲、可以接收数据，高电平表示打印机忙（如打印）、不能接收数据。图中的 min 指主机与外设间的数据信号建立、有效（选通）、保持的最小长度。

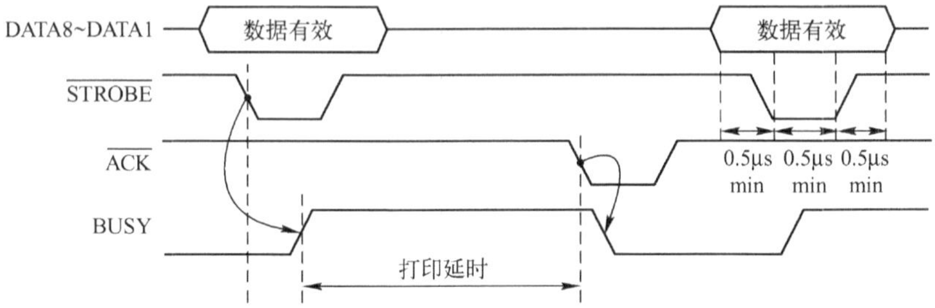

图 3-22　PC 机并行打印机接口的数据传送时序

由图可见，计算机在打印机空闲时（BUSY 为低电平）才可以传送数据；发送数据且数据信号稳定后（≥0.5μs），再发送数据选通信号（$\overline{\text{STROBE}}$为负脉冲）；打印机须在此期间（≤0.5μs）接收完数据（置 BUSY 为高电平）；等到打印完成时发送应答信号（$\overline{\text{ACK}}$为负脉冲），打印机处于空闲状态（置 BUSY 为低电平），一个数据的传送及打印结束，计算机可以传送下个数据。

（二）PC 机并行打印机接口编程

1. 接口内部结构

PC 机并行打印机接口常称为 PC 打印机适配器，其内部结构如图 3-23 所示，主要由总线缓冲器、端口读写逻辑、数据端口、控制端口及状态端口组成。其中，数据端口及控制端口为分离的双向端口（主要用于自校验），控制端口及状态端口只有 5 个位有效。

图中，AEN 为 PC 总线的地址允许信号（DMA 控制器发出），IRQx 为 PC 总线的中断请求信号（不同打印机适配器的 x 不同）。可见，PC 机并行打印机接口仅由 CPU 控制传输，可采用中断 I/O 方式。

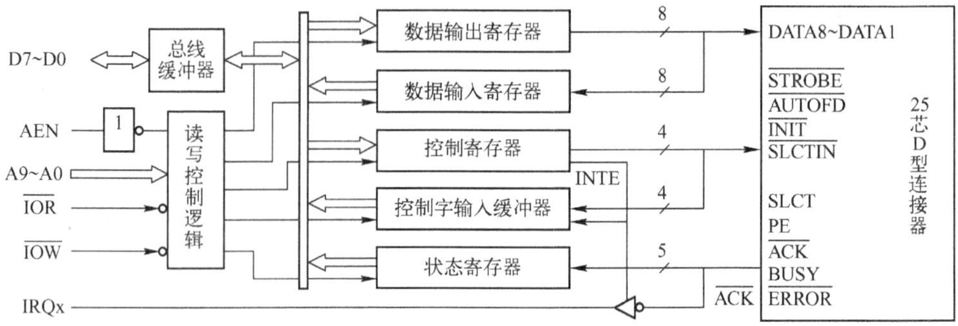

图 3-23　PC 打印机适配器结构图

PC 机并行打印机接口共有数据口、状态口和控制口 3 个 I/O 端口，占用 3 个端口地址，内部偏移地址分别为 0、1 和 2，数据口、控制口可读可写，状态口只读。

PC 机最多可配置 3 个并行打印机接口（LPT1、LPT2、LPT3），LPT1 是标配接口。由第二章可知，LPT1、LPT2、LPT3 的端口基地址分别为 378H、278H、3BCH；LPT1 的中断请求信号为 IRQ7，LPT2 和 LPT3 的中断请求信号通过跳线开关配置。

2. 端口信息格式

控制口用于主机向打印机发送操作命令，控制字格式如图 3-24 所示。

D7 D6 D5	D4	D3	D2	D1	D0
× × ×	INTE	SLCTIN	$\overline{INIT}$	AUTOFD	STROBE
	1—允许中断	1—选择打印机	0—初始化	1—自动走纸	1—选通

图 3-24　打印机适配器的控制字格式

其中，D4 位为中断允许位，当 INTE = 1 时，打印机的 $\overline{ACK}$ 信号可形成中断请求（IRQx）；当 INTE = 0 时，只能采用查询方式 I/O。D3 ~ D0 位信息经驱动后与 25 芯 D 型连接器相接，除 D2 位（$\overline{INIT}$）为正相驱动外，其余位均为反相驱动（与引脚信号极性相反）。

状态口用于主机读取打印机的状态，状态字格式如图 3-25 所示。

D7	D6	D5	D4	D3	D2 D1 D0
$\overline{BUSY}$	$\overline{ACK}$	PE	SLCT	$\overline{ERROR}$	× × ×
0—打印机忙	0—有应答	1—缺纸	1—联机	0—出错	

图 3-25　打印机适配器的状态字格式

其中，D7 ~ D3 位分别来自 25 芯 D 型连接器的 5 根同名信号线，除 D7 位（$\overline{BUSY}$）的值与信号极性相反外，其余位的值均与信号极性相同。

3. 接口应用编程

PC 机并行打印机接口应用编程有直接编程和调用系统功能两种方法。

直接编程：指程序直接读/写并行打印机接口的端口，以实现打印输出。直接编程可以采用查询方式和中断方式 I/O。

查询方式的编程示例可参见例 3-4，程序中可以先写数据口、后读状态口并检测，这样可使$\overline{\text{STROBE}}$的信号建立延迟更大些。中断方式的编程示例可参见例 3-5，需注意，8255 方式 1 的选通信号由硬件自动产生，而 PC 机并行打印机接口的选通信号需由软件编程产生。

调用系统功能编程：指程序调用系统提供的打印机驱动程序，以实现打印输出。BIOS 和 DOS 都提供了打印机驱动程序，但均只支持查询方式 I/O、自动发送$\overline{\text{STROBE}}$信号，分别通过 INT 17H 指令和 INT 21H 指令进行调用。

二、IEEE 1284 并行接口

IEEE 1284 并行接口是一种双向传输的异步并行接口，其接口标准由 IEEE 发布。该接口完全兼容 PC 机并行打印机接口，传输速率比 PC 机并行打印机接口快 20～50 倍。

（一）IEEE 1284 并行接口标准

IEEE 1284 并行接口标准在 PC 机并行打印机接口的基础上，提供了一种异步互锁的、双向并行传输机制，共定义了 5 种数据传输模式。

1）兼容模式（Compatible Mode）：可实现 8 位、正向（主机→外设）数据传输，是 IEEE 1284 标准的基本传输模式，又称为 SPP 模式（Standard Parallel Port Mode）。使用数据线传输数据，通过控制线（4 根）和状态线（5 根）实现联络与设备控制。由于该模式可向后兼容许多已有设备，如 PC 机并行打印机接口等，故称为兼容模式。

2）半字节模式（Nibble Mode）：可实现 4 位、反向（外设→主机）数据传输，是一种可以配合兼容模式、实现双向传输的基本传输模式。使用 4 根状态线传输数据，通过控制线及剩余的 1 根状态线实现联络，一个字节数据需分两次传送。

3）字节模式（Byte Mode）：可实现 8 位、反向数据传输，是一种可以配合兼容模式、实现双向传输的传输模式。使用 8 根数据线传送数据，通过控制线和状态线实现联络，因此，传输性能成倍于半字节模式。

4）ECP 模式（Extended Capabilities Port Mode）：是一种较先进的 8 位、双向传输模式，具有行程编码/压缩（RLE）、FIFO 缓冲等功能，可与多个逻辑设备通信。使用数据线传送命令或数据，通过一根信号线区分传送的信息类型，通过控制线及状态线实现联络。

5）EPP 模式（Enhanced Parallel Port Mode）：是一种高性能的 8 位、双向传输模式，可与多个逻辑设备通信，传输过程由主机控制、采用异步握手方式，传输类型有地址、数据两种，传输速度快于 ISA 总线。使用数据线传送地址或数据，通过 4 根控制线及状态线信号线实现联络。

5 种传输模式中，除兼容模式外的其他传输模式，都称为 1284 模式。除 ECP 模式外，其余模式下的传输方向改变，全部由主机控制实现。

仅支持兼容模式的设备常称为兼容设备，还支持其他模式的设备常称为 1284 设备。IEEE 1284 规定，1284 设备必须支持兼容模式及半字节模式，其余 3 种模式可选。可见，1284 设备必须支持模式转换，而兼容设备则不支持。

1. 功能/机械/电气特性

与 PC 机并行打印机接口相同，IEEE 1284 并行接口有 25 根信号线，信号逻辑电平采用 TTL 电平表示。

IEEE 1284 不同模式的信号定义有所不同，如表 3-3 所示，为了便于理解，兼容模式的信号名称用 PC 机并行打印机接口的信号名代替。表 3-3 中，信号方向是从主机角度定义的，数据线（引脚 2 ~ 9）的方向由具体模式决定，前三种模式下是单向的，后两种模式下是双向的；控制线有 4 根，状态线有 5 根，不同模式下的功能不同。

表 3-3　IEEE 1284 不同模式的引脚及信号定义

引　脚	方　向	兼容模式	半字节模式	字节模式	ECP 模式	EPP 模式
1	OUT	$\overline{\text{STROBE}}$	HostClk		HostClk	$\overline{\text{Write}}$
2 ~ 9		DATA1 ~ DATA8				AD1 ~ AD8
10	IN	$\overline{\text{ACK}}$	PtrClk	PeriphClk	Intr	
11	IN	BUSY	PtrBusy	PeriphAck	$\overline{\text{Wait}}$	
12	IN	PE	AckDataReq	$\overline{\text{AckReverse}}$		
13	IN	SLCT	XFlag	XFlag		
14	OUT	$\overline{\text{AUTOFD}}$	HostBusy	HostAck	$\overline{\text{DStrb}}$	
15	IN	$\overline{\text{ERROR}}$	$\overline{\text{DataAvail}}$	$\overline{\text{PeriphRequest}}$		
16	OUT	$\overline{\text{INIT}}$	$\overline{\text{Init}}$	$\overline{\text{ReverseRequest}}$	$\overline{\text{Init}}$	
17	OUT	$\overline{\text{SLCTIN}}$	1284Active	1284Active	$\overline{\text{AStrb}}$	
18 ~ 25		GND	GND		GND	GND

IEEE 1284 的连接器有 IEEE 1284-A、IEEE 1284-B 和 IEEE 1284-C 三种。IEEE 1284-A 为 PC 机并行打印机接口的 25 芯 D 型连接器，IEEE 1284-B 为 Centronics 打印机接口的 36 芯簧片式连接器，IEEE 1284-C 是一种新的 36 芯簧片式连接器，尺寸较小、引脚密度较高。IEEE 1284-A连接器的引脚信号分配如表 3-3 所示。

2. 过程特性

IEEE 1284 规定，1284 设备加电后自动进入兼容模式；1284 模式只可以转换到兼容模式，1284 模式之间不能转换。且约定通过协商（Negotiation）阶段进入到 1284 模式，通过终止（Termination）阶段返回到兼容模式，数据通信只能在各个模式中进行。

下面仅简要介绍兼容模式、半字节/字节模式、协商/终止阶段的过程特性（信号状态及时序关系），想了解 ECP 模式、EPP 模式的读者请参考文献 [9]。

（1）兼容模式

兼容模式属于正向传输模式，通信过程包括传送、空闲两个阶段（状态）。

兼容模式的信号线功能与 PC 机并行打印机接口相同：$\overline{\text{STROBE}}$、$\overline{\text{ACK}}$用于传输联络，$\overline{\text{AUTOFD}}$、$\overline{\text{SLCTIN}}$、$\overline{\text{INIT}}$用于设备控制，BUSY、PE、SLCT、$\overline{\text{ERROR}}$表示设备状态。

兼容模式的数据传输时序与 PC 机并行打印机接口相同，如图 3-22 所示。主机与外设工作正常时，$\overline{\text{SLCTIN}}$为低电平（要求打印机联机），SLCT 为高电平（打印机处于联机状态），PE 为低电平（打印机不缺纸）。

（2）协商阶段与终止阶段

协商阶段的任务是根据外设是否为 1284 设备，以及是否支持指定的 1284 模式来确定通信的传输模式。终止阶段的任务是返回到兼容模式。协商阶段及终止阶段均由主机发起。

协商阶段与终止阶段是利用打印机控制不需要的信号组合来实现的，信号线主要有 $\overline{\mathrm{SLCTIN}}$、$\overline{\mathrm{AUTOFD}}$，以及 PE、SLCT、$\overline{\mathrm{ERROR}}$。其中，$\overline{\mathrm{SLCTIN}}$表示主机是否请求 1284 模式，$\overline{\mathrm{AUTOFD}}$表示主机是否忙，PE 表示设备是否支持 IEEE 1284 标准，$\overline{\mathrm{ERROR}}$表示设备是否是 1284 设备，SLCT 表示设备是否支持指定的 1284 模式。

协商阶段的时序如图 3-26a 所示，括号中为半字节/字节模式对应的信号名。协商阶段各步骤的含义如下：

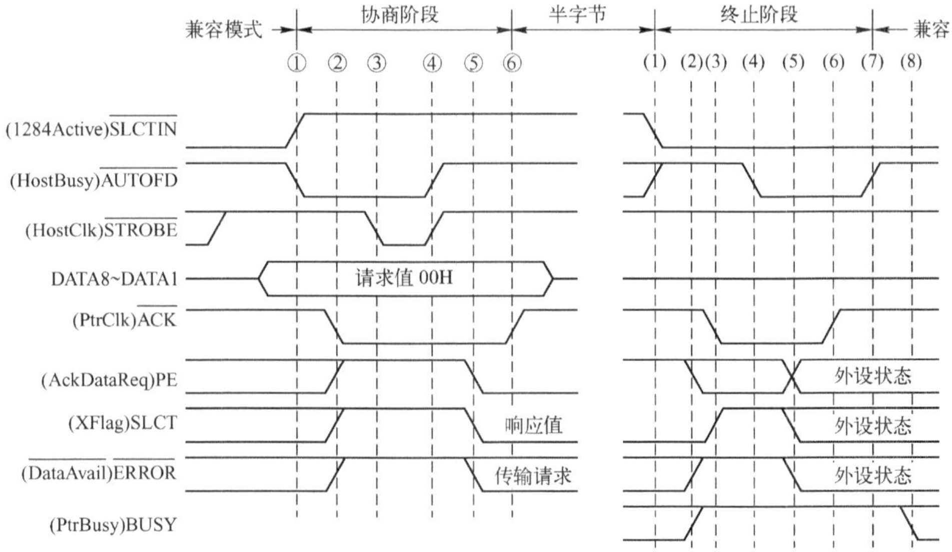

a)　　　　b)

图 3-26　协商阶段与终止阶段的信号时序

a）协商阶段的时序　b）终止阶段的时序

① 主机先将所请求模式对应的请求值（图中为 00H）送上 DATA8 ~ DATA1，再将$\overline{\mathrm{SLCTIN}}$置为高电平、$\overline{\mathrm{AUTOFD}}$置为低电平，表示请求按 1284 模式传输。

② 设备将$\overline{\mathrm{ACK}}$置为低电平，PE、$\overline{\mathrm{ERROR}}$、SLCT 均置为高电平，表示回答是 1284 设备；若设备为兼容设备，则不会出现上述信号组合，协商阶段结束，将进入终止阶段（返回兼容模式）。

③ 主机将$\overline{\mathrm{STROBE}}$置为低电平，选通数据线上的请求值，通知设备锁存。

④ 主机将$\overline{\mathrm{STROBE}}$、$\overline{\mathrm{AUTOFD}}$置为高电平，表示已识别出设备回答（为 1284 设备）。

⑤ 设备将 SLCT 置为响应值（图中为低电平），表示是否支持所请求模式（图中为肯定值），同时用$\overline{\mathrm{DataAvail}}$（$\overline{\mathrm{ERROR}}$）表示外设的数据传输请求状态（有/无）。

⑥ 设备将$\overline{\mathrm{ACK}}$置为高电平，通知主机锁存设备回答，协商阶段结束；若响应值是肯定的，进入所请求模式，否则将进入终止阶段（返回兼容模式）。主机可再尝试请求其他模式。

主要模式的请求值（DATA8 ~ DATA1）与响应值（SLCT）的关系如表 3-4 所示，为支持即插即用等功能而设置的其他模式的请求值未列出。

表 3-4　模式请求值与响应值对应关系

请求的模式	半字节模式	字 节 模 式	EPP 模式	ECP 模式
请求值	00H	01H	40H	10H
响应值（肯定值）	低电平	高电平	高电平	高电平

终止阶段的时序受当前模式的影响。半字节/字节/ECP 模式的终止阶段的时序如图 3-26b 所示。具体步骤为：主机将 1284Active（$\overline{\text{SLCTIN}}$）置为低电平、HostBusy（$\overline{\text{AUTOFD}}$）置为高电平，表示请求终止 1284 模式；设备将 PtrBusy（BUSY）、$\overline{\text{DataAvail}}$（$\overline{\text{ERROR}}$）均置为高电平后，将 PtrClk（$\overline{\text{ACK}}$）置为低电平、Xflag（SLCT）置为该 1284 模式响应值的相反值，表示已响应终止请求；主机使 HostBusy 产生一个负脉冲，完成与 PtrClk 的异步握手过程，返回到兼容模式。

EPP 模式的终止阶段的时序是，主机使$\overline{\text{Init}}$（$\overline{\text{INIT}}$）产生一个负脉冲、在负脉冲的上升沿将$\overline{\text{DStrb}}$（$\overline{\text{SLCTIN}}$）置为低电平实现。

（3）半字节模式与字节模式

半字节模式和字节模式都属于反向传输模式，可与兼容模式联合使用，实现双向通信。

两种模式的通信过程都包括空闲、传送、等待空闲（主机忙且数据无效）、等待传送（主机忙且数据有效）、中断 5 个阶段（状态）。不同阶段的状态转换如图 3-27 所示，其中，模式进入（协商阶段结束）、传送完成时，主机均处于忙状态，中断阶段用于外设主动向主机提出传送请求。除传送阶段外，其他阶段均可进入终止阶段。

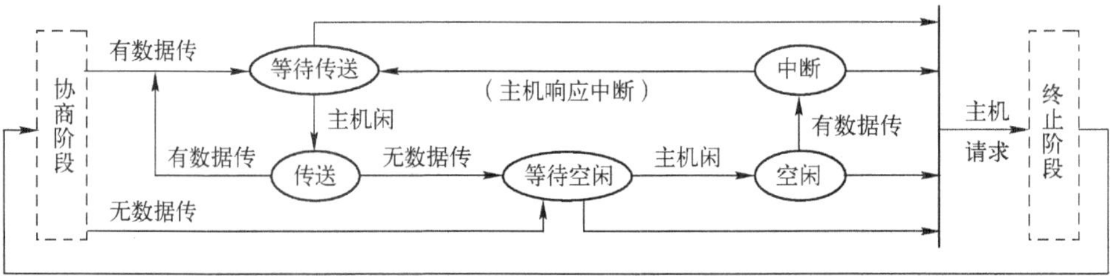

图 3-27　半字节模式和字节模式的状态转换

两种模式的信号线名称完全相同，如表 3-3 所示。半字节模式中的$\overline{\text{DataAvail}}$、XFlag、AckDataReq、PtrBusy 兼作数据线，两种模式信号线的功能特性如下。

HostClk：半字节模式未使用（为高电平）；字节模式用负脉冲表示已接收当前数据。

HostBusy：传送阶段，用低电平表示可接收数据，用高电平表示已接收数据；其他阶段，表示主机状态（低电平表示空闲）。

PtrClk：传送及中断阶段，用负脉冲与 HostBusy 实现数据及状态传送的异步握手。

PtrBusy：除半字节模式传送阶段外，表示外设状态。

$\overline{\text{DataAvail}}$：除半字节模式传送阶段外，表示数据是/否有效（数据传送请求状态）。

AckDataReq：中断阶段保持高电平，直到主机响应数据传送请求时变低（进入等待传送阶段)；除半字节模式传送阶段及中断阶段外，表示的状态同$\overline{\text{DataAvail}}$。

XFlag：除半字节模式传送阶段外，表示外设所采用1284模式的响应值（同协商阶段）。

半字节模式的数据传输时序如图3-28所示，通过HostBusy、PtrClk实现数据传送的异步握手，一个字节数据传输完成时［步骤(8)］，外设更新传送请求的状态。

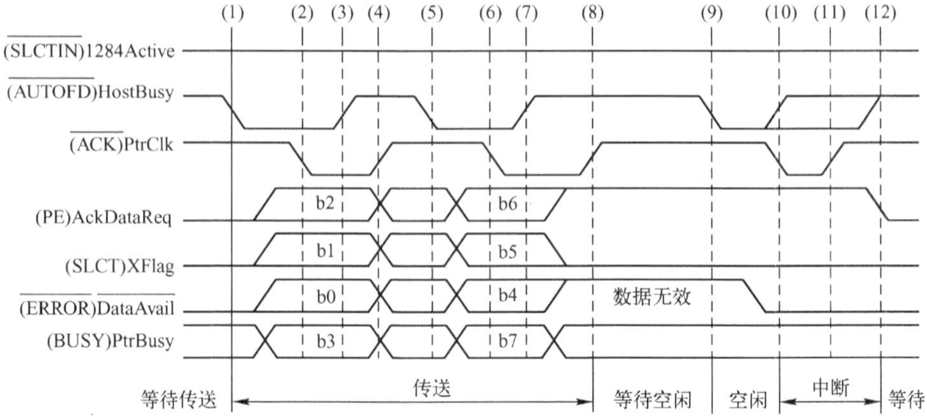

图3-28 半字节模式的数据传输时序

图中，步骤(8)时$\overline{\text{DataAvail}}$为高电平，表示无数据需传送（即数据无效），再需要传送的请求、响应过程如步骤(9)~步骤(12)所示。若步骤(8)时$\overline{\text{DataAvail}}$为低电平，则表示还有数据需传送，AckDataReq会同时为低电平，立即进入等待传送阶段［步骤(12)］。

字节模式的数据传输时序类似于图3-28，不同点在于：无步骤(2)~步骤(5)(每次传送一个字节)，XFlag一直为响应值（高电平），$\overline{\text{DataAvail}}$、AckDataReq仅用于表示反向数据请求及状态线。字节模式同样通过HostBusy、PtrClk实现数据传送的异步握手，通过PtrClk上升沿指示外设状态更新，但数据接收完成则通过HostClk负脉冲［步骤(7)之后］指示。

由图3-27可见，每次反向传输后主机都处于忙状态（HostBusy高电平）；由图3-28可见，能否反向传输由主机是否响应（HostBusy下降沿）决定。因此，兼容模式、半字节模式及字节模式的数据传输均由主机控制（启动）。

（二）IEEE 1284并行接口编程

IEEE 1284并行接口必须支持兼容模式、半字节模式，其他模式可以选择支持，加电后为兼容模式，通过协商/终止阶段的相关逻辑实现模式转换，数据通信在具体模式中进行。

IEEE 1284并行接口的核心通常是支持IEEE 1284标准的可编程芯片，不同厂家的芯片在端口设置及编程方法上会有所不同，但兼容模式的端口设置及编程特性是相同的。

应用编程时，程序中必须包含协商/终止阶段的代码，以及所支持模式数据传输的代码。下面，仅讨论兼容模式、半字节模式及字节模式的端口配置及编程特性。

兼容模式的I/O端口配置与PC机并行打印机接口完全相同，有数据口、状态口、控制口3个I/O端口，占3个端口地址，控制字及状态字的格式如图3-24、图3-25所示。接口编程可采用查询或中断方式，从数据口发送数据，从控制口发送数据选通信号（$\overline{\text{STROBE}}$负脉冲）。

半字节模式、字节模式的 I/O 端口配置均与兼容模式相同，分别利用兼容模式的状态线、数据线反向传输数据。接口编程可采用查询或中断方式，分别从状态口、数据口接收数据，从控制口发送传输握手信号（HostBusy 负脉冲）。

因篇幅限制，不再列举编程示例，感兴趣的读者可自行查阅相关资料。

本章小结

本章主要介绍了并行接口的实现技术及应用技术，主要内容为并行通信协议、简单并行接口、可编程并行接口 8255、PC 机并行通信接口 4 个部分。希望学习本章后，能够对计算机的并行接口技术有较深入的了解，灵活地应用 8255 并行接口。

并行通信的传输速率较快、传输控制简单，但传输距离较短。并行通信有基本 I/O、选通 I/O 两种数据传送方式。并行通信使用联络信号线实现收发同步，有零线、单线、双线、三线等握手方式，不同握手方式适用的通信环境不同，并行通信协议指双线握手方式的数据传输协议。

简单并行接口的工作方式及功能较单一，只能传送数据、不能产生控制和状态信息。简单并行接口中只有数据端口。通常，输入接口（端口）由三态门构成，输出接口（端口）由锁存器构成，选通 I/O 方式的输入接口（端口）则应由带三态输出的锁存器构成。

可编程并行接口 8255 具有 3 个独立的 8 位 I/O 端口，支持 3 种工作方式。方式 0 为基本 I/O 方式，只能采用无条件传送方式 I/O；方式 1 和方式 2 为选通 I/O 方式，硬件自动产生握手信号，可采用查询、中断方式 I/O，I/O 方式选择由中断允许位 INTE 控制。8255 提供 2 种控制字和 1 种状态字，初始化编程包括设置工作方式、设置 I/O 方式（可选）两个步骤，操作编程有写数据、读数据、读状态 3 种。8255 常用作并行通信接口。

PC 机并行通信接口有 PC 机并行打印机接口、IEEE 1284 并行接口两种。PC 机并行打印机接口是一种单向传输的异步并行接口，采用三线握手联络方式；具有 3 个 I/O 端口、占用 3 个端口地址，支持查询、中断 I/O 方式。IEEE 1284 标准共有 5 种传输模式，兼容模式与半字节/字节模式联合才能实现双向通信，ECP、EPP 模式可直接实现双向通信；IEEE 1284 并行接口必须支持兼容模式、半字节模式，加电后的初始模式为兼容模式，不同模式的转换由主机控制，通过协商/终止阶段实现。

思考题与练习题

3.1 并行通信采用联络信号实现收发同步，有哪些好处？

3.2 并行通信有哪两种数据传送方式？各有什么特点？并行接口各需设置哪些端口？

3.3 异步非互锁握手协议的联络信号宽度固定，这两个信号宽度应大于发送方、接收方的哪些动作/操作延迟？

3.4 试画出三线握手方式的传输控制时序图，说明数据传输的控制过程。

3.5 为什么 74LS244 只能用作输入端口？为什么 74LS273 只能用作输出端口？

3.6 某 8 位简单并行接口包含一个输入端口、一个输出端口，共占用 1 个端口地址。

现使用 74LS244 作为输入端口，使用 74LS273 作为输出端口，该并行接口的端口地址为 200H，试画出该并行接口的逻辑电路图，以及与 PC/XT 系统总线的连接图。

3.7　8255 有哪几种工作方式？各适用于什么并行通信环境？

3.8　某 8255 芯片的端口地址范围为 240H ~ 243H，现要求 A 口工作于方式 0、用作输出口，B 口工作于方式 1、用作输入口，C 口高半部用作输入口，B 口采用中断 I/O 方式，试编写该 8255 的初始化程序。

3.9　8255 工作于方式 1 输入时，其联络信号是如何定义的？各信号线间的时序如何？

3.10　8255 工作于方式 1 输出时，其联络信号是如何定义的？各信号线间的时序如何？

3.11　要求使用 8255 对 74LS138 译码器进行功能检测，即测试输出引脚 $\overline{Y7}$ ~ $\overline{Y0}$ 的逻辑是否与真值表一致，试画出 8255 与 74LS138 的连接图，编写实现上述功能的程序。

3.12　对于例 3-5，若要求 8255 的 A 口工作于方式 1，编写采用查询方式打印输出 BUFF 中字符串的程序。

3.13　PC 机并行打印机接口有几个端口？占几个端口地址？端口内部地址是如何分配的？

3.14　试使用直接编程方式，编写从 PC 机并行打印机接口（LPT1）打印输出内存缓冲区 BUFF 中字符串（以 $ 结束）的程序。要求缺纸时暂停打印，直到不缺纸后才继续打印。

3.15　IEEE 1284 规定，1284 设备加电后首先进入的是什么传输模式？不同传输模式之间如何转换？模式转换由主机还是外设控制？模式转换时的控制信号特征值是什么？

3.16　IEEE 1284 半字节模式中，外设如何表示有/无数据需传送？主机何时获知请求？

第四章　串 行 接 口

学习目标

本章主要介绍串行通信协议，分析 RS-232C 接口标准，讨论基于 PC 16550 的异步串行接口的组成及其通信编程；通过 USB 及以太网络接口，介绍同步串行接口的相关技术。

要求通过本章的学习，深入领会串行通信的基本过程及通信协议，掌握串行通信接口的组成原理；基于 RS-232C 接口，掌握异步串行接口的传输控制、接口连接等技术；基于 PC 16550 芯片，掌握 PC 机串行接口的组成，能够进行查询及中断方式的串行通信编程；基于 USB 接口及以太网络接口，了解同步串行接口的传输控制、接口应用等技术。

自学时数

16 学时。

教师导学

本章主要介绍串行通信接口的基本组成及其应用技术，在学习本章时，应注意如下几点：

（1）串行通信的基本过程、通信协议是本章所有内容的基础，一定要深入领会。

（2）串行接口的组成技术涉及接口标准、接口芯片、接口电路（通信适配器），应注意理顺相互之间的关系，与 I/O 接口的组成及编程关联起来。

（3）异步串行接口是最基本的串行接口，应重点掌握并能够应用；接口标准是接口实现的目标，应注意 4 个方面的特性分别对接口实现有哪些影响。

（4）同步串行接口的篇幅少，主要是省略了与异步串行接口重复的内容，学习时应先掌握串行接口的通用结构，再注意同步串行接口与异步串行接口的区别。

（5）本章的重点是异步串行通信协议、RS-232C 接口标准、PC 机串行接口通信编程。

（6）本章的难点是 MODEM 控制的信号时序、PC 16550 的组成、USB 系统的组成。

（7）通过本章的学习，应能够利用计算机的串行接口进行应用及编程。

第一节　串行通信的基本概念

一、串行通信

串行通信使用一根数据线将数据的各个位依次传输。由于数据是逐位传输的，为了便于实现位级的收发同步，数据的各个位必须匀速传输，即各个位的信号长度相同。

相对于并行通信，串行通信的特点是通信距离较长、通信速率较快。由于串行通信仅需一条信道，可以借用公共通信网进行传输，因此，通信线路成本很低，适用于长距离通信。虽然同等信号频率下，串行通信的传输速率远低于并行通信，但由于不存在信号抖动及信号位间干扰问题，串行通信可大幅度提高信号频率，因此，传输速度已接近或超过并行通信，如 USB 3.0 接口的传输速度已超过 Ultra320 SCSI 接口。

由于只有一条数据线，因此，串行通信的收发同步不会采用设置联络信号线的方法，通常采用在信息帧中包含数据信息与同步信息的方法，以提高通信的性价比。

由于公共通信网有基带传输、频带传输两种传输方式，因此，串行通信的基本过程如图4-1所示，其中信号调制、信号解调是频带传输所必需的。下面仅简要回顾各个步骤的功能，详细内容可参见相关先修课程教材。

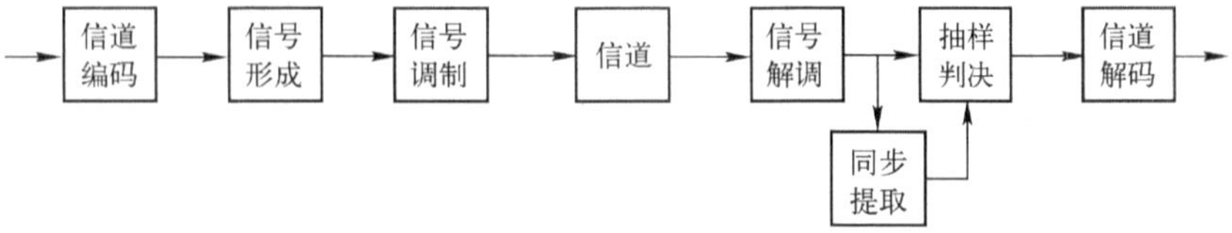

图4-1　串行通信的基本过程

信道编码、信道解码：发送端采用纠错编码在数据信息中加入多余信息，以便接收端能够发现并纠正错码，获得正确的数据信息，其目的是通过抗干扰编码来提高通信可靠性。

信号形成：将数据编码信息变换成适合于信道传输的信道信号，变换主要通过码型变换和波形变换实现，其目的是与信道匹配，利于同步提取和抽样判决；形成的信道信号中还应包含帧同步信号，以实现通信双方的收/发同步。

同步提取、抽样判决：对接收的信道信号波形进行抽样及判决，以恢复或再生数据编码信息，而抽样的位定时脉冲通常由同步提取电路从接收信号（如帧同步信号）中提取。

由串行通信的基本过程可知，串行通信的实现涉及通信协议、通信接口两个方面的内容，通信协议包括数据帧格式、同步方式、传送速度、检纠错方式等方面的约定，通信接口包括信号表示、信号收发、远程传送、同步机制、可靠性设计等方面的约定。

二、串行通信性能

计算机通信中，通信有效性一般用信息传输速率表示，信息传输速率又称为比特率，即单位时间内传输二进制信息的位数，单位为每秒比特（bit/s 或 bps）。数据传输速率指单位时间内传输二进制数据的位数，串行通信中，数据以数据帧（即信息帧）为单位传输，数据传输速率 = 比特率 × 数据帧中数据位数/数据帧总位数，可见，数据传输速率略小于比特率。

串行通信经常采用基带传输（如 LAN），信号采用二进制码元，此时的比特率 = 波特率，因而，部分教材混淆了波特率与比特率，请读者注意区分。

串行通信中，由于各个二进制位的信号长度相同，信号定时最宜通过时钟脉冲信号实现，因此，发送端和接收端都需要通过收/发时钟进行位级信号定时及收发同步控制。收/发时钟的频率决定了通信的比特率，也决定了数据传输速率。

为了提高串行通信的抗干扰能力，通常发送时用多个时钟调制一个二进制位信息，接收时在信息信号的中心点采样。调制一个二进制位信息的收/发时钟脉冲个数 n 称为波特率系数。可见，收/发时钟与波特率的关系为：收/发时钟频率 = n × 波特率，一般 n 取 1，16，32 和 64 等。对于异步串行通信，通常 $n=16$；对于同步串行通信，通常 $n=1$。

计算机通信中，数字信号序列中的码间干扰会随着传输速度的提高而增大，信号的强度会随传输距离的增大而衰减，因此，在信号不发生畸变和失真的条件下，最大传输距离取决于数据的传输速率及传输线的电气特性。实际应用中，若传输距离与传输速率不会导致信号畸变和失真时，可以采用直接式通信；否则，只能采用间接式通信，增加通信设备（如调制解调器）实现长距离传送。

三、调制解调器

调制解调器可以使计算机之间利用公共电话线路进行长距离通信，原理是先将数字信号转换为模拟信号，经过电话线路传输后，再将模拟信号还原为数字信号。这种将数字信号转换成模拟信号的过程称为调制；将模拟信号转换为数字信号的过程称为解调。调制解调器简写为 MODEM 或 Modem，是 modulator（调制器）与 demodulator（解调器）的缩写。

MODEM 通常有 3 种工作方式：挂机方式、通话方式、联机方式。挂机方式指电话线路未接通；通话方式指电话接通后进行语音通话；联机方式指数据链路接通后进行数据传输。MODEM 加电后，通常先处于挂机状态，拨通电话线路后进入通话方式，再通过通信握手后进入联机方式。可以通过电话机、面板开关、软件命令开关实现 3 种方式的转换。

从计算机通信角度看，挂机方式又称为命令方式，MODEM 将来自 DTE 的数据作为命令处理，用于电话线路的连接与断开、通信握手、产品的配置与调试等，使用最广泛的是 AT 命令集。因此，MODEM 一般都具有自动拨号、自动应答、波特率转换、自测试、支持 AT 命令集等基本功能。

MODEM 的工作状态主要有命令状态、拨号状态、握手状态、在线状态、在线命令状态 5 种，状态转换如图 4-2 所示。图中，拨号状态与握手状态间的通话状态未画出。

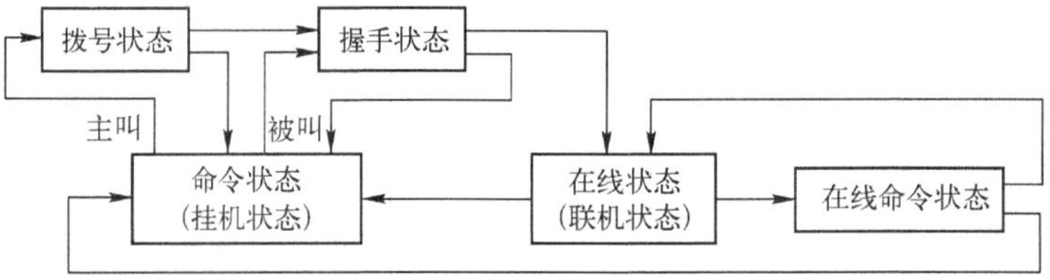

图 4-2　调制解调器的主要状态及其转换

命令状态下，MODEM 不与远程 MODEM 通信，仅执行来自 DTE 的 AT 命令；拨号状态下，MODEM 完成摘机、等待拨号音、发送拨号信号等操作，电话拨通后进入通话状态，通话状态下，可以通过面板开关或 AT 命令进入握手状态，或挂断电话进入挂机状态；握手状态下，主叫 MODEM 与被叫 MODEM 通过载波信号进行通信握手；在线状态下，MODEM 仅转发数据及监听转义序列，转义序列是数据流中的特定字符串，用于实现在线状态到在线命令状态的转换；在线命令状态下，MODEM 保持与远程 MODEM 的连接，但仅执行来自 DTE 的 AT 命令，通过 AT 命令可以转换到其他状态。

MODEM 的数据通信相关操作是受 DTE 控制的，为防止错误操作，双方约定：DTE 就绪时，才允许（但不引起）MODEM 执行自动拨号、自动应答操作，但不影响其他非连接命令的执行；MODEM 就绪时，才允许 DTE 发出自动拨号操作命令。就绪指可以进行数据通信的状态，如 MODEM 不处于通话状态或产品测试状态。

MODEM 的拨号状态实现挂机→通话的状态转换，握手状态实现通话→联机的状态转换。DTE 已就绪、MODEM 已就绪、DTE 向 MODEM 发出自动拨号命令时，两个 MODEM 间通过电话线路进行连接的过程如下：

主叫 MODEM	被叫 MODEM
①摘机，等待拨号音	
②发出拨号信号，等待应答音	有振铃信号时，置 RI = ON 自动应答时摘机（发应答音），手动应答时等待 DTE 命令
③发送载波信号（协议握手）	回送载波信号（协议握手）
④ 置 DCD = ON	置 DCD = ON

其中，RI 表示检测到振铃信号，DCD 表示检测到载波信号，是 MODEM 通知 DTE 的状态信息：RI = ON→OFF 表示已摘机，进入通话状态；DCD = OFF→ON 表示已进入在线状态，可以进行数据通信了。

四、串行通信接口

串行通信中，为了便于实现收发同步，以数据帧为传输单位，数据帧的格式固定，头部为同步信息；为了便于实现数据采样，要求各位数据匀速传送，传送速度可以设定。

串行通信接口是一个 I/O 接口，除具有中断方式 I/O 接口的基本功能外，还应具有数据帧传送、同步检测与数据采样、错误检测等通信协议实现方面的功能，以及串—并转换、波特率控制、MODEM 控制、基带信号形成等数据传输控制方面的功能。

由于串行通信有异步、同步两种传输方式，串行接口相应地有异步串行接口、同步串行接口两种类型。常见的异步串行接口有 RS-232C 接口、RS-422A 接口、RS-485 接口等，常见的同步串行接口有 USB 接口、网络接口等。由于异步串行接口最早开始使用、至今仍广泛使用，因此，异步串行接口又称为标准串行接口，串行接口泛指异步串行接口。

本章将讨论 RS-323C 接口、USB 接口、网络接口的相关技术。

第二节　串行通信协议

通信协议指通信双方须共同遵守的一种约定，约定包括数据格式、同步方式、传送速度、传送步骤、纠错方式以及控制字符定义等方面。

为了降低通信系统的复杂性、提高运行与维护的效率，通信系统一般采用多层互连参考模型，如 OSI 七层模型，每层有各自的通信协议或规程。由于本课程的重点是接口技术，故只讨论物理层及链路层通信协议。目前，串行通信协议有异步串行协议、同步串行协议两种。本节将讨论两种通信协议及其纠错方法。

一、异步串行通信协议

异步串行通信协议以字符为单位（帧）进行传输，所谓异步指传输数据中的不同字符间是异步的。由于各位信息须匀速传输，因此，传输时字符内部不同位间是同步的。

异步串行通信协议的数据帧格式由起始位、数据位、校验位、停止位组成，如图 4-3 所示，其中，起始位为 1 位（逻辑 0），数据位为 5 ~ 8 位，校验位为 1 位或 0 位（无校验），停止位为 1 ~ 2 位（逻辑 1），采用奇偶校验方式。

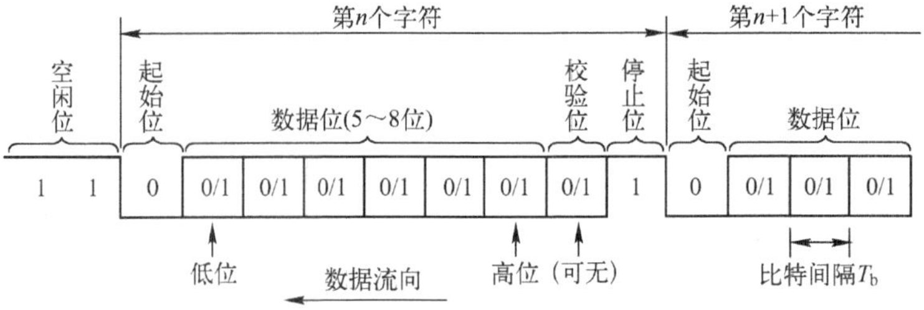

图 4-3　起止式异步协议的帧格式

数据帧以起始位为开始标志、以停止位为结束标志，数据帧之间允许有任意长度的空闲位（逻辑 1）。通信电码中，起始位又称为空号（逻辑 0），停止位又称为传号（逻辑 1）。

从图中可以看出，由于停止位和空闲位均为高电平，起始位为低电平，数据帧开始处肯定有一个下降沿，这一特征可以用于实现收发同步。这种靠起始位和停止位实现同步的方式称为起止式同步法，相应地，异步串行协议又称为起止式协议。

传送开始前，通信双方需约定帧格式参数（数据位及停止位长度、校验位有/无、校验方法为奇/偶校验）及数据传输速率（T_b宽度）。原因是帧格式中有可变参数，没有位同步信息（用电平表示逻辑值）。

通信过程中，接收端需不断检测传输线，当检测到一定长度高电平（停止位或空闲位）后，检测到一个下降沿，说明可能是起始位出现，经确认是起始位后，就开始按帧格式参数、传输速率的约定接收数据位、校验位及停止位，把数据位拼装成一个并行字节、奇偶校验后无错误、停止位无错误后，才算正确接收了一个字符。一个字符接收完毕后，继续检测传输线上信号的下降沿，以接收其他字符。需要注意的是，数据传送时低位在前、高位在后。

由于收/发时钟相互独立，时钟频率出现偏差不可避免。为了获得最大的时钟频率偏差容限，接收端应在每位的中心点采样；为了提高采样分辨率，接收时钟频率应比波特率更高；为了提高抗干扰能力，起始位应从开始点到中心点连续采样。图 4-4 显示出了接收时钟频率为 16 倍波特率的信号采样过程，接收时钟中粗线部分为采样时刻，空闲时每个时钟采样，以准确发现起始位的前沿，起始位通过再连续 8 次采样确认。硬件实现时，通常发送时钟与接收时钟频率相同，使用波特率系数（$n=16$）来实现图 4-4 的波形。

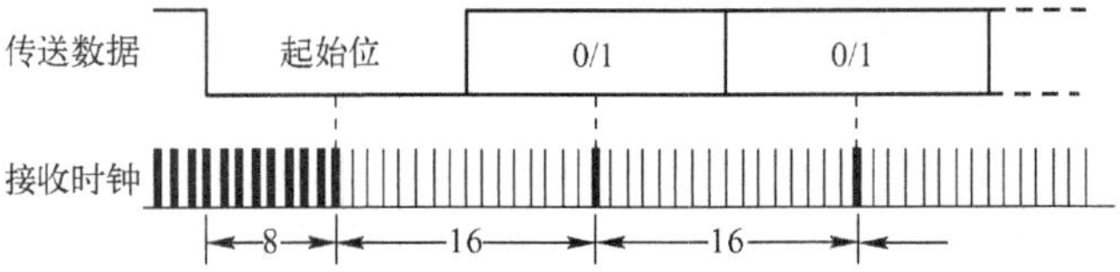

图 4-4　波特率为 16 的起止式协议的同步检测与采样方法

采用异步方式传输时，若约定数据是 ASCII 字符，使用偶校验方式、1 位停止位，数据传输速率为 240 字符/秒，则传输时的波特率为 2400 BAUD，若发送时波特率系数为 16，则发送时钟频率为 38.4 kHz。

在异步通信中，每传送一个字符，均需增加额外信息，故传输效率较低（不超过 80%）。异步通信结构简单、易于实现，适用于传输速率较低、数据量较少的场合，对要求速度较快、批量较大的数据传送，一般会采用同步通信方式。

二、同步串行通信协议

同步串行通信协议以数据块为单位（帧）进行传输，数据块由字符序列或比特序列构成，故传输数据中不同字符间是同步的，不同位间也是同步的。与异步通信协议类似，数据帧由同步、标志、校验、结束等附加信息及数据信息组成，收/发双方通过数据帧中的同步信息保持同步，同步信息通常由多位信息组成（如 1 至 2 个字符），以提高同步的准确性。

根据数据帧中信息的组成方式，同步通信协议通常有面向字符的、面向比特的两种同步通信协议。

1. 面向字符的同步通信协议

面向字符的同步通信协议以字符为信息单位，数据块由若干字符组成，数据帧的附加信息亦由字符组成，字符通常是 ASCII 码或 EBCD 码。这种协议的典型代表是 IBM 公司的二进制同步通信（Binary Synchronous Communication，BSC）协议。

BSC 协议是一个半双工协议，只有当接收方收到一帧数据并发出确认帧后，发送方才可以发送下一帧。在链路上传输的信息有数据帧、控制帧两种，数据帧用于实现传送数据，控制帧用于实现链路管理及半双工通信联络。

BSC 协议中，一次链路的建立，可以传送多个数据，每个数据又可以分为多个数据块进行传送。为实现链路管理及信息同步等功能，需要使用一些控制字符，BSC 协议使用的主要控制字符如表 4-1 所示。

表 4-1　BSC 协议的主要控制字符

名　称	含　义
SYN	同步字符（Synchronous character），用于帧的同步控制
SOH	报头开始（Start of Heading），标志报头或标题的开始
STX	正文开始（Start of Text），标志数据或数据块的开始
ETB	块传输结束（End of Transmission Block），标记数据块传送结束
ETX	正文结束（End of Text），标志数据传送结束
ENQ	询问（Enquire），用于取得链路的使用权
ACK	确认（Acknowledge），接收方已正确接收报文的响应
NAK	否认（Negative acknowledge），接收方接收报文有错的响应
EOT	传输结束（End of Transmission），表示数据传输结束，将拆除链路
DLE	数据链路转义（Data Link Escape），用于修改其后字符的意义

BSC 协议中，数据帧格式如图 4-5 所示，其中 SOH 及报头字段（域）可以缺省。控制帧格式则由 SYN、控制字符及块校验 3 个字段组成，如图 4-5 所示。

SYN	SYN	SOH	报头	STX	数据	ETB/ETX	块校验

图 4-5　BSC 协议的数据帧格式

由图 4-5 可见，接收端收到 SYN 时表明一个帧已到达，其后若为 SOH 或 STX 表明该帧为数据帧，若为 ENQ、ACK 等控制字符表明该帧为控制帧，否则该帧出错。块校验字段的校验范围是整个帧的内容（SYN 除外），如数据帧从 SOH 字段开始，到 ETB/ETX 字段结束，校验方式可以是 VPC 检验（垂直奇偶校验）或 CRC 校验。

数据中可能包含与控制字符编码相同的特殊字符，通信协议应能够保证不被误认为是控制字符，这种能力称为“数据透明”。BSC 协议数据透明的实现方法是设置转义字符 DLE，发送时在特殊字符前增加一个 DLE 一起传送，如 DLE STX、DLE DEL 等，接收时收到 DLE 可预知下一个为数据字符。

BSC 协议的兼容性较差，是由于它与字符集编码关系过密；BSC 协议的传输效率不高，是受限于它的半双工通信方式，即使是全双工链路也无法加以利用。因此，在很多应用中，BSC 协议已经被高级数据链路控制（HDLC）规程所取代。

2. 面向比特的同步通信协议

面向比特的同步通信协议的信息单位是比特组合，不依赖于字符集编码来标志一帧的开始与结束，数据透明实现简单。高级数据链路控制（High level Data Link Control，HDLC）规程是这种协议的典型代表。

HDLC 规程支持全双工通信方式，允许连续发送若干帧，而无需等待应答；具有较高的传输可靠性，对数据帧进行顺序编号，在反向帧中捎带应答，可以防止漏收或重收。

HDLC 规程的帧格式如图 4-6 所示，所有报文都必须符合帧的格式。

8 bit	8 bit	8 bit	≥0 bit	16 bit	8 bit
标志F	地址A	控制C	信息I	校验序列CS	标志F

图 4-6　面向比特的同步通信规程的帧格式

标志字段 F（Flag）：用于标识帧的开始和结束，其比特序列为 01111110，又称为标志序列。F 用于进行帧间同步，不连续发送帧时，帧开始、帧结束各有一个 F；连续发送帧时，可用同一个 F 既表示前一帧结束、又表示后一帧开始，如 F-A-C-I-CS-F-A-C-…。在点点链路中，F 可以用作空闲时的时间填充，即空闲时连续发送 F。

HDLC 规程采用了“0”比特插入/删除技术实现数据透明传输，即发送除标志 F 之外的信息时，遇有 5 个连续的“1”就自动插入一个“0”，接收信息时，自动删除 5 个连续的“1”后的“0”。与 BSC 协议相比，这种技术更易于硬件实现。

地址字段 A（Address）：一般用来表示帧接收方的站点地址，但在多点链路的非均衡结构（一个主站、多个次站）中，有时被用于区分命令和应答（A 均为次站地址）。HDLC 规程允许按 8 bit 的倍数进行地址长度扩展。常用的扩展方法是，地址中最后一个字节的最后一位为“1”，其余字节的最后一位为“0”。

控制字段 C（Control）：用于表示帧的类型、帧序号、接收确认等。HDLC 的帧类型有信息帧（I）、监控帧（S）、无编号帧（U）3 种，I-帧用于传送数据；S-帧用于链路差错控制及流量控制；U-帧用于链路控制（如建立/拆除等）。I-帧的 C 字段包含当前发送帧序号 $N(S)$，I-帧、S-帧的 C 字段包含已正确接收的最大帧序号 $N(R)$，反向帧中包含 $N(R)$ 的方法，减少了全双工通信的接收确认的次数。

信息字段 I（Information）：只在信息帧中出现，信息的长度任意、内容可为任意二进制序列。基于校验性能、缓冲区大小等因素，协议实现时往往会规定一个最大长度。

校验序列字段 CS（Check Sequence）：对整个帧的内容（不包含标志字段 F）进行 16 位的 CRC 校验。

与 BSC 协议相比，HDLC 规程的传输效率较高，除得益于支持全双工通信方式外，还得益于帧格式中含有地址字段，多点链路的均衡结构中，每个站点只接收含有本站地址的帧，使得主站可同时与多个站点通信，而无需拆除链路。

三、常见校验方法

数据在存储、传送过程中可能会出现错误，通常采用冗余校验方法解决，即在数据信息中附加校验信息一起发送，接收方根据冗余的校验信息检测错误或纠正错码。通信系统中，校验编码又称为信道编码，或差错控制编码。

常见的校验编码方法有奇偶校验、方阵检验、校验和、循环冗余校验等。奇偶校验码校验能力最差，常用于异步串行通信的数据校验（单个字符），校验码为一位；其余几种校验码校验能力较强，常用于同步串行通信的数据校验（数据块），校验码由多位组成，常称为校验序列（Check Sequence）或帧校验序列（Frame Check Sequence）。

（一）方阵校验

方阵校验又称水平垂直奇偶校验，其思想是将数据分组，各组纵向排列，分别进行水平奇偶校验（LPC）与垂直奇偶校验（VPC）。

假设数据按字符纵向排列，水平奇偶校验对每个字符进行偶校验，垂直奇偶校验对各字符的每个位进行奇校验，方阵码的编码结果如表 4-2 所示。接收方按相同规则重新计算校验码，并与接收的校验码进行比较，判断接收是否存在错误。

表 4-2　方阵校验码编码实例

	b0	b1	b2	b3	b4	b5	b6	LPC（偶校验）
字符数据块	0	0	0	1	0	0	1	0
	1	1	0	1	0	0	1	0
	0	0	1	0	1	0	1	1
	1	1	1	0	1	1	0	1
	1	0	0	0	1	0	1	1
	0	1	0	1	1	0	1	0
VPC（奇校验）	0	0	1	0	1	0	0	0

通常，水平奇偶校验码与字符放在一起，垂直奇偶校验码则放在数据尾部。为了保持校验效果，数据块应较小，且尽量组织成方阵形式，因此，称为方阵校验码。

由于某个位错误会导致两个方向奇偶校验码变化，因此方阵校验可以定位错误，但对同一行或同一列的两位错误无能为力。方阵校验码具有检测 2 位错误、纠正 1 位错误的能力。

（二）校验和（Checksum）

校验和的思想是将数据分成若干个组，对各个组进行求和，其结果作为校验码，校验码作为一个冗余组放在数据尾部。接收方对重新计算的、接收的校验和进行比较。

不同应用中，组的大小、求和的方法有所不同。下面以纵向冗余校验（Longitudinal Redundancy Check，LRC）为例，介绍校验和方法的编码、校验方法。

LRC 的编码方法是：将数据中所有字节逐个相加，每次的进位均被丢弃，相加结果再求补。例如，若数据为 10H，23H，45H，04H，LRC 码编码过程如下。

1）求和：10H + 23H + 45H + 04H = 7CH。

2）求补：$\overline{7C}$ + 1 = $\overline{01111100}$ + 1 = 84H，即 LRC 码为 84H。

LRC 的校验方法是：接收方将接收的数据中所有字节逐个相加后，再与校验码相加，若结果为 0，表明传输正确，否则传输有错误。例如，若接收的数据及校验码为 10H，23H，45H，04H，84H，则 10H + 23H + 45H + 04H + 84H = 00H，表示传输正确。

Internet 的 IP、TCP 等协议也使用校验和方法进行数据校验，校验和采用的都是 16 位反码求和算法，即对各个 16 位组进行反码求和（循环进位加法）、结果再取反。

（三）循环冗余校验（Cyclic Redundancy Check，CRC）

循环码是一种线性分组码，n 位循环码由 k 位信息码、$n-k$ 位校验码组成时，只有 2^k 个有效码组（校验码由信息码按一定规则形成）。循环码具有循环性，任一有效码组循环移位后，结果仍为有效码组。

为了便于代数分析，循环码的码字可用二进制多项式表示，如码组 $a_{n-1}a_{n-2}\cdots a_1a_0$ 可表示为 $a_{n-1}x^{n-1}+a_{n-2}x^{n-2}+\cdots+a_1x+a_0$，其中 $a_i=0$ 或 1。

循环冗余校验的思想是使发送信息（含校验码）能够被约定的除数整除，接收方利用循环码的循环性，根据除法余数进行检错和纠错。

1. CRC 编码方法

若用 $M(x)$ 表示 k 位数据信息，用 $C(x)$ 表示 $n-k$ 位校验信息，则 n 位发送信息 $T(x)=M(x)\cdot x^{n-k}+C(x)$，即校验信息在数据信息之后发送。按照 CRC 的基本思想，若约定的除数用 $G(x)$ 表示，则 $T(x)/G(x)$ 的余数为 0；若接收信息用 $R(x)$ 表示，当 $R(x)/G(x)$ 的余数为 0 时，数据接收正确，否则用该余数进行纠错。

由于 CRC 编码不关心除法的商，只要余数唯一即可，因此，采用模 2 除法。模 2 除法的计算步骤与手工除法相同，除法规则为：被除数（或部分余数）的最高位为 1，则上商 1，否则上商 0；相减时采用模 2 减法（无借位），即各位异或；余数的位数小于除数位数时停止运算。

可以证明，$C(x)=M(x)\cdot x^{n-k}/G(x)$ 的余数，原因是模 2 加、或模 2 减时 $C(x)+C(x)=0$。因 $G(x)$ 决定 $C(x)$ 的形成，故 $G(x)$ 常称为生成多项式，$G(x)$ 位数比 $C(x)$ 多 1 位。

因此，CRC 的编码方法是：若生成多项式 $G(x)$ 为 $n-k+1$ 位，则将数据左移 $n-k$ 位，模 2 除以 $G(x)$，$n-k$ 位的余数即为 CRC 校验码。

例如，若数据 $M=1101$，生成多项式 $G=1011$，CRC 编码过程如下。

1）数据左移：1101 左移 3 位，结果为 1101000。

2）求余数：1101000/1011 = 1111……001，余数 001 即为 CRC 码，发送码字为 1101001，由数据和余数拼接而成。

生成多项式 $G=1011$ 的 CRC 编码电路如图 4-7 所示，主要由除法电路、输出选择电路组成。除法电路中，核心是上商、模 2 减、移位电路，左上部为模 2 减电路，初始时 $C_2C_1C_0=000$；输出选择电路中，$SEL=1$ 时除法电路求余数，输出 $T=M$，$SEL=0$ 时除法电路仅移位，输出 $T=C_2C_1C_0$。

由图4-7可见，除法电路只需 k 拍即可产生余数，其中3个输入端固定的门电路可以省略，为帮助理解电路原理才画出。

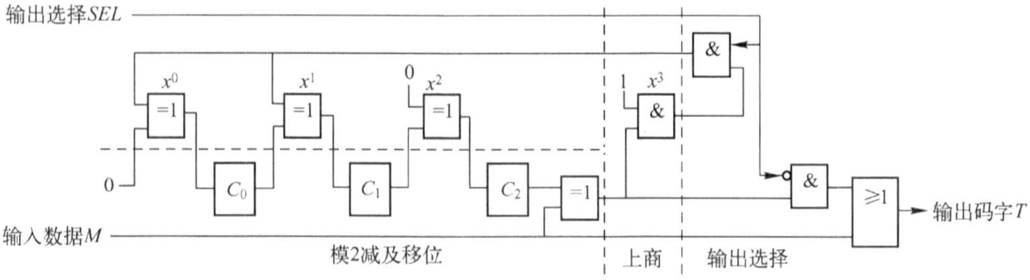

图4-7　生成多项式 $G=1011$ 的CRC编码电路

2. CRC校验方法

CRC的校验方法是：用接收信息 $R(x)$ 除以 $G(x)$，得余数 $C'(x)$；若 $C'(x)=0$，表示接收信息正确；否则表示接收信息有错误，可以要求重传数据，或进一步用 $C'(x)$ 进行纠错。

生成多项式 $G=1011$ 的CRC校验电路如图4-8所示，主要由移位寄存器、除法电路、检错电路及纠错电路组成。图中的除法电路不同于编码电路，需要 n 拍才可以产生余数（编码电路只需 k 拍即可），但电路更简单。

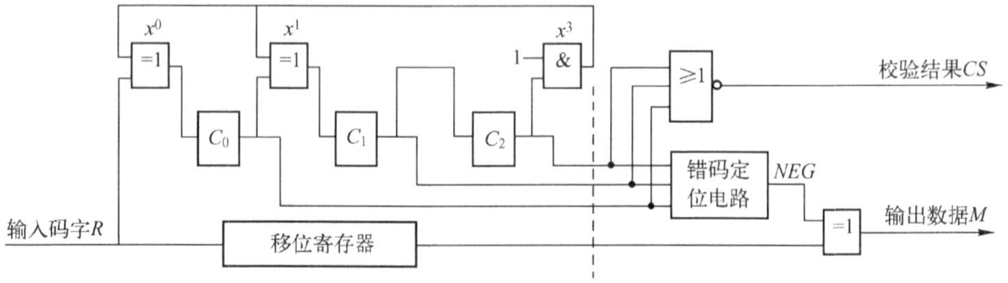

图4-8　生成多项式 $G=1011$ 的CRC校验电路

为了能够纠错，$C'(x)$ 应随误码位置及个数的不同而不同，而这依赖于 $G(x)$ 的特性。纠错方法有多种，最简单的方法是移动数据、$C'(x)$ 随之改变，当误码移至最右一位时修正。由图4-8可见，当移位寄存器移满、且 $C_2C_1C_0 \neq 000$ 时，移位寄存器继续右移（移入0），当误码移至最右一位（$C_2C_1C_0=101$）后，纠错电路（$NEG=C_2\overline{C_1}C_0$）进行纠错。

CRC的检错能力特别强，若生成多项式的长度为 $n-k+1$ 位，CRC具有可以检测长度小于 $n-k$ 位的突发错误、检测大部分长度大于等于 $n-k+1$ 位的突发错误、检测奇数个随机错误等检错能力。CRC的纠错能力较弱，通常只能纠正1位错误。实际应用中，通常仅使用其检错功能，采用重发机制实现纠错。

并非所有的多项式都可以用作CRC的生成多项式 $G(x)$，常见的 $G(x)$ 有：

CRC-12：　$G(x)=x^{12}+x^{11}+x^3+x^2+x+1$

CRC-16：　$G(x)=x^{16}+x^{15}+x^2+1$

CRC-CCITT：　$G(x)=x^{16}+x^{12}+x^5+1$

CRC-32：　$G(x)=x^{32}+x^{26}+x^{23}+x^{16}+x^{12}+x^{11}+x^{10}+x^7+x^7+x^5+x^4+x^2+x+1$

第三节　RS-232C 接口

RS-232C 是最基本、最有名、应用最广泛的串行通信接口标准，我们常说的“串行口”指的就是 RS-232C 接口。RS-232C 接口是计算机标配的通信接口。

RS-232C 标准全称为 EIA-RS-232C，是美国电子工业协会（EIA）发布的工业标准，C 表示版本号。RS-232C 是一种低传输速率、可以通过 MODEM 增加通信距离的异步串行通信标准。

一、接口标准

（一）功能特性

RS-232C 接口的功能特性定义了每个信号线的名称、方向及功能。RS-232C 接口支持全双工及半双工通信方式，可以控制 MODEM 来实现频带传输。

RS-232C 接口有 25 根信号线，常采用 25 芯连接器，其引脚及信号定义如表 4-3 所示。其中，代号表示的是信号线的 EIA 电路名称及 ITU 电路号码，助记符表示的是信号线的 JIS 名称。注意，信号是从 DTE 角度定义的（如 TXD）。

表 4-3　RS-232C 的引脚及信号定义

引脚	代　号	助记符	名　　称	方　　向	功　　能
1	AA（101）	PG	保护地	无	设备外壳接地
2	BA（103）	TXD	发送数据	DTE→DCE	
3	BB（104）	RXD	接收数据	DCE→DTE	
4	CA（105）	RTS	请求发送	DTE→DCE	控制 MODEM 切换到发送方向
5	CB（106）	CTS	允许发送	DCE→DTE	MODEM 已切换到发送方向
6	CC（107）	DSR	数传机就绪	DCE→DTE	MODEM 已准备好
7	AB（102）	SG	信号地	无	信号的公共地线
8	CF（109）	DCD	数据载波检测	DCE→DTE	MODEM 检测出数据载波信号
9					未定义
10					未定义
11					未定义
12	SCF（122）	S. DCD	辅信道载波检测		
13	SCB（121）	S. CTS	辅信道允许发送		
14	SBA（118）	S. TXD	辅信道发送数据		
15	DB（114）		发送器定时	DCE→DTE	供 DTE 用作发送时钟
16	SBB（119）	S. RXD	辅信道接收数据		
17	DD（115）		接收器定时	DCE→DTE	供 DTE 用作接收时钟
18					未定义
19	SCA（120）	S. RTS	辅信道请求发送		
20	CD（108）	DTR	数据终端就绪	DTE→DCE	计算机已就绪

（续）

引脚	代　号	助记符	名　　称	方　　向	功　　能
21	CG（110）		信号质量检测	DCE→DTE	表明所接收信号电压是否有错
22	CE（125）	RI	振铃指示	DCE→DTE	指示通信线上收到振铃信号
23	CH（111）		数据速率选择	双向	选择两种数据速率之一
24	DA（113）		发送器定时	DTE→DCE	供 DCE 用作发送时钟
25					未定义

常用的信号线只有 9 根，包括控制线 DTR、DSR、RTS、CTS、DCD、RI，数据线 TXD、RXD 及地线 SG。控制线用于 MODEM 的连接与控制。

1. 控制信号线

DTR：数据终端就绪信号，表示 DTE 是否可以进行通信。DTR 是 MODEM 的主要控制信号，有效（ON）时允许（但不引起）MODEM 连接到通信线上，是 MODEM 自动拨号及自动应答的前提条件；无效（OFF）时 MODEM 会断开与通信线的连接。

DSR：数传机就绪信号，表示 MODEM 是否可以进行通信。有效时表示 MODEM 不处于测试及通话状态，可以或者已经连接到通信线上。因此，通信期间，DTR、DSR 应一直保持有效。

RTS：请求传送信号，表示 DTE 是否需要发送数据。DTE 在请求或者正在发送数据期间，应一直保持 RTS 有效。

CTS：允许发送信号，表示 MODEM 是否准备好接收 DTE 发来的数据，是 RTS 的应答信号。半双工方式下，RTS 和 CTS 用于接收与发送的切换，即 RTS 有效后，MODEM 在完成发送切换后置 CTS 有效。全双工方式时，无需收/发切换，MODEM 在 RTS 有效时立即置 CTS 有效。因此，通信期间，发送方应在 CTS 有效时，才可以发送数据。

DCD：数据载波检测信号，又称接收线信号检测（RLSD），表示 MODEM 间的数据通道是否正常。DCD 有效表示收到载波信号，可用来通知 DTE 可以接收数据，因此，通信期间，DCD 应一直保持有效。为了使 DCD 一直有效，发送方应持续地发送载波信号（如异步协议中的空闲位）。

RI：振铃指示信号，表示 MODEM 是否被呼叫。用于通知 DTE 建立通信链路，MODEM 可以自动应答（预置），或等待 DTE 的应答命令。RI 信号的状态与 DTR 无关。

2. 数据线

TXD：发送数据信号线，串行数据从 DTE 传输到 MODEM。为了满足异步通信协议要求，DTE 的发送器应在无数据发送时，一直保持 TXD 为传号状态（空闲位）。

RXD：接收数据信号线，串行数据从 MODEM 传输到 DTE。为了满足异步通信协议要求，当没有载波出现，或半双工方式的切换间隙里（都认为是接收方），MODEM 应一直保持 RXD 为传号状态（空闲位）。

3. 地线

SG：信号地，为所有电路提供参考电压。

（二）电气特性

RS-232C 接口的电气特性对逻辑电平、输入/输出阻抗、最大负载电容等做了规定。

RS-232C 利用信号电平进行信息编码，其逻辑电平的定义如下：

数据信号—逻辑 1(MARK) = −3 V ~ −15 V，逻辑 0(SPACE) = +3 V ~ +15 V；

控制信号—有效(ON，接通) = +3 V ~ +15 V，无效(OFF，断开) = −3 V ~ −15 V。

为了使输入端信号满足上述要求，应保证输出端信号在 ±5 V ~ ±15 V 之间。由于传送的是单端信号，因此，需用较高的逻辑电平来抗共模干扰及信号衰减。

RS-232C 接口用电压正负表示逻辑状态，与 TTL 电平表示逻辑状态有所不同。因此，为了实现与计算机接口或终端的 TTL 电路连接，RS-232C 接口必须进行电平转换。实现这种转换可以使用分立元件，但更多的是使用集成电路芯片，例如，MC1488 等发送器电路、MC1489 等接收器电路，或 MAX232 等双向转换电路。

RS-232C 规定被驱动电路（包括连接电缆）的电容必须小于 2500 pF，最大传输速率为 0 ~ 20 Kbit/s。因此，最大传输距离（即物理连接距离）受此电容限制，例如，普通通信电缆电容值约为 170 pF/m，则最大传输距离不超过 2500 pF/170 pF = 15 m（50 英尺）；若采用特制的低电容通信电缆，最大传输距离可以增加。最大传输速率与最大传输距离是相互矛盾、相互制约的，降低传输速率时，可以增加传输距离。

（三）机械特性

RS-232C 接口没有规定连接器的机械特性，常用的是 D 型连接器，有 DB-25 和DB-9 两种类型。

DB-25 型连接器是 RS-232C 的标准连接器，RS-232C 信号的分配如图 4-9 所示，可见与表 4-3 一一对应。RS-232C 标准虽然定义了 25 个信号，但实际进行通信时，只需 9 个信号。另外，早期计算机串行口除支持 EIA 电压接口外，还支持 20 mA 电流环接口，故另需 4 个电流信号代替 TXD 及 RXD。

DB-9 型连接器的 RS-232C 信号分配如图 4-10 所示。由于 80286 以上的 PC 机串行口取消了电流环接口，故常用 DB-9 型连接器作为标准连接器。

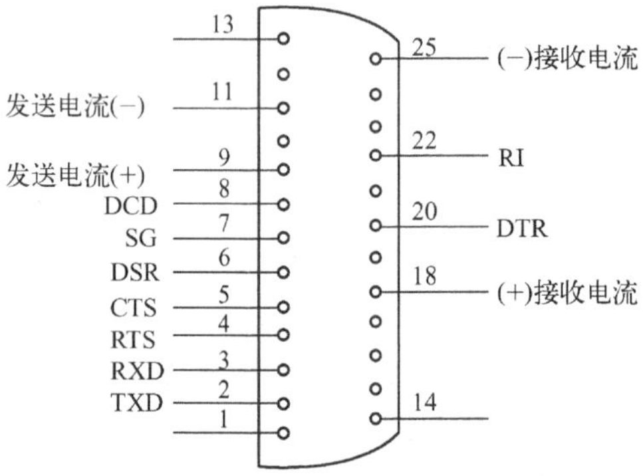

图 4-9 DB-25 型 RS-232C 连接器

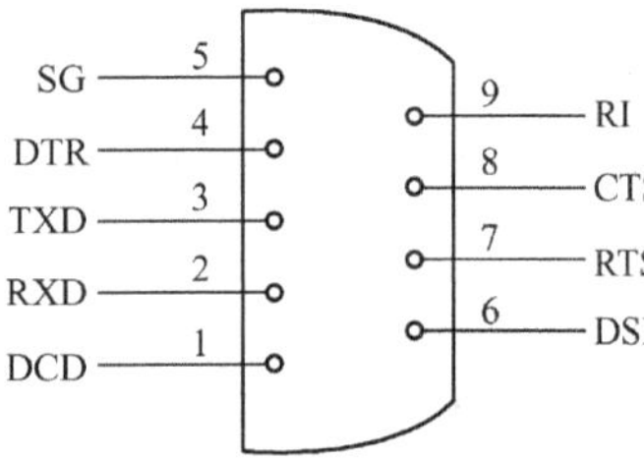

图 4-10 DB-9 型 RS-232C 连接器

需注意，DB-25 型和 DB-9 型连接器中，TXD、RXD 信号的引脚分配是相反的，SG 信号的引脚分配也有所不同。

一般情况下，传输速率低于 20 Kbit/s 时，RS-232C 接口间的最大物理距离为 15 m（50 英尺）。

（四）过程特性

RS-232C 接口的过程特性定义了通信过程中接口之间的相互关系、动作顺序等内容，即约定了通信过程中控制信号线的状态要求及时序关系。RS-232C 接口支持全双工、半双工通信方式，可以使用公用电话线路或专用线路进行通信。

为了更好地说明 RS-232C 接口的过程特性，下面以公用电话线路为例说明 RS-232C 接口的通信过程。如图 4-11 所示，通信过程大体分为设备准备、建立链路、启动传送、传输数据、关闭传送、拆除链路等步骤，其中，实线部分为半双工方式的通信流程，虚线部分为全双工方式的附加流程。

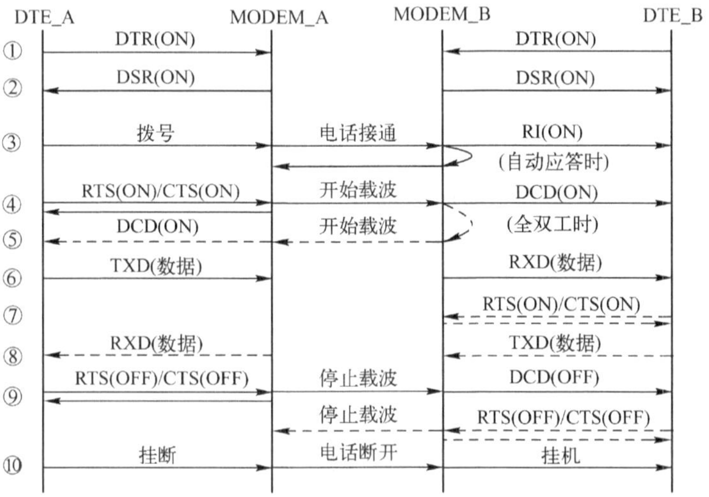

图 4-11　使用公共电话线路的数据通信流程

标准约定，DTE 在 DTR、DSR 均为 ON 时才可以进行数据通信，在 RTS、CTS 均为 ON 时可以发送数据，在 DCD 为 ON 时可以接收数据。

标准约定，MODEM 在 RTS 为 ON 时建立载波信道、为 OFF 时拆除载波信道，CTS 在载波信道建立后为 ON、在拆除后为 OFF。这个约定有助于半双工通信的实现，即发送方的 DTE 可以在空闲时置 RTS 为 OFF，MODEM 停止载波、置 CTS 为 OFF；接收方的 MODEM 检测不到载波时，置 DCD 为 OFF 以通知 DTE 可以发送数据，在 RTS 为 ON、DCD 为 OFF 时发送载波，载波信道建立后置 CTS 为 ON，从而实现信道的方向切换。标准还约定全双工通信时，两个方向的载波信道可以同时建立。

标准约定，DTR 用于允许/断开电话连接，DSR 用于表示电话连接状态，因此，DSR 须在 DTR = ON 后才为 ON，被呼叫方 DTE 可以在 RI = ON 后使 DTR 为 ON，然后 DSR 为 ON。实际上，MODEM 通常电源接通后就置 DSR 为 ON，由于 DTR 的作用未改变，此时，电话挂断操作只能用 AT 命令实现，操作状态用挂机表示。

对于专用线路通信环境，通信过程包括启动传送、传输数据、关闭传送 3 个步骤，如图 4-11 中的步骤④～⑨。半双工通信的收/发方向切换同电话线路通信环境。

对于基带传输通信环境，通信过程仅包括数据传送步骤，如图 4-11 中的步骤⑥和⑧。半双工通信的收/发方向切换，通过发送方传送空号实现。发送态时，发送方空闲时一直发送传号（空闲位）；中止发送态时，发送方发送一定长度的空号后停止发送；接收方在收到超过一帧长度的空号时，识别出对方已中止发送，己方可以进入发送态。空号长度超过一个数据帧的目的是不与起止式异步协议冲突。

二、接口连接

DTE 与 DCE 连接是 RS-232C 接口的标准连接方式，连接器有 DB-25 及 DB-9 两种类型。实际应用中，还有许多 DTE 与 DTE 连接的应用，如计算机间通信。设备及连接器的类型多样性，导致 RS-232C 接口有多种连接方法。

由于 DTE 与 DCE 连接是通信系统的标准连接模式，为了便于直接连接，RS-232C 约定 DTE 的连接器引脚为插针（公头），DCE 的连接器引脚为插孔（母头）。需要注意的是，连接器的引脚信号都是从 DTE 角度定义的。

（一）DTE 与 DCE 的连接

DTE 与 DCE 的连接又称为标准连接方式，原因是 RS-232C 接口需通过 MODEM 实现远程通信。根据连接器的类型，DTE 与 DCE 的连接通常有 DB-25 与 DB-25、DB-9 与 DB-9、DB-9 与 DB-25 三种连接方式，其中 DB-25 与 DB-25 连接最为典型。

计算机与 MODEM 采用 DB-25 连接器的连接方式如图 4-12 所示，由于是 DTE 与 DCE 连接，故两个连接器的连接线一一对应。同理，计算机与 MODEM 采用 DB-9 连接器连接时，其连接线同样一一对应。

目前计算机串行接口连接器均为 DB-9，与采用 DB-25 连接器的 MODEM 连接时，需注意同一信号的引脚位置变化，如 TXD 在 DB-25 上为 Pin 2，在 DB-9 上则为 Pin 3。

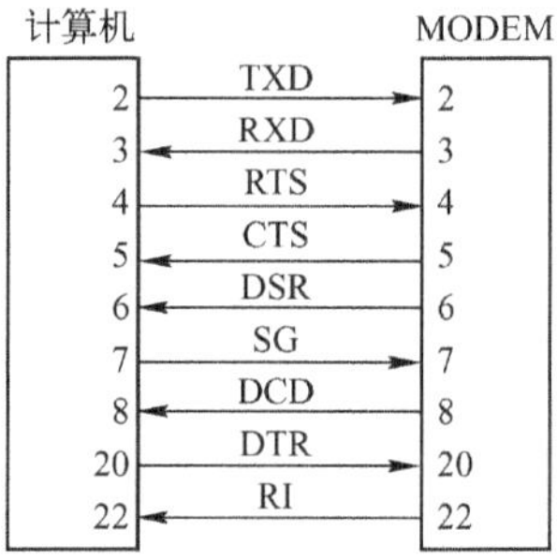

图 4-12　DTE 与 DCE 的标准连接方式

（二）DTE 与 DTE 的连接

DTE 与 DTE 的连接无需 MODEM，常用于短距离通信（基带传输），如计算机间通信。运行基于 MODEM 编程的串行通信程序时，虽然没有 MODEM，但控制信号线还是需要连接的，以满足 RS-232C 标准的过程特性要求。

根据 MODEM 控制信号的连接方法，DTE 与 DTE 的连接可以分为空 MODEM 连接方式、简单连接方式两种。

1. 空 MODEM 连接方式

该连接方式的目标是模拟 MODEM 的信号时序，双方在模拟的频带传输环境下进行通信。MODEM 相关信号通常采用交叉及反馈的方法连接。

按照 RS-232C 标准中有关 MODEM 的过程特性，发送方在 DTR = ON 时才可以拨号，接收方收到拨号的状态应为 RI = ON、DSR = ON；发送方在 RTS = ON 时建立载波信道，载波信道建立完成后，接收方的状态应为 DCD = ON，发送方的状态应为 CTS = ON。因此，空 MODEM 连接方式的信号线连接如图 4-13 所示。

实际应用中，通常不连接 DCD、RI 引脚，这需要看通信程序是否检测 MODEM 状态。

2. 简单连接方式

该连接方式的目标是不考虑 MODEM，双方在基带传输环境下进行通信。MODEM 相关信号采用悬空的连接方法。

由于不需要考虑 MODEM 相关信号，采用 DB-9 连接器的简单连接方式如图 4-14 所示，该连接方式又常称为三线连接方式。这种三线连接方式在短距离串行通信中十分普遍，如计算机与计算机通信、计算机与单片机通信等。

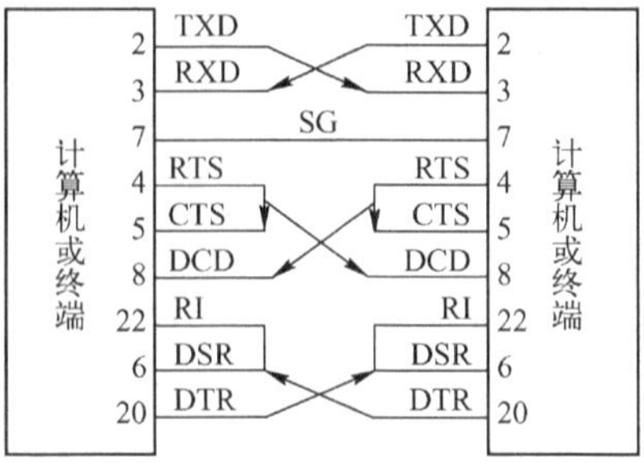

图 4-13　空 MODEM 连接方式

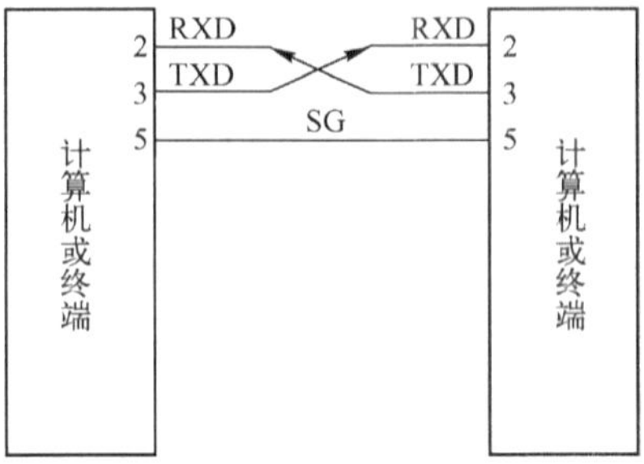

图 4-14　基于 DB-9 的简单连接方式

如果两个 DTE 的连接器类型不同，连接时需注意同一信号线的引脚位置变化。

第四节　RS-422A/RS-423A/RS-485 接口

RS-232C 接口应用很广泛，但因推出时间较早，存在不少缺点。RS-232C 采用的是非平衡传输方式（即单端传输），虽然有一个信号返回线（信号地），但极易受共模噪声干扰，导致传输速率低（≤20 Kbit/s）、传输距离短（≤15 m），远距离通信须借助于 MODEM。

工业应用中，传输距离的需求通常为 20 m ~ 2 km。为此，EIA 又制订了 RS-422A、RS-423A、RS-485 等串行接口标准，以提高通信性能、增加应用模式。

一、RS-422A/RS-423A 接口

1. RS-422A 接口

为了改善 RS-232C 标准的电气特性，RS-422A 接口采用了平衡传输方式。平衡传输指双端发送、双端接收，每个信号使用两条传输线传送，通过传输线间的电位差来表示信号的逻辑电平，如图 4-15 所示。平衡传输的最大特点是抗共模干扰能力较强。

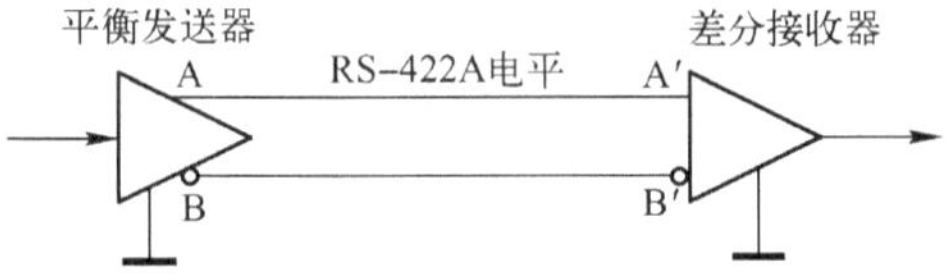

图 4-15　RS-422A 接口连接电路

由于双线传输（常为双绞线）较好地抑制了共模干扰，因此，信号传输距离更长，传输速率更高。RS-422A 的最大传输速率为 10 Mbit/s，此速率下的电缆最大长度为 12 m，速率为 90 Kbit/s 时的最大传输距离为 1 200 m。

RS-422A 电气特性中，同样利用信号电平进行信息编码，其逻辑电平定义为：

发送端—逻辑 1 = $-6\ V < V_{AB} < -2\ V$，逻辑 0 = $+2\ V < V_{AB} < +6\ V$；

接收端—逻辑 1 = $V_{A'B'} < -200\ mV$，逻辑 0 = $V_{A'B'} > +200\ mV$。

由于采用双线传输，这个信号电位差已可以达到较大的传输距离。同时约定差分接收器采用高输入阻抗，增加发送器驱动能力后，允许相同传输线上连接多个接收节点。

RS-422A 功能特性中，由于约定采用基带传输方式、实现全双工通信，因此，信号线有 4 根：TX-、TX+、RX-、RX+，或 TXA、TXB、RXA、RXB，其中，TX-、TX+ 为数据发送信号线，RX-、RX+ 为数据接收信号线。实际上还有一根信号地线 GND，但通常不连接。RS-422A 同样没有规定连接器的机械特性，较常见的为接线端子，偶见 DB-9 连接器。

由于传输线可以连接多个接收节点，因此，RS-422A 支持多点通信；又由于采用全双工通信方式，因此，RS-422A 接口的连接电路中，只有一个主设备、多个从设备，从设备间不能通信（接收信号线均与主设备相连）。因而，多点通信只能是主从式双向通信，每个从设备有一个唯一的设备地址，主设备通过数据帧中的地址指明目标从设备，命中的从设备才进行通信。

由于传输速率较高时，信号波长较短，当信号波长与传输线长度可以比拟时，负载的阻抗与传输线的特征阻抗不匹配，就会产生信号反射，改变原信号波形。因而，RS-422A 电路需在主设备的远端接一个终接电阻，其阻值约等于传输线的特征阻抗。传输线的特征阻抗由其结构及材料决定，与传输线长度、信号幅度及频率均无关，一般为 100 Ω。一般短距离传输时（≤300 m）可以不接终接电阻。

2. RS-423A 接口

为了提高 RS-422A 与 RS-232C 的兼容性，RS-423A 接口采用了单端发送、双端接收的非平衡传输方式，如图 4-16 所示。实际上，RS-423A 接口是 RS-422A 接口与RS-232C 接口的连接标准。

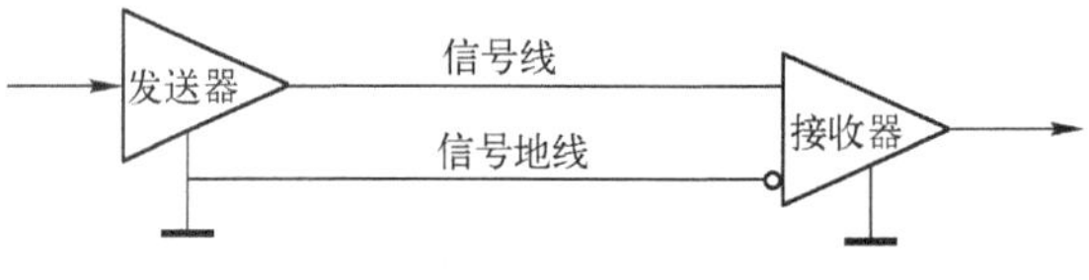

图 4-16　RS-423A 接口连接电路

RS-423A 的电气特性中，发送端、接收端的逻辑电平定义基本上与 RS-232C、RS-422A 相同。与 RS-422A 类似，RS-423A 的接口连接电路中，允许有 1 个单端发送器，可有多个差分接收器。

RS-423A 的功能特性及机械特性中，发送端、接收端分别与 RS-232C、RS-422A 相同。

由于采用双线传输、差分接收，提高了通信的可靠性，因此，RS-423A 比 RS-232C 有更高的传输速率（≤100 Kbit/s）及更大的传输距离。

二、RS-485 接口

RS-422A 接口可以实现远距离的全双工通信，但数据传送频率不高时，全双工方式的信号线成本显得较高；而且主从通信方式，在应用中不够灵活。因此，EIA 在 RS-422A 之后又推出了 RS-485 接口。RS-485 与 RS-422A 兼容，并扩展了 RS-422A 的功能，最大的改进是支持半双工通信方式。

与 RS-422A 类似，RS-485 接口也采用平衡传输方式，因此，RS-485 接口具有 RS-422A 接口的通信性能，最大传输速率为 10 Mbit/s，最大传输距离为 1 200 m。

RS-485 接口通常采用两线制的半双工连接方式，公用传输线上可以接多个发送器、多个接收器，实现真正的多点通信，因此，RS-485 接口标准又常称为 RS-485 总线标准。RS-485 接口也可以采用四线制的连接方式，此时的特性与 RS-422A 完全相同，目前，基本上无此应用。

RS-485 的信号线有两根：A、B，或 DATA-、DATA+，实际上还有一根信号地线 GND，但通常不连接。

RS-485 的逻辑电平定义与 RS-422A 相同，不同的是传输线上可以连接更多的结点，结点的发送器可以为高阻态。

RS-485 同样未定义连接器的机械特性。

RS-485 的应用较为广泛，得益于其采用半双工通信方式，信号线少使得应用成本低；可以采用主从式、浮动式等多种多点通信方式，使得应用灵活性高。如工业集散分布系统、商用 POS 联网系统等应用中，RS-485 接口连接电路如图 4-17 所示，连接电缆常为双绞线，D 表示发送结点，R 表示接收结点，T 表示混合结点（可收/可发），每个结点均有唯一的地址，通过数据帧中的地址指明通信接收方。

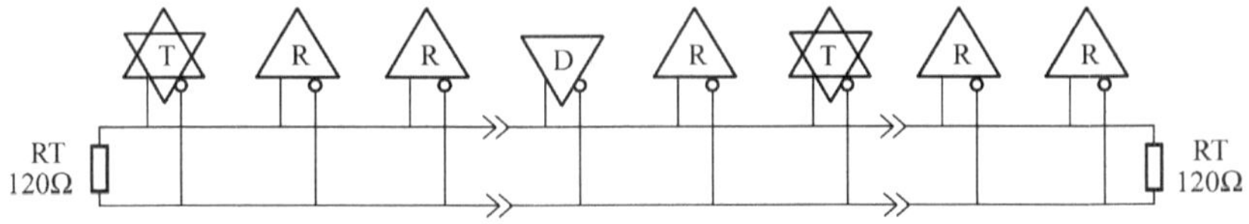

图 4-17　RS-485 接口的典型连接电路

RS-485 接口的连接电路同样需接终接电阻（与 RS-422A 类似），由于连接是总线式的，因此，需要在两端分别接终接电阻，一般为 120 Ω。实际应用中，应避免星型连接，以达到最好的阻抗匹配效果，可以采用环接方式使结点与总线的距离尽量短。

三、几种接口标准比较

串行接口标准中，RS-232C、RS-485、RS-422A 应用较广。为了便于在实际应用中进行串行接口选用，表 4-4 列出了常用串行接口的特性参数。

表 4-4　几种串行接口标准的比较

特征参数	RS-232C	RS-423A	RS-422A	RS-485
功能	双向，全双工	双向，全双工	双向，全双工	双向，半双工
工作模式	单端发，单端收	单端发，双端收	双端发，双端收	双端发，双端收
传输线上允许的驱动器和接收器数目	1 个驱动器 1 个接收器	1 个驱动器 10 个接收器	1 个驱动器 10 个接收器	32 个驱动器 32 个接收器
最大电缆长度	15 m	1 200 m（1 Kbit/s）	1 200 m（90 Kbit/s）	1 200 m（100 Kbit/s）

（续）

特征参数	RS-232C	RS-423A	RS-422A	RS-485
最大数据传输速率	20 Kbit/s	100 Kbit/s（12 m）	10 Mbit/s（12 m）	10 Mbit/s（15 m）
驱动器输出（最大电压）	±25 V	±6 V	±6 V	-7 V ~ +12 V
驱动器输出（信号电平）	±5 V（带负载） ±15 V（未带负载）	±3.6 V（带负载） ±6 V（未带负载）	±2 V（带负载） ±6 V（未带负载）	±1.5 V（带负载） ±5 V（未带负载）
驱动器负载阻抗	3 ~ 7 kΩ	450 Ω	100 Ω	54 Ω
驱动器电源开路电流（高阻抗态）	Vmax/300 Ω （开路）	±100 μA （开路）	±100 μA （开路）	±100 μA （开路）
接收器输入电压范围	±15 V	±10 V	±12 V	-7 V ~ +12 V
接收器输入灵敏度	±3 V	±200 mV	±200 mV	±200 mV
接收器输入阻抗	2 ~ 7 kΩ	4 kΩ（min）	4 kΩ（min）	4 kΩ（min）

由表 4-4 可见，双线传输可以使信号抗干扰能力更强，差分接收可以使同等信号电平的传输距离更长、传输速率更高，半双工通信方式可以使串口应用更灵活。

第五节　PC 机异步串行通信接口

一、串行接口基本结构

串行接口作为一种 I/O 接口，其基本结构与图 1-2 相同，信号转换逻辑需满足串行通信的要求。即信号转换逻辑主要由波特率发生器、发送器/接收器、电平转换电路组成。

电平转换电路与串行接口标准有关，通常通过专用的电平转换芯片实现。

波特率发生器的任务是提供精准的发送时钟 TCLK 及接收时钟 RCLK。波特率发生器一般由分频器组成，通过晶振或系统时钟信号分频产生输出。为了提高信号采样分辨率，RCLK 频率应比波特率（即 TCLK 频率）更高；为了便于应用连接，通常使 RCLK 与 TCLK 频率相同，通过波特率系数 n 调制发送信号的频率，异步通信时 $n=1$，16，64，同步通信时 $n=1$。

发送器/接收器的任务是实现串 - 并转换、串行收/发、帧级收/发同步。根据支持的通信协议，发送器/接收器有异步串行、同步串行两种类型，区别主要在帧级的串行收/发同步上。

（一）异步串行发送器/接收器

数据的并行→串行、串行→并行转换是串行接口的基本功能。串 - 并转换通常通过移位寄存器实现。由于 CPU 的端口读/写与接口的串行收/发总是异步的，而数据的串行收/发通常是连续的，因此，必须采用缓冲机制，即移位寄存器用于串行收/发，增设的缓冲寄存器用于数据保持（已收或待发数据的暂存），以实现串行收/发与端口读写的重叠。

1. 基本结构

异步串行发送器/接收器的基本结构如图 4-18 所示，其中，接收缓冲机制由 RSR、RBR 构成，发送缓冲机制由 TSR、THR 构成。

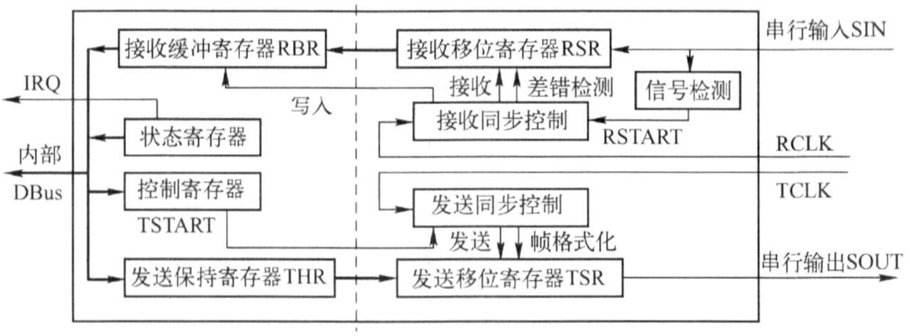

图 4-18　异步串行发送器/接收器的基本结构

由图可见，RSR、TSR 用于实现串 - 并转换及串行收/发；接收同步控制、发送同步控制电路用于实现帧级的收/发同步。应注意，RSR、TSR 的长度与帧长度相同，而 RBR、THR 的长度为字节。

由于接收器/发送器的接收、发送硬件相互独立，因此，真正实现了全双工方式，且接收、发送的频率可以不同。

2. 收/发过程

串行发送过程如下：CPU 将数据写入 THR，控制寄存器启动发送（TSTART)；发送同步控制电路将 THR 复制到 TSR、并按约定的协议格式组织成数据帧（帧格式化)；然后将 TSR 的各位信息按 TCLK 频率、串行输出到 SOUT 线，输出时每隔 n（波特率系数）个 TCLK 时钟 TSR 移位一次。

串行接收过程如下：接收同步控制电路监视 SIN 线，一旦检测到信号下降沿跳变，启动接收（RSTART)，计数器清零；按 RCLK 频率及波特率系数 n 采样信号、移入 RSR、计数器加 1，若信号为高电平（噪声)，重新监视 SIN 线；重复按 RCLK 频率及波特率系数 n 采样信号、移入 RSR，直至采样到停止位；然后按约定的协议格式对数据帧进行检测（结果写入状态寄存器)，无帧错误时将数据写入到 RBR。

3. 传输状态

一旦 THR 中数据复制到 TSR，或者 RBR 被写入数据，即可产生中断请求 IRQ，通知 CPU 发送下个字符，或者接收字符，以实现串行收/发与端口 I/O 的并行。

异步串行传输可能出现 3 种差错状态：奇偶校验错、帧错、溢出错。帧错指停止位接收出错，溢出错指 RBR 中数据尚未被 CPU 取走，RSR 中新数据又需要写入 RBR。

可见，异步串行接口通常有 THR 空、RBR 满、出错及 MODEM 状态变化 4 种中断事件。通常每个 I/O 接口仅设置一个 IRQ 中断请求，通过软件轮询方式处理各种中断事件。

（二）同步串行发送器/接收器

同步串行发送器/接收器的基本结构如图 4-19 所示。与异步串行发送器/接收器相比，不同点主要表现在硬件定时、帧同步、数据保持等方面。应注意，图中的接收移位寄存器、发送移位寄存器的长度均为字节。

为了提高帧同步的可靠性，同步通信都采用同步字符（多个二进制位）进行帧同步，同步字符通常存放在硬件中（如图 4-19 所示的同步模式部件)，以满足不同通信协议的要求。

为了提高收/发时钟同步的准确性，通常设法从帧同步字符中分离出接收时钟，如

图 4-19 所示的时钟分离器锁相环电路。

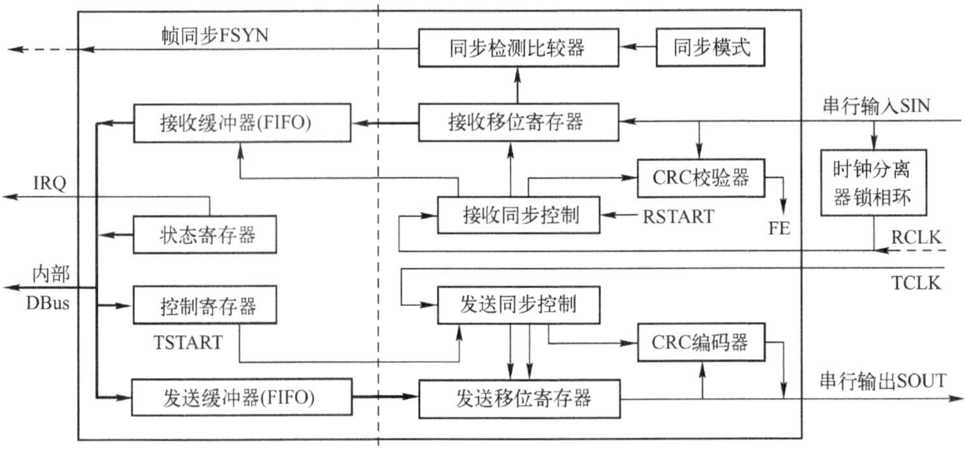

图 4-19 同步串行 I/O 接口的基本结构

为了实现帧同步，需要从数据流中判断同步字符，帧到来时产生帧同步信号 FSYN。由于同步字符均放在帧的首部，因此，可以用 FSYN 信号启动接收（RSTART = FSYN）。根据同步检测比较器设置在发送器/接收器的内部还是外部，接收同步分为内同步、外同步两种。

同步通信时，每帧可传送一个数据块，因此，用于保持数据的缓冲器必须由多个寄存器组成，而不能由单个寄存器组成，以降低接收时“溢出错”的概率。缓冲器通常按先进先出（FIFO）方式存取，以实现串行收/发与端口 I/O 的重叠。

为了实现块数据校验，同步通信通常采用 CRC 校验，因此，需增设 CRC 的编码器及校验器，在移位寄存器串行收/发的同时进行 CRC 编码及校验（结果 FE 置状态寄存器），具体过程可参见图 4-7 及图 4-8。

为了便于应用，串行发送器/接收器常制作成可编程接口芯片，并集成波特率发生器、I/O 端口等。支持异步协议的芯片称为 UART（Universal Asynchronous Receiver/Transmitter），支持同步协议的芯片称为 USRT，同时支持两种协议的芯片称为 USART。较常见的 UART 有 INS 8250、PC 16550 等，Intel 8251 是一种 USART。

二、可编程串行接口芯片 16550

计算机的异步串行通信 I/O 接口常称为异步通信适配器，支持 RS-232C 接口标准，其核心是 UART。PC/XT 使用的 UART 是 INS 8250，现代微机使用的 UART 都是 PC 16550。INS 8250 是最经典的 UART，现在的 UART 大都是在 INS 8250 基础上改进的。

INS 8250 的主要功能有：集成发送器/接收器、波特率发生器，具有 1 个字节的收/发缓冲功能，具有 MODEM 控制功能，支持轮询及中断 I/O 方式，强大的可编程能力。

PC 16550 与 INS 8250 兼容，主要改进是：带 16 字节的 FIFO 缓冲器，支持 DMA I/O 方式。由于兼容 INS 8250，PC 16550 支持两种数据缓冲方式，常称为 8250 缓冲方式、FIFO 缓冲方式。8250 缓冲方式指利用寄存器进行单个数据缓冲的方式，FIFO 缓冲方式指利用 FIFO 缓冲器进行多个数据缓冲的方式。由于支持 DMA 方式 I/O，PC 16550 最大传输速率可达 115 Kbit/s，而 INS 8250 仅为 9 600 bit/s。

为了便于读者了解 INS 8250，后面的介绍中会指出 PC 16550 的改进之处。

（一）PC 16550 的结构与引脚

PC 16550 主要由接收器/发送器、波特率发生器、MODEM 控制、FIFO 控制、中断请求控制，以及 I/O 端口控制等部分组成，其内部结构与引脚信号如图 4-20 所示。

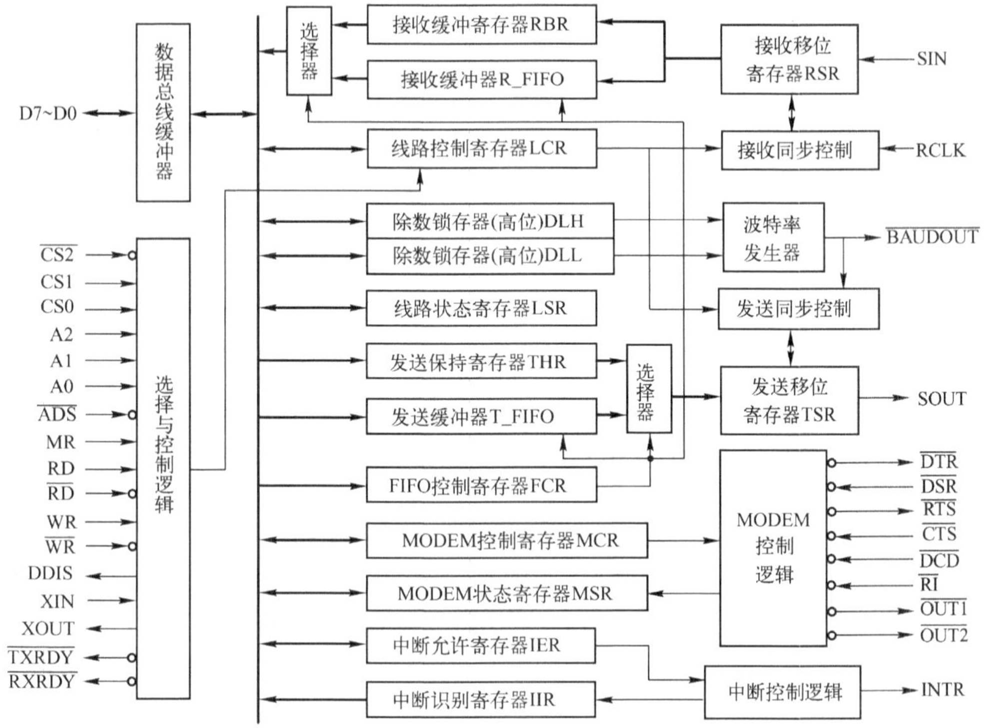

图 4-20　PC 16550 的结构与引脚

PC 16550 的引脚信号按功能可以分为 5 类。

1. 并行数据 I/O 及控制信号线

D7 ~ D0——数据线，双向三态。CPU 对 I/O 端口的读、写都通过该信号线。

$\overline{\text{CS2}}$、CS1 及 CS0 — 片选信号。$\overline{\text{CS2}}$为低电平、CS1 及 CS0 为高电平时，芯片被选中。

A2 ~ A0——寄存器选择信号。与寄存器 LCR 配合可实现寄存器选择（11 选 1）。

$\overline{\text{ADS}}$——地址选通信号。有效时锁存$\overline{\text{CS2}}$ ~ CS0 及 A2 ~ A0，不需要使用时直接接地。

RD 和$\overline{\text{RD}}$——读命令。片选有效、RD 为高电平或$\overline{\text{RD}}$为低电平时，读出被选中的寄存器内容送到 D7 ~ D0。8250 对应引脚名称为 DOSTR 及$\overline{\text{DOSTR}}$。

WR 和$\overline{\text{WR}}$——写命令。片选有效、WR 为高电平或$\overline{\text{WR}}$为低电平时，将 D7 ~ D0 上信息写入到被选中的内部寄存器中。8250 对应引脚名称为 DISTR 及$\overline{\text{DISTR}}$。

DDIS——驱动器禁止。从芯片中读出数据时，DDIS 为低电平。常用于控制 I/O 接口的数据总线缓冲器传输方向，如 DDIS 为高电平时禁止驱动总线（方向为总线→端口）。

2. 串行数据 I/O 及相关信号线

SOUT——串行数据输出。芯片复位后，SOUT 被置为高电平（逻辑 1）。

SIN——串行数据输入。

XIN——外部时钟输入。用作波特率发生器的输入信号。8250 对应引脚名称为 XTAL1。

XOUT——外部时钟输出。是 XIN 的环路输出信号。8250 对应引脚名称为 XTAL2。

RCLK——接收时钟输入。用于 SIN 的信号采样定时，独立的接收时钟引脚增加了应用的灵活性，可接入芯片的发送时钟信号，亦可连接专门的时钟信号。为提高采样分辨率，16550 串行收/发的波特率系数 $n=16$。

$\overline{\text{BAUDOUT}}$——波特率输出。该信号是波特率发生器的输出信号，在芯片内部用作发送时钟，引出信号线是便于 RCLK 的直接连接。由于波特率系数 $n=16$，$\overline{\text{BAUDOUT}}$的频率 $f_{\text{BAUD}}=$波特率 $\times 16=f_{\text{XIN}}/$分频值，分频值（又称除数）存放在寄存器 DLH 及 DLL 中。

3. MODEM 控制信号线

这组信号线有 6 个，用于实现 MODEM 控制功能，信号线的含义及握手联络的时序，与 RS-232C 接口标准完全一致。只是 16550 将它们定义为低电平有效，即：

$\overline{\text{DTR}}$——数据终端就绪，$\overline{\text{RTS}}$——请求发送，$\overline{\text{DCD}}$——数据载波检测，

$\overline{\text{DSR}}$——数据设备就绪，$\overline{\text{CTS}}$——允许发送，$\overline{\text{RI}}$——振铃指示。

为了便于软件编程，这 6 个信号在寄存器 MCR、MSR 中均有相应的位。

4. 中断请求及其他信号线

INTR——中断请求线。芯片支持 5 种中断事件：接收出错、接收就绪、FIFO 超时、发送保持器空、MODEM 状态改变。为了实现中断屏蔽，内部设置有中断允许寄存器 IER，用于屏蔽各种中断事件。只要有中断事件，INTR 就为高电平；当处理完所有中断事件、或芯片复位后，INTR 变为低电平。8250 对应引脚命名为 INTPRT，且不支持 FIFO 超时中断。

$\overline{\text{OUT1}}$和$\overline{\text{OUT2}}$——辅助输出线。信号线可以由软件编程进行控制，在内部寄存器 MCR 中均有相应的位。芯片复位后，均被置为高电平。

MR——主复位输入线。该信号为高电平时，大部分寄存器都被复位。

5. DMA 请求信号线

16550 支持 8250、FIFO 两种缓冲方式，由图 4-20 可见，RBR 及 THR 用于 8250 缓冲方式，R_FIFO 及 T_FIFO 用于 FIFO 缓冲方式。FIFO 缓冲方式的目标是减少中断请求的次数，即 R_FIFO 中数据到达一定数量，或 T_FIFO 中数据全部发送完才产生中断请求。

16550 支持两种 DMA 方式：方式 0（周期窃取法）、方式 1（停止 CPU 访问法）。方式 0 每次传送一至几个字节数据；方式 1 每次传送多个字节数据。DMA 方式决定了 DMA 请求何时产生及请求信号的长度。

可见，DMA 方式 1 只有在 FIFO 缓冲方式中才有意义，因此，16550 约定：8250 缓冲方式只能采用 DMA 方式 0，FIFO 缓冲方式可以采用 DMA 方式 0、DMA 方式 1。

根据 DMA 的传送方向（主存→端口及端口→主存），设置的 DMA 请求线有：

$\overline{\text{TXRDY}}$——DMA 发送请求，低电平有效。对于 DMA 方式 0，THR 或 T_FIFO 为空时，$\overline{\text{TXRDY}}$有效，不空时无效；对于 DMA 方式 1，T_FIFO 为空时，$\overline{\text{TXRDY}}$有效，直到 T_FIFO 为满时才无效，即 T_FIFO 空时产生请求、满时撤销请求。

$\overline{\text{RXRDY}}$——DMA 接收请求，低电平有效。对于 DMA 方式 0，RBR 或 R_FIFO 不空时，

$\overline{\text{RXRDY}}$有效，空时无效；对于 DMA 方式 1，R_FIFO 中数据到达一定数量时，$\overline{\text{RXRDY}}$有效，直到 R_FIFO 为空时才无效，即 R_FIFO“满”时产生请求、空时撤销请求。

可见，相对于 INS 8250，PC 16550 仅增加了 DMA 请求线（$\overline{\text{TXRDY}}$及$\overline{\text{RXRDY}}$），其余仅部分引脚名称不同而已。

（二）PC 16550 的内部寄存器

PC 16550 内部有 11 个可供外部访问的寄存器（I/O 端口），INS 8250 有 10 个。当 16550 的片选有效时，由 A2 ~ A0 来确定所访问的寄存器。

为了解决端口多、端口地址少的矛盾，16550 采用了两种方法选择端口：一是输入端口与输出端口共用同一地址，通过操作类型区分；二是不同端口共用同一地址，通过标志位 DLAB 区分。

PC 16550 内部寄存器的端口地址分配如表 4-5 所示，其中，标志位 DLAB 为寄存器 LCR 的 D7 位，寄存器 FCR 是 PC 16650 新增加的。

表 4-5　PC 16550 内部寄存器地址及其选择

DLAB	A2A1A0	被选中的寄存器		复位结果
		读　操　作	写　操　作	
0	0 0 0	接收缓冲寄存器 RBR	发送保持寄存器 THR	不变
0	0 0 1	中断允许寄存器 IER		00H
×	0 1 0	中断识别寄存器 IIR	FIFO 控制寄存器 FCR	IIR = 01H，FCR = 00H
×	0 1 1	线路控制寄存器 LCR		00H
×	1 0 0	MODEM 控制寄存器 MCR		00H
×	1 0 1	线路状态寄存器 LSR		60H
×	1 1 0	MODEM 状态寄存器 MSR		D3 ~ D0 = 0，其余不确定
×	1 1 1	便笺寄存器 SCR		不变
1	0 0 0	波特率除数锁存器（低字节）DLL		不变
1	0 0 1	波特率除数锁存器（高字节）DLH		不变

寄存器 SCR（Scratchpad Register）无任何控制功能，仅作为数据暂存器使用。

1. 线路控制寄存器（LCR）

LCR 主要用来指定异步通信协议的数据帧格式。LCR 可读可写，可读用于查询设定的格式，便于应用调试。LCR 的格式如图 4-21 所示。

D7	D6	D5	D4	D3	D2	D1	D0
DLAB	SB	SP	EPS	PEN	STB	WLS1	WLS0
除数寄存器访问允许	中止设定	附加奇偶标志位选择	奇偶校验选择	奇偶校验允许	停止位选择	字符长度选择	
0—禁止 1—允许	0—正常 1—中止	0—不附加 1—附加1位	×0—无校验 01—奇校验 11—偶校验		0— 1位 1— 1.5位(D1D0 = 0) 2位(D1D0 ≠ 0)	00—5位 01—6位 10—7位 11—8位	

图 4-21　线路控制寄存器 LCR 格式

D4～D0 位：用于数据帧格式定义，STB＝1 时的停止位长度与数据位长度有关。

D5 位：用于将发送方采用的校验方式通知接收方。SP＝1 时，数据帧格式中奇偶校验位和停止位之间将插入一个奇偶标志位，奇校验时奇偶标志位＝0，偶校验时奇偶标志位＝1。SP＝0 时，数据帧格式中无奇偶标志位，数据帧的校验方式由收发双方预先约定。

D6 位：用于实现半双工方式的收/发切换。SB＝0 时，正常发送（保持发送态），无数据发送时，SOUT 线输出传号（逻辑 1）；SB＝1 时，中止发送（转为接收态），SOUT 线输出超过一帧长度的空号（逻辑 0）。接收方接收到超过一帧长度的空号时，认为发送方已中止发送状态，可产生中断请求，通知 CPU 进行相应处理（如发送数据）。

D7 位：用于作为标志位参与端口地址译码。当 A2A1A0＝000 或 001 时，DLAB＝1 选择的是 DLL、DLH 寄存器，DLAB＝0 选择的是 RBR/THR、IER 寄存器。

2. 线路状态寄存器（LSR）

LSR 主要用来提供数据接收和发送时的状态。LSR 可读可写，可写便于软件设置状态进行芯片调试，其中 D6 位不可写。LSR 的格式如图 4-22 所示。

D7	D6	D5	D4	D3	D2	D1	D0
FIFOE	TSRE	THRE	BI	FE	PE	OE	DR
FIFO 接收错	发送 移位器空	发送 保持器空	中止识别 指示	接收 格式错	接收 奇偶错	接收 重叠错	接收 就绪

图 4-22　线路状态寄存器 LSR 格式

16550 支持 8250、FIFO 两种缓冲方式，不同缓冲方式使用的缓冲器不同，为便于理解，下面以 8250 缓冲方式的缓冲器为主说明。

D0 位：接收缓冲器“满”指示。DR＝1 时，表示 RBR（或 R_FIFO）中有未读数据；DR＝0 时，表示 RBR（或 R_FIFO）中数据已被取空。

D4～D1 位：接收出错指示，Di＝0 时表示无相应错误。OE＝1 表示接收缓冲器已满（数据尚未取走），新接收数据无法放入的错误状态；PE＝1 表示接收的数据存在奇偶校验错；FE＝1 表示没有接收到正确的停止位，即接收的帧格式有错；BI＝1 表示接收到超过一帧长度的空号（逻辑 0），即发送设备已中止了发送状态，半双工方式下的接收方此时可切换为发送方。

D5 位：发送保持器“空”指示。THRE＝1 时，表示 THR（或 T_FIFO）中全部数据已被移走（复制到 TSR）；THRE＝0 时，表示 THR（或 T_FIFO）中还有未被移走的数据。

D6 位：发送移位器“空”指示。TSRE＝1 表示 TSR 中内容已全部从 SOUT 输出，数据从 THR（或 T_FIFO）送入 TSR 时，TSRE 被清零。

D7 位：FIFO 接收错指示。FIFOE＝1 时，表示 R_FIFO 中数据至少有一个 PE、FE、BI 错误；FIFOE＝0 时，表示采用的是 8250 缓冲方式，或 R_FIFO 中数据正确。

当 LSR 被读出后，D7 位、D4～D1 位自动清零。

DR 和 THRE 是串行接口的两个最基本的状态位，当 DR＝1 时读出的数据才有效，当 THRE＝1 时写入的数据才能被正确发送。

LSR 的状态可以用于触发中断请求：OE＝1、或 PE＝1、或 FE＝1、或 BI＝1 时，触发“接收出错”中断请求；THRE＝1 时，触发“发送保持器空”中断请求；DR＝1 时，8250

缓冲方式下触发“接收就绪”中断请求，FIFO 缓冲方式下则不一定（详见 FCR）。中断请求能否产生取决于该类型中断是否被 IER 屏蔽。中断请求产生后，若中断请求的条件不满足，则中断请求将被撤销。

3. 接收缓冲器（RBR 及 R_FIFO）和发送缓冲器（THR 及 T_FIFO）

RBR、THR 用于 8250 缓冲方式，R_FIFO、T_FIFO 用于 FIFO 缓冲方式。芯片只能工作于一种缓冲方式，即同时只使用两个缓冲器，另两个闲置。

接收时，SIN 引脚上的信息被逐位移入到接收移位寄存器 RSR，RSR 移满时，进行差错检测，然后将数据复制到 RBR（或 R_FIFO）中，完成串/并转换。差错检测及数据复制会改变 LSR，数据被写入 RBR（或 R_FIFO）后，LSR 的 DR 位被置 1。

对 RBR（或 R_FIFO）的读操作，会改变 LSR 的 DR 位，所有数据（8250 缓冲方式仅为 1 个）被读出后，DR 位才被置 0，否则 DR 保持为 1。

发送时，THR（或 T_FIFO）中数据被复制到发送移位寄存器 TSR、并按约定格式组织成数据帧，然后 TSR 中信息被逐位移出到 SOUT 引脚上。TSR 中信息被移空时，重复复制、组帧、移出等动作，直到 THR（或 T_FIFO）中无数据，LSR 的 THRE 位才被置 1，否则保持为 0。

对 THR（或 T_FIFO）的写操作，会改变 LSR 的 THRE 位，一旦有数据写入，THRE 位就被置 0。可以在 THRE=0 时继续写 T_FIFO，由软件负责不产生溢出（软件计数）。

4. FIFO 控制寄存器（FCR）

FCR 主要用来设置 FIFO 缓冲器管理的相关参数，包括缓冲方式、DMA 方式、缓冲器操作等。FCR 只可写、不可读，原因是与 IIR 地址相同（IIR 只可读、不可写）。FCR 的格式如图 4-23 所示。

D7	D6	D5	D4	D3	D2	D1	D0
RTL1	RTL0	0	0	DMAS	TFR	RFR	FEN
接收FIFO触发值		保留	保留	DMA方式选择	发送FIFO复位	接收FIFO复位	FIFO允许

图 4-23　FIFO 控制寄存器 FCR 格式

D0 位：用于设置缓冲方式。FEN=1 时，采用 FIFO 缓冲方式，允许有关 FIFO 缓冲器的操作；FEN=0 时，采用 8250 缓冲方式，R_FIFO 及 T_FIFO 中数据被清零，禁止有关 FIFO 缓冲器的操作。若想改变 FCR 的其他位，所写数据中 FEN 位须为 1。

D1 位：用于复位 R_FIFO。RFR=1 时，R_FIFO 中数据被清零，R_FIFO 的计数器被清零；RFR=0 时，无效操作。若不想复位 R_FIFO，所写数据中 RFR 位须为 0。

D2 位：用于复位 T_FIFO。TFR 的操作功能与 RFR 相同，但操作对象为 T_FIFO。

D3 位：用于设置 DMA 方式。DMAS=1 且 FEN=1 时，采用 DMA 方式 1；DMAS=1 且 FEN=0、或者 DMAS=0 时，采用 DMA 方式 0。

D7D6 位：用于设置 R_FIFO 的触发值。触发值约定如下：D7D6=00，01，10，11 时，触发值分别为 1B，4B，8B，14B。该触发值是“接收就绪”中断请求产生的临界条件，即 R_FIFO 中数据个数≥触发值时，才产生“接收就绪”中断请求。

FIFO 缓冲方式下，与 FIFO 相关的中断类型有如下 3 种：

1）发送保持器空中断。T_FIFO 为空时触发中断请求、不空时撤销中断请求。该方法与 8250 缓冲方式完全相同，因此，中断请求的触发/撤销条件也相同。

2）接收就绪中断。R_FIFO 中数据个数 ≥ 触发值时触发中断请求、数据个数 < 触发值时撤销中断请求。由于 LSR 的 DR 位不能作为 FIFO 缓冲方式的中断请求触发条件，因此，INS 8250 中“接收缓冲器满”的说法应改为“接收就绪”为宜。

3）FIFO 超时中断。R_FIFO 中数据个数 < 触发值时会长时间滞留，为了能够及时读出这些数据，16550 设计了一个计时器。当 R_FIFO 中有数据，长时间没有数据被读出或接收不到新数据时，计时器将触发 FIFO 超时中断请求；一旦有数据被读出、或接收到新数据，计时器被复位、中断请求撤销。这种请求自动撤销的特性是 FIFO 超时中断所特有的。

5. 中断识别寄存器（IIR）和中断允许寄存器（IER）

INS 8250 支持 4 种中断类型，分为 4 个优先级，优先级从高到低（3→0）的中断类型依次为：接收出错中断、接收就绪中断、发送保持器空中断、MODEM 状态改变中断。PC 16550 兼容 INS 8250，新增加一种 FIFO 超时中断，其优先级与接收就绪中断相同（2 级）。

中断请求在被触发、未被 IER 屏蔽时产生，各种中断请求的触发条件详见 LSR、MCR、FCR 中的相关说明。

IIR 主要用来提供中断请求的状态及其类型。为了便于软件按优先级处理中断事件，IIR 同时只提供优先级最高的中断请求类型。IIR 只可读、不可写，其格式如图 4-24 所示。

D7	D6	D5	D4	D3	D2	D1	D0
FEN1	FEN0	0	0	ID2	ID1	ID0	IP
FIFO允许		保留	保留	中断类型标识			未决中断指示
00—8250方式 11—FIFO方式				0 11—接收出错 0 10—接收就绪 1 10—FIFO超时 0 01—发送保持器空 0 00—MODEM状态改变			0—有 1—无

图 4-24　中断识别寄存器 IIR 格式

D7D6 位：缓冲方式指示，对应于支持的中断类型指示。FEN 的值取决于 FCR 的 FEN。FEN = 11 时支持 5 种中断，通过 ID2 ~ ID0 标识中断类型，定义如图 4-24 所示；FEN = 00 时支持 4 种中断，通过 ID1ID0 标识中断类型，定义如图 4-24 所示（不含 FIFO 超时中断）。

D3 ~ D1 位：优先级最高的中断请求指示。当该中断请求被撤销后，ID2 ~ ID0 才指示低优先级的中断请求。读出 LSR 或 MSR 寄存器、读出或写入数据，会撤销相应的中断请求，详见各中断请求的触发条件。注意，IIR 被读出后，发送保持器空中断请求也会被撤销，以满足发送结束的需求。

D0 位：中断请求状态指示。IP = 1 时，无中断请求，ID2 ~ ID0 无效；IP = 0 时，有中断请求，最高优先级的请求用 ID2 ~ ID0 标识。因此，为了减少中断处理次数，中断程序应不停地读取 IIR，处理 ID2 ~ ID0（或 ID1ID0）对应的中断请求，直到 IP = 1 为止。

IER 主要用来实现中断屏蔽，可以通过编程控制允许的中断类型。IER 可写可读，其格式如图 4-25 所示。

D7	D6	D5	D4	D3	D2	D1	D0
0	0	0	0	I0E	I3E	I1E	I2E
保留				0级中断允许 (MODEM状态改变)	3级中断允许 (接收出错)	1级中断允许 (发送保持器空)	2级中断允许 (接收就绪和FIFO超时)

图 4-25　中断允许寄存器 IER 格式

D3～D0 位：用于设置允许请求的中断优先级。Di=0 时屏蔽，Di=1 时允许。

注意，由于端口地址冲突，设置 IER 前，需保证 LCR 的 DLAB 为 0。

6. MODEM 控制寄存器（MCR）

MCR 主要用来进行 MODEM 控制及其他控制。MCR 可写可读，其格式如图 4-26 所示。

D7	D6	D5	D4	D3	D2	D1	D0
0	0	0	LOOP	OUT2	OUT1	RTS	DTR
保留			环路检测	辅助输出2	辅助输出1	请求发送	数据终端就绪
			0—正常收发 1—环路回送	$\overline{\text{OUT2}}$引脚 0—高电平 1—低电平	$\overline{\text{OUT1}}$引脚 0—高电平 1—低电平	$\overline{\text{RTS}}$引脚 0—高电平 1—低电平	$\overline{\text{DTR}}$引脚 0—高电平 1—低电平

图 4-26　MODEM 控制寄存器 MCR 格式

D2 和 D3 位：用于实现辅助控制。即通过软件编程控制所连接的硬件，通常用来实现查询或中断 I/O 方式的选择。

D4 位：用于进行内部测试。LOOP=0 时，芯片处于正常收发方式，I/O 引脚与内部连通；LOOP=1 时，芯片处于内部环路方式，I/O 引脚与内部断开，SOUT 输出传号，RSR 直接接收 TSR 的输出，DTR、RTS、OUT1、OUT2 的内容直接写到$\overline{\text{DSR}}$、$\overline{\text{CTS}}$、$\overline{\text{DCD}}$、$\overline{\text{RI}}$引脚的内部状态位中。因此，进行自测试时只要使 LOOP=1 即可，无需外部连线。

7. MODEM 状态寄存器（MSR）

MSR 用来提供 MODEM 的状态及其变化情况。MSR 可写可读，其格式如图 4-27 所示。

D7	D6	D5	D4	D3	D2	D1	D0
DCD	RI	DSR	CTS	ΔDCD	TERI	ΔDSR	ΔCTS
$\overline{\text{DCD}}$引脚 状态	$\overline{\text{RI}}$引脚 状态	$\overline{\text{DSR}}$引脚 状态	$\overline{\text{CTS}}$引脚 状态	$\overline{\text{DCD}}$变化 指示	振铃后沿 检测	$\overline{\text{DSR}}$变化 指示	$\overline{\text{CTS}}$变化 指示
0—高电平 1—低电平	0—高电平 1—低电平	0—高电平 1—低电平	0—高电平 1—低电平	0—未改变 1—已改变	0—后延未到 1—后延到达	0—未改变 1—已改变	0—未改变 1—已改变

图 4-27　MODEM 状态寄存器 MSR 格式

其中，振铃后延指$\overline{\text{RI}}$引脚从低电平变为高电平的上升沿，表示刚完成电话摘机动作。

当 MODEM 引脚的状态发生变化时，MSR 中 D3～D0 的相应位将被置 1。当 MSR 被读出后，D3～D0 位自动清零。

MSR 的状态改变（D3 ~ D0 位）可以用于触发中断请求，即 ΔCTS = 1、或 ΔDSR = 1、或 TERI = 1、或 ΔDCD = 1 时，触发“MODEM 状态改变”中断请求。中断请求能否产生取决于该中断是否被 IER 屏蔽。中断请求产生后，不满足上述条件时，中断请求将被撤销。

8. 波特率除数锁存器（DLH 及 DLL）

串行数据传送的速率是由波特率发生器控制的，波特率发生器是一个以外部时钟 XIN 为输入的可编程分频器。若波特率发生器输出信号$\overline{\text{BAUDOUT}}$(发送时钟)的频率为$f_{BAUD}$，XIN 的频率为$f_{XIN}$，则波特率发生器的分频值 $=f_{XIN}/f_{BAUD}=f_{XIN}/$(波特率 $\times 16$)，该分频值又称波特率除数，或除数。

DLH 及 DLL 主要用来保存波特率除数，通过改变其内容来设置数据传输速率。表 4-6 所示的是基准时钟频率为 1. 843 2 MHz 时的常用波特率参数。

表 4-6　基准时钟为 1. 8432 MHz 的常用波特率与除数对照表

波特率	除数锁存器的值		波特率	除数锁存器的值	
	DLH	DLL		DLH	DLL
300	01H	80H	9600	00H	0CH
1200	00H	60H	19200	00H	06H
2400	00H	30H	38400	00H	03H
4800	00H	18H	57600	00H	02H

注意，由于端口地址冲突，除数写入 DLH 及 DLL 前，需要先将 LCR 的 DLAB 位置 1，写完 DLH 及 DLL 后，再将 DLAB 位恢复为 0。DLH 与 DLL 的写入顺序不限。

可见，相对于 INS 8250，PC 16550 仅增加了 FCR、扩展了 IIR 格式，而且 IIR 的变化仅为增加，故与 INS 8250 完全兼容。

（三）PC 16550 的初始化

PC 16550 是一种可编程 UART，采用异步串行通信协议，可以进行 MODEM 控制，支持 8250、FIFO 两种数据缓冲方式，支持查询、中断、DMA 三种 I/O 方式，中断方式具有中断屏蔽功能，DMA 方式支持方式 0、方式 1 两种类型。由于 PC 16550 支持多种工作方式，因此，使用前需进行初始化。

PC 16550 的初始化包括设置波特率、设置帧格式、设置 MODEM 参数、设置需屏蔽的中断、设置缓冲方式（含 DMA 方式）5 项内容，其中，前两项用于异步串行通信协议，第三项用于 MODEM 控制及辅助控制。5 项内容分别通过写 DLH/DLL、LCR、MCR、IER、FCR 实现。

PC 16550 复位后，各个寄存器的值在表 4-5 中已列出。其中，FCR = 00H 表示默认采用 8250 缓冲方式、DMA 方式 0，MCR = 00H 表示$\overline{\text{OUT1}}$和$\overline{\text{OUT2}}$默认为高电平。16550 初始化时，若 FCR、MCR 的内容与设置值相同，则相应步骤可省略。

PC 16550 的当前 I/O 方式由 INTR、$\overline{\text{TXRDY}}$及$\overline{\text{RXRDY}}$信号能否有效连接决定：若 INTR 信号无法连接到中断控制器，则 I/O 方式只能为查询方式，否则可为中断方式；若$\overline{\text{TXRDY}}$及$\overline{\text{RXRDY}}$信号能够连接到 DMA 控制器，则 I/O 方式为 DMA 方式。

因此，PC 16550 的 I/O 方式选择，只能通过控制 INTR、$\overline{\text{TXRDY}}$及$\overline{\text{RXRDY}}$信号的连接有效性来实现，但这需要软件和硬件的相互配合。例如，PC/XT 采用的方法是，在 INTR 引脚与中断控制器间设置一个三态门，三态门受$\overline{\text{OUT2}}$引脚控制，则编程控制寄存器 MCR 的$\overline{\text{OUT2}}$位即可实现查询或中断 I/O 方式的选择。

INS 8250 只支持 8250 缓冲方式，无 DMA 功能。因此，INS 8250 的初始化只需 PC 16550 初始化的前 4 项内容。可见，PC 16550 可以兼容 INS 8250，即基于 INS 8250 编写的程序可以直接运行在 PC 16550 环境中。

三、PC 机异步串行通信接口编程

为了便于与外设进行通信，计算机的标准配置中都包含支持 RS-232C 标准的异步串行接口。不同计算机中，串行接口的端口地址、中断类型号等硬件参数有所不同。

（一）PC 机的异步通信适配器

PC 机的异步串行通信接口被称为异步通信适配器，常简称为串行口或 COM 口，PC 机支持 1 ~4 个异步串行通信接口，即 COM1 口 ~ COM4 口。

PC 机中，COM1 口 ~ COM4 口的端口基地址分别为 3F8H，2F8H，3E8H，2E8H，每个 COM 口占有连续的 8 个端口地址。COM1 口和 COM3 口共用 IRQ4 中断请求，COM2 口和 COM4 口共用 IRQ3 中断请求。

PC 机一般只配置 COM1 口和 COM2 口，COM1 口采用 DB-9 连接器。COM1 和 COM2 口的硬件结构完全相同，仅端口基地址和 IRQ 号不同。

COM1 口的硬件逻辑如图 4-28 所示，主要由 UART 芯片、电平转换电路、I/O 地址译码电路组成。其中，UART 早期为 INS 8250、后来为 PC 16550，EIA 转换电路实现的是 TTL 电平与 RS-232 电平转换，部分 PC 16550 引脚的连接未画出：CS1、CS0 接 +5V，RD、WR、$\overline{\text{ADS}}$接地。为了保持与 8250 的兼容性，COM 口没有采用 DMA I/O 方式，即 DMA 请求引脚未连接。

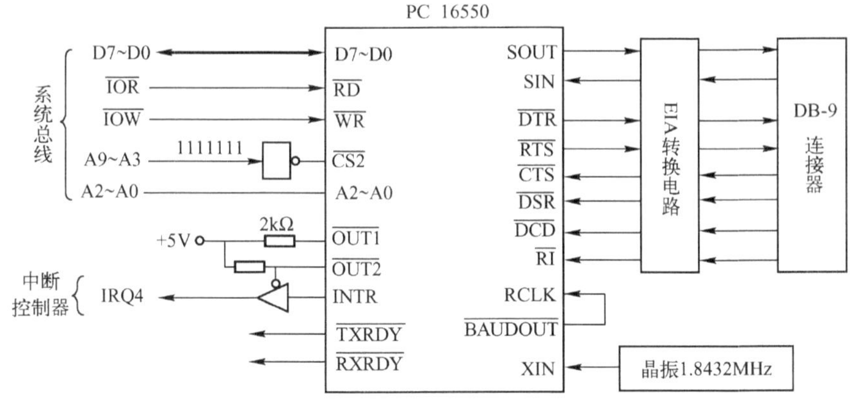

图 4-28　PC 机异步通信适配器（COM1 口）的硬件逻辑

由于 PC 16550 的 INTR 信号通过三态门输出到 IRQ4，信号能够传送的条件是$\overline{\text{OUT2}}$为低电平，因此，若 COM 口采用中断 I/O 方式，初始化时需设置 MCR 的 D3 位为 1，以控制 $\overline{\text{OUT2}}$为低电平。又由于 RCLK 连接$\overline{\text{BAUDOUT}}$，发送时钟与接收时钟相同，因此，COM 口初始化时只需设置一种波特率即可。

（二）COM 口初始化编程

COM 口的初始化包括设置波特率、设置帧格式、设置 MODEM 参数、设置需屏蔽的中断、设置缓冲方式 5 个步骤。具体过程如下。

1）设置波特率：设置双方约定的波特率，通过写除数寄存器 DLH 及 DLL 实现。由于端口地址冲突，写 DLH 及 DLL 前需先将 LCR 的 DLAB 位置为 1。

2）设置帧格式：设置双方约定的帧格式，通过写线路控制寄存器 LCR 实现。写入时须使 DLAB =0，使冲突的端口地址指向通信端口（RBR/THR 及 IER）。

3）设置 MODEM 参数：设置 DTE 状态、I/O 方式，通过写 MODEM 控制寄存器 MCR 实现。DTE 状态用于 MODEM 控制，基带传输时无须设置；I/O 方式指通过$\overline{\text{OUT2}}$来控制 INTR 信号能否送出。MCR 还可控制采用正常收发/环路回送方式，但不常用。

4）设置需屏蔽的中断：指定需屏蔽的中断类型，通过写中断允许寄存器 IER 实现。因端口地址冲突，IER 写入一般放在设置帧格式之后（需 DLAB =0）。

5）设置缓冲方式：设置数据缓冲方式，通过写 FIFO 控制寄存器 FCR 实现。

假设 COM1 口采用中断 I/O 方式，传输比特率为 9 600 bps，采用的帧格式为 7 位字符、偶检验、1 位停止位，则对 COM1 口进行初始化的汇编程序如下：

```
MOV   DX,3FBH          ;LCR 地址 =3F8H +3
MOV   AL,80H
OUT   DX,AL            ;置 DLAB =1
MOV   DX,3F8H          ;DLL 地址 =3F8H +0(DLAB =1)
MOV   AX,000CH         ;  1.8432 MHz/(9600 bps * 16) =000CH
OUT   DX,AL            ;设置波特率(除数低字节)
INC   DX               ;DLH 地址 =3F8H +1(DLAB =1)
MOV   AL,AH
OUT   DX,AL            ;设置波特率(除数高字节)
MOV   DX,3FBH          ;LCR 地址
MOV   AL,1AH           ;  帧格式 =7 位数据位、偶检验、1 位停止位
OUT   DX,AL            ;设置帧格式
MOV   DX,3FCH          ;MCR 地址 =3F8H +4
MOV   AL,0BH           ;  控制字 =正常收发方式、中断 I/O 方式、DTR有效、RTS有效
OUT   DX,AL            ;设置 MODEM 参数
MOV   DX,3F9H          ;IER 地址 =3F8H +1(DLAB =0)
MOV   AL,07H           ;  屏蔽字 =屏蔽 0 级中断(MODEM 状态改变)
OUT   DX,AL            ;设置需屏蔽的中断
MOV   DX,3FAH          ;FCR 地址 =3F8H +2
MOV   AL,0C7H          ;  控制字 =FIFO 缓冲方式、RTL =14B、复位 R_FIFO 及 T_FIFO
OUT   DX,AL            ;设置缓冲方式
```

根据具体的应用需要，COM 口初始化可以省略后 3 个步骤。假设各个寄存器为 PC 16550 复位后的初始状态，请读者自行分析初始化时省略后面几个步骤的通信效果。

（三）查询方式串行通信编程

采用查询方式进行数据传输的基本思想是，程序不停地读取串行口的状态，根据当前状态，判断是否可以进行通信（接收一个字符或发送一个字符）。

1. 查询方式发送编程

串行口采用 8250 缓冲方式时，发送保持器为 THR（寄存器）。THR 被写入一个字符后，内部逻辑在移位寄存器 TSR 为空时，自动将该字符送到 TSR 中，并进行帧格式转换，再以约定的波特率串行送出。

发送过程中，当 THR 被写入字符时，线路状态寄存器 LSR 的 THRE 位（D5 位）被置为 0，表明 THR 不空、不能再写入字符；当 THR 中字符被送到 TSR 时，LSR 的 THRE 位被置为 1，表明 THR 已空，可以再写入字符；当 TSR 为空（发送完数据帧）时，若 THRE 为 0，重新开始字符发送过程，否则发送空闲位（逻辑 1）。

因此，8250 缓冲方式的发送程序应不停地测试 THRE 位的状态。当 THRE = 1 时，CPU 才可向串行口写入一个字符，否则继续等待；直到所有字符发送完毕为止。

串行口采用 FIFO 缓冲方式时，发送保持器为 T_FIFO（缓冲器），T_FIFO 大小为 16 个字节。发送过程与 8250 缓冲方式基本相同，T_FIFO 一旦被写入字符，THRE 位就被置为 0，直到 T_FIFO 中字符被移空时，THRE 位才被置为 1。

因此，FIFO 缓冲方式的发送程序与 8250 缓冲方式的发送程序基本相同，唯一不同的是：THRE = 1 时可连续写入 16 个字节，而不用考虑 THRE 的状态。

2. 查询方式接收编程

串行口采用 8250 缓冲方式时，接收缓冲器为 RBR（寄存器）。内部逻辑控制接收移位寄存器 RSR 以约定的波特率串行移入信息，RSR 移满（按约定的帧格式）时，进行差错检测，在 RBR 为空时将字符送入其中。

接收过程中，将按差错检测结果设置 LSR 的 BI、FE、PE、OE 位（D4 ~ D1 位），正确时置为 0、有错时置为 1；当 RSR 中数据送到 RBR 中时，LSR 的 DR 位（D0 位）被置为 1，表示有字符可读出；当 RBR 的字符被读出后，DR 位被置为 0，表示已无字符可读出。

显然，LSR 的 DR 位反映接收过程中是否有数据可以读出，BI、FE、PE 及 OE 位反映接收是否有错。

因此，8250 缓冲方式的接收程序应不停地测试 LSR 中接收状态；当 D4 ~ D1 位不全部为 0 时，表明接收有错误，调用相应错误处理程序；当 DR = 1 时，CPU 可以从串行口读出一个字符，否则继续等待；直到停止接收字符为止。

串行口采用 FIFO 缓冲方式时，接收缓冲器为 R_FIFO（缓冲器），R_FIFO 大小为 16 个字节。接收过程与 8250 缓冲方式基本相同，R_FIFO 一旦被送入字符，DR 位就被置为 1，R_FIFO 中所有字符都被读出时，DR 位才被置为 0。

因此，FIFO 缓冲方式的接收程序与 8250 缓冲方式的接收程序基本相同，唯一不同的是：DR = 1 时可以一直读出数据，直到 DR = 0。

下面是查询方式接收和发送数据的程序片段，端口地址以 COM1 口为例。

```
         MOV   BX,0            ;接收缓冲区 R_BUF 的接收指针
         MOV   SI,0            ;发送字符串 T_STR(以' \0 结束)的发送指针
_WAIT:   MOV   DX,3FDH         ;LSR 地址 =3F8H +5
         IN    AL,DX           ;读 LSR
         TEST  AL,1EH          ;测试错误状态位(D4 ~ D1 位)
         JNZ   ERROR
         TEST  AL,01H          ;测试 DR 位(D0 位)
         JNZ   RECEIVE
         TEST  AL,20H          ;测试 THRE 位(D5 位)
         JNZ   SEND
OTHER:   ……                    ;完成其他与通信无关的功能
         JMP   _WAIT           ;循环地查询 LSR 状态,并进行相应处理
RECEIVE: MOV   DX,3F8H         ;RBR 地址 =3F8H +0
         IN    AL,DX           ;接收一个字节,FIFO 缓冲方式下,可连续接收数据
         MOV   R_BUF[BX],AL
         INC   BX              ;调整接收指针
         JMP   OTHER
SEND:    MOV   AL,T_STR[SI]
         CMP   AL,0
         JZ    _NXT            ;已发送完毕
         MOV   DX,3F8H         ;THR 地址 =3F8H +0
         OUT   DX,AL           ;发送一个字节,FIFO 缓冲方式下,可连续发送多个数据
         IN    CSI             ;调整发送指针
_NXT:    JMP   OTHER
ERROR:   ……                    ;处理各种错误
         JMP   OTHER
```

（四）中断方式串行通信编程

采用中断方式进行数据传输的基本思想是，用户程序由主程序、中断服务程序两部分组成，中断服务程序负责数据的接收与发送，主程序在完成其主要任务的过程中，进行数据的处理工作。

中断方式编程时，主程序、中断服务程序的框架及编程方法，可参见第二章的 PC 机中断编程，此处不再赘述。下面主要说明如何通过中断方式实现串行通信。

主程序的主要任务包括设置中断向量，初始化串行口，开放串行口中断等辅助工作，以及数据的处理工作。相对于轮询方式，主要的不同是移除了数据的接收与发送功能。编程时应注意如下几点：

1）设置中断向量时，中断号要选对（COM1 口为 0CH），应先保存原来的中断向量，程序结束前再恢复中断向量。

2）初始化串行口时，应选用中断方式（MCR 中$\overline{\text{OUT2}}$位置为 1），开放所需要的中断请求（IER 中相应位置为 1）。

3）开放串行口中断时，应开放 8259A 的 IR4 或 IR3（使用 8259A 操作命令 OCW1 实

现)，因为系统初始化时屏蔽了 IR4、IR3 等硬件中断。

4）处理数据时，应采用环形缓冲区、FIFO 等机制，解决缓冲区的非原子性操作问题，因为中断随机产生、一次操作需要多条指令。

中断服务程序的主要任务是数据的接收与发送，以及通信过程相关处理（如异常、握手）。由于串行口的所有中断事件（内部中断请求）共用一个中断请求，且只能获得最高优先级的中断事件类型，因此，中断程序的主要流程如下：

1）读取中断识别寄存器 IIR。

2）若 IP = 1，表示已无未处理中断，中断程序返回。

3）根据 ID2 ~ ID0 对应的中断事件类型，转向相应的处理子程序。

4）重复上述过程（转 1）。

需要注意的是，当 ID2 ~ ID0 = 011 时，表明接收出错，处理子程序需读取 LSR 中状态，进一步判断错误原因后，再进行错误处理；8086 缓冲方式下，只需判断 ID1 ~ ID0。

串行口的中断程序示例如下，假设端口基地址为 2F8H。

```
COM_INT  PROC FAR
         ;……                     ;保存软件现场(PUSH 指令)
         STI
I_REPT:  MOV   DX,2FAH            ;IIR 地址 = 2F8H + 2
         IN    AL,DX
         TEST  AL,01H             ;检测是否有未处理的中断
         JNZ   I_EXIT
         TEST  AL,06H             ;检测是否为 MODEM 状态改变
         JZ    MODEM
         TEST  AL,04H             ;检测是否为发送保持器空
         JZ    TRANS
         TEST  AL,02H             ;检测是否为接收出错
         JNZ   ERROR
RECV:    MOV   BX,R_NDX           ;假设接收指针在 R_NDX 中，接收缓冲区为 R_BUF
         MOV   DX,2F8H
         IN    AL,DX
         MOV   R_BUF[BX],AL
         INC   R_NDX              ;修改接收指针
         JMP   I_REPT
TRANS:   MOV   BX,T_NDX           ;假设发送指针在 T_NDX 中
         MOV   AL,T_STR[BX]       ;假设发送缓冲区为 T_STR，结束符为' \0
         CMP   AL,0
         JZ    I_REPT             ;不能转 I_EXIT，可能存在 MODEM 状态改变事件
         MOV   DX,2F8H
         OUT   DX,AL
         INC   T_NDX              ;修改发送指针
         JMP   I_REPT
```

```
MODEM: ;……              ;处理 MODEM 状态改变事件,如发送握手信号
        JMP   I_REPT
ERROR: ;……              ;处理接收错误事件,如半双工方式收/发转换
        JMP   I_REPT
I_EXIT: CLI
        ;……              ;非自动结束方式时,向 8259A 送 EOI 命令(OCW2)
        ;……              ;恢复软件现场(POP 指令)
        IRET
COM_INT ENDP
```

上述中断程序中，每次中断服务仅接收一个字符，适用于8250缓冲方式。对于FIFO缓冲方式，可以在处理接收就绪事件时，一次接收多个数据，即循环地判断LSR的DR位、读出数据，直到DR=0为止；同样的，也可以一次发送多个数据（≤16个）。

（五）BIOS串行口通信功能

为了简化串行口通信编程，BIOS提供了串行口通信服务程序，可以使得用户编程时，不必了解串行口的硬件结构。

BIOS提供的串行口通信功能使用INT 14H指令进行调用。INT 14H有初始化串行口、发送一个字符、接收一个字符、读串行口状态4个功能，调用参数及返回参数如表4-7所示。

表4-7　BIOS的串行口通信功能（INT 14H）

功能号	功　能	调 用 参 数	返 回 参 数
0	初始化串行口	AH=0，AL=初始化参数 DX=串行口号	AH=线路状态（即LSR） AL=MODEM状态（即MSR）
1	发送一个字符	AH=1，AL=待发送字符 DX=串行口号	成功：AH的D7=0 失败：AH的D7=1、D6~D0=LSR相应位
2	接收一个字符	AH=2，DX=串行口号	成功：AH的D7=0，AL=所接收字符 失败：AH的D7=1、D6~D0=LSR相应位
3	读串行口状态	AH=3，DX=串行口号	AH=线路状态（即LSR） AL=MODEM状态（即MSR）

表中，DX=0~3，表示COM1口~COM4口；初始化参数的格式如图4-29所示，可见D4~D0位的格式与LCR相同。

D7　D6　D5	D4　D3	D2	D1　D0
波特率选择	奇偶校验选择	停止位选择	字符长度选择
000—110，011—600，110—4800 001—150，100—1200，111—9600 010—300，101—2400	×0—无校验 01—奇校验 11—偶校验	0—1位 1—1.5位(D1D0=00) 2位(D1D0≠00)	00—5位，10—7位 01—6位，11—8位

图4-29　INT 14H的初始化参数格式

各个功能中，0号功能会自动清除IER，即默认不使用中断方式；1号功能及2号功能采用查询方式完成操作，操作成功或查询超时后返回，AH的D7位实际上是超时标志，使

用时要注意检查操作结果，中断方式编程时可不检查结果。

第六节 USB 接口

USB（Universal Serial Bus）接口是一种新型的串行通信接口标准，是目前计算机与外设连接最常用的串行接口。USB 接口最大的特点是具有热拔插和自动配置功能，连接简单、通信快速，真正实现了即插即用。USB 接口也是计算机标配的外设接口。

USB 标准由 Intel、IBM 等公司共同开发，是一种传输速率较高的同步串行通信标准。目前普遍采用的 USB 标准是 USB 2.0 和 USB 3.0 两种，USB 标准均向下兼容。USB 2.0 主要应用于中高速设备，支持全速（12 Mb/s）和高速（480 Mb/s）两种传输速率，兼容低速（1.5 Mb/s）传输速率；USB 3.0 支持超速（5.0 Gb/s）传输速率。

一、USB 系统组成

（一）USB 系统的结构

USB 系统采用的是一种层次化结构，该结构用集线器为 USB 设备提供连接点。USB 系统的拓扑结构如图 4-30 所示，可见，这是一种树形结构，USB 设备可以采用级联方式连接，十分便于应用及其扩展。树型结构最多可连接 127 个 USB 设备，每个 USB 设备（包括集线器）都有一个唯一的 USB 地址。

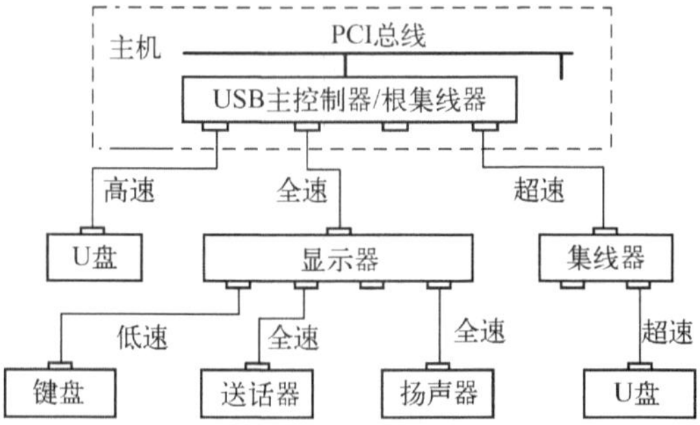

图 4-30 USB 系统的拓扑结构图

USB 系统采用的是主从方式通信，主机可以发起通信，USB 设备只能响应通信。主机与 USB 设备的一次通信过程称为一个 USB 事务（Transaction）。

为了简化连接，USB 设备（简称设备）大多集成了集线器（Hub）功能，根集线器（根 Hub）与设备的通信链路通过多个 Hub 级联实现。为了使级联不增加通信延迟，Hub 采用了连通（直通）方式传输信息，避免了存储 - 转发方式的延迟累加。由于根 Hub 到设备的通信链路上挂有多个设备，连通方式导致根集线器分时与不同 USB 设备通信，因此，USB 设备的连接线又称为 USB 总线，根集线器是 USB 总线上唯一的主设备。对计算机而言，USB 主控制器/根集线器是一个采用 USB 通信协议的 I/O 接口，根集线器为该 I/O 接口的信号转换逻辑电路，对主控制器进行 I/O 操作，即可实现 USB 通信。现代 PC 机中，通常包含 2 个 USB 2.0 主控制器，每个主控制器的根 Hub 带有 2 个分离的 USB 端口，前后面板共有 4 个 USB 端口。最新推出的 PC 机中，已带有 USB 3.0 端口。

（二）USB 系统的硬件

USB 系统中有 3 种类型的硬件：USB 主控制器/根集线器、USB 集线器、USB 设备，不同类型硬件在 USB 系统中的作用不同。

1）USB 主控制器/根集线器：主控制器主要完成由软件安排的事务，包括事务的产生、转交及结果提交，同时还负责数据串－并转换等工作。根集线器负责主控制器所转交事务的传送控制，以及 USB 端口的电源控制、启停控制、设备连接识别及状态报告等。

2）USB 集线器：主要实现 USB 端口的扩展，事务传送时的上行/下行连通控制，USB 端口的电源控制、启停控制、设备连接识别及状态报告等。Hub 可以集成到设备内部，也可作为独立的设备存在。Hub 与根 Hub 是 USB 热拔插技术的核心。

3）USB 设备：USB 设备分为集线器设备、功能设备两种。集线器设备实现 USB 端口扩展、事务上行/下行、热拔插管理等功能；功能设备实现具体的应用功能，配置有设备描述器以支持自动配置功能的实现。

USB 设备内部通常包含多个独立的寄存器，能从外部直接操作（串行方式），这些寄存器称为端点（Endpoint）。设备设计时，每个端点被赋予一个唯一的端点号（4 bit），其中，端点 0 仅用于设备配置。设备连接时，USB 系统会为每个 USB 设备分配一个 USB 地址（7 bit），通过 USB 地址及端点号，USB 软件可以进行 USB 设备的具体操作。

（三）USB 系统的软件

USB 设备不同端点的传输特性可能不同，例如，实时信息的传输速率须平稳，重要信息的传输要可靠等。为了保证传输实时性、提高传输效率，USB 系统采用的传输管理方法是：将 USB 总线通信时间分割成一个个时长固定的帧，每个帧内包含多个事务，每个事务的通信对象可为不同设备。

USB 系统中的软件（驱动程序）有 3 层：USB 设备驱动程序、USB 驱动程序、USB 主控制器驱动程序，不同层次独立地传递客户端的 I/O 请求，以实现 I/O 功能。

USB 设备驱动程序：将来自客户端的 I/O 请求（如 IRP），转换成 USB 传输请求（如 URBs），并根据 USB 设备的功能约定，初始化这个 USB 传输请求，包括设备地址、传输类型（端点地址）、数据量、数据缓冲区地址等。

USB 驱动程序：根据 USB 总线标准管理端口、总线及传输请求。端口及总线管理会产生一定的事务，如中断轮询、设备自动配置；传输请求到达时，根据设备的特征，将传输请求分解成多个独立的事务；而设备的特征是在自动配置时读取的。USB 驱动程序仅与 USB 总线标准有关，通常是操作系统的一部分。

USB 主控制器驱动程序：将各个传输请求的事务调度到适当的帧中；每一帧开始于一个帧开始（SOF）包，然后才是帧中所有事务的执行。USB 主机控制器驱动程序仅与 USB 主控制器芯片有关，是计算机主板驱动程序的一部分。

USB 系统的通信过程和 USB 系统软件各层之间的关系如图 4-31 所示。

USB 总线只有一根数据线、无联络信号线，因此，只能实现半双工通信方式。USB 系统采用主从通信方式，通信过程由 USB 主控制器控制，因此，双向的信息传输只能通过握手方式来实现。因而，USB 事务通常由令牌包、数据包、握手包组成，USB 包是 USB 总线的基本传输单位，不同 USB 包的传输方向可以不同。

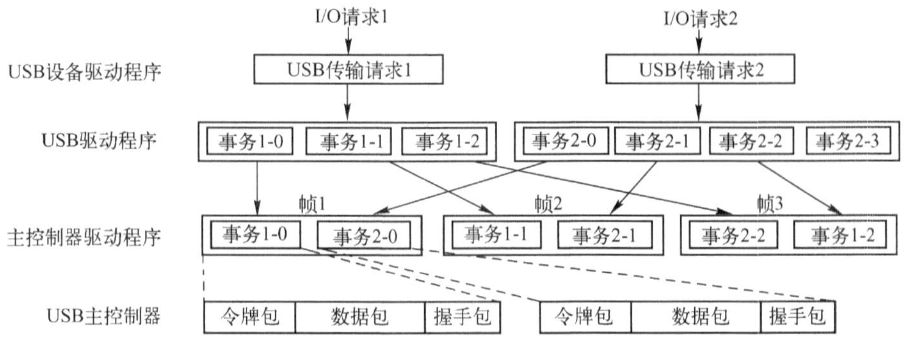

图 4-31　USB 系统的通信过程

二、USB 接口特性

（一）接口信号线

USB 总线包括 4 根信号线，分别为电源线 VBUS 和 GND、信号线 D+ 和 D- 。信号线D+和 D- 上既可传输差分方式的数据信号，又可传输单端方式的总线状态信号。

主机或 Hub 与 USB 设备的连接方法如图 4-32 所示。由图可见，主机侧 D+ 和 D- 线连接的下拉电阻（15 kΩ）能够保证，没有设备连接时 D+ 和 D- 线的电压接近 0 V。

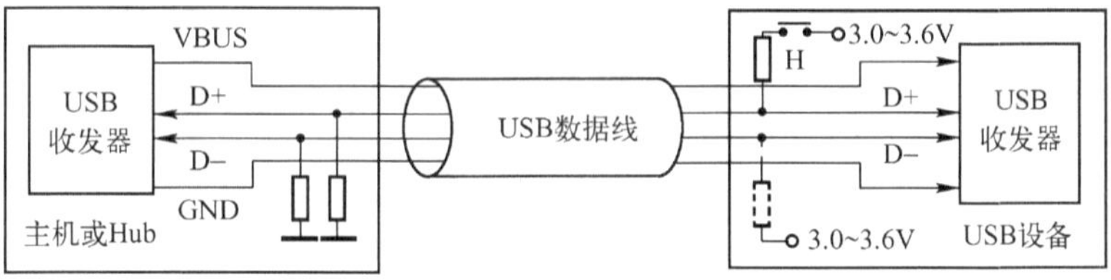

图 4-32　USB 设备的连接

USB 系统支持不同速度的 USB 设备，为了便于主机或 Hub 区分，约定：高速/全速设备在 D+ 线上设置一个上拉电阻（1. 5 kΩ），低速设备则在 D- 线上设置一个上拉电阻（图中虚线部分）。当 D+ 和 D- 的电压都下降到 0. 8 V 以下并持续 2. 5 μs 以上时，表明设备已经断开连接。当 D+ 或 D- 的电压上升到 2. 0 V 以上并持续 2. 5 μs 以上时，表明设备已经连接到端口；如果是 D+ 电压上升，表明连接的是高速/全速设备，否则连接的是低速设备。

主机检测到设备连接后，会要求 Hub 复位该 USB 端口，Hub 发出 SE0 信号至少 10 ms，用于通知设备复位。在此期间，低速或全速设备无动作；高速设备会从 D- 线发送线性调频信号 Chirp K，Hub 检测到后会从 D+ 线回复交替的 Chirp K 和 Chirp J 信号序列，全速设备收到 3 个交替的 K 和 J 信号对后，断开 D+ 线上的上拉电阻（即断开图中开关 H），进入高速状态，否则进入全速状态（Hub 未检测到或不支持高速传输）。

可见，D+ 或 D- 线可传输总线状态信号，SE0、J、K 等定义详见表 4-8。

（二）电气特性

1. 电源与配电

USB 设备（包括 Hub）的供电方式有两种，即自供电方式和总线供电方式。

根 Hub 或自供电的 Hub 提供给 USB 端口（VBUS 线）的电压应为 4.75 ~ 5.25 V，总线供电的 Hub 提供给 USB 端口的电压应不低于 4.40 V。

根 Hub 提供的最大电流为 500 mA，自供电的 Hub 给每个 USB 端口提供的电流可超过 500 mA。因此，总线供电的设备及 Hub 可获得的最大电流为 500 mA，耗电超过 500 mA 时必须采用自供电方式。总线供电的设备有低耗电（< 100 mA）、高耗电两种，Hub 为低耗电设备。Hub 的各个 USB 端口分享其输出电流，设备配置时，若 Hub 已不能满足其耗电要求，则主机会中止配置，要求 Hub 停用端口、关闭端口电源。

2. 信息编码

USB 利用信号电平跳变进行信息编码，编码格式为 NRZI 编码（None Return Zero Invert，反向不归零码），编码前采用位填充（bit Stuffing）技术进行调整。

NRZI 编码规则是：电平跳变表示逻辑 0，电平不变表示逻辑 1。其编码的不归零特性可有效节约带宽，且很适宜差分传输；其编码的翻转特性有助于实现收发双方的时钟同步。其编码的缺点是不能避免信号漂移，如数据流全为“1”时，编码后信号电平一直不变。USB 采用了位填充技术防止 NRZI 编码的信号漂移。

USB 的位填充规则为：发送端在连续 6 个“1”后自动插入 1 个“0”，接收端检测并丢弃连续 6 个“1”后的那一位。

USB 数据的编码方法如图 4-33 所示。

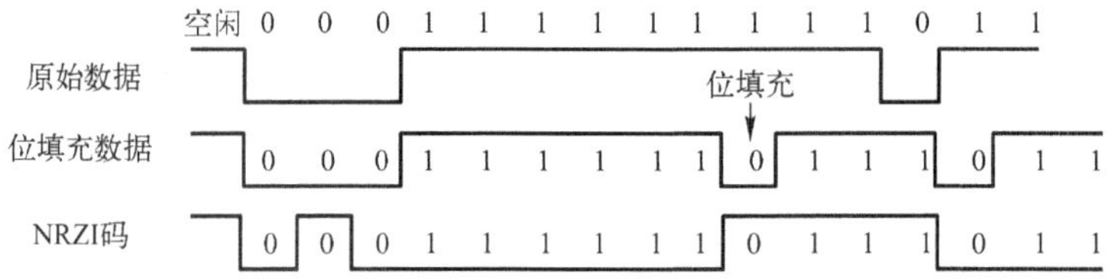

图 4-33　USB 的位填充及 NRZI 编码

3. 信号定义

USB 总线状态的信号与传输速度有关，全速/低速 USB 总线的总线状态及其信号电平如表 4-8 所示，高速 USB 总线的信号电平幅度更低。

表 4-8　全速/低速 USB 总线状态及其信号电平

总 线 状 态	信号电平（发送端）	信号电平（接收端）
差分信号“1”	D+ > 2.8 V 且 D- < 0.3 V	(D+) - (D-) > 200 mV 且 D+ > 2.0 V
差分信号“0”	D- > 2.8 V 且 D+ < 0.3 V	(D-) - (D+) > 200 mV 且 D- > 2.0 V
单端零（SE0）	D+ 和 D- < 0.3 V	D+ 和 D- < 0.8 V
数据 J	低速：差分“0”，全速：差分“1”	低速：差分“0”，全速：差分“1”
数据 K	低速：差分“1”，全速：差分“0”	低速：差分“1”，全速：差分“0”
空闲（Idle）	NA	低速：D- > 2.7 V 且 D+ < 0.8 V 全速：D+ > 2.7 V 且 D- < 0.8 V
复位（Reset）	≥10 ms 的 SE0	≥2.5 μs 的 SE0
断开	NA	≥2.5 μs 的 SE0
连接	NA	≥2.5 μs 的 Idle

接收端的空闲态 Idle 又称为 J 状态，其反向状态称为 K 状态，发送端的数据 J、数据 K 状态又称为 J 状态、K 状态。J 状态和 K 状态用于表示总线状态，数据 J 和数据 K 状态用于表示数据状态（NRZI 编码）。

USB 的信号状态有 SE0、J、K 等，USB 的总线状态通过信号状态的组合描述，如断开、连接、复位、空闲、传送等，传送态是 USB 包传送时 NRZI 编码产生的 J－K 状态变化。

（三）USB 连接器

USB 系统采用主从式通信结构，所有应用均离不开主机，设备可以直接或通过电缆与主机连接。为防止两个 USB 设备互联，USB 标准定义了 A 系列、B 系列两种连接器。A 系列连接器用于集线器（USB 端口）与电缆（或设备）的连接，B 系列连接器用于电缆与设备的连接。为了便于接入，连接器有公口（插头）、母口（插座）两种形状。

USB 1.0 推出的 A 型、B 型 USB 连接器如图 4-34 所示，图中连接器均为公口、且面向读者，B 型连接器尺寸较小、利于减小 USB 设备体积。USB 连接器有 4 个引脚，1 ~4 号引脚的信号定义分别为：VBUS、D－、D+、GND。

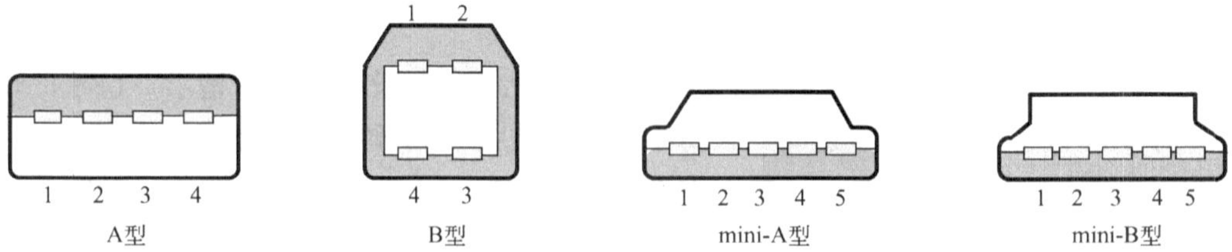

图 4-34　USB 接口的连接器

USB 2.0 新增的 mini USB 连接器如图 4-34 所示，mini－B 型有多种规格，图中的 5Pin 最常用，mini－AB 连接器能接入 mini－A 和 mini－B 连接器。mini USB 连接器有 5 个引脚，1 ~5 号引脚的信号定义分别为：VBUS、D－、D+、ID、GND。其中，引脚 ID 用于表示 USB 设备类型（A 设备或 B 设备），以支持 USB OTG（On－The－Go）标准，实现设备与设备之间的数据传递。USB OTG 标准中，A 设备（ID 引脚接地）可用作 USB 主机，实现与 B 设备（从设备）的通信，从而避免了 USB 通信离不开 PC 机带来的不便。

USB 2.0 后期又推出了 micro USB 连接器，它比 mini USB 连接器更小、更扁。而 USB 3.0 为了兼容 USB 1.0 及 USB 2.0，连接器有 9 个引脚：4 个与 USB 兼容，5 个（位置靠后）用于全双工数据通信。

在传输电缆方面，USB 1.0 及 USB 2.0 的电缆颜色约定为：VBUS 线为红色，GND 线为黑色，D+线为绿色，D－线为白色。不同传输速率的电缆组织有所不同：全速、高速传输电缆的数据线须为双绞线，外部需加屏蔽层；而低速设备则无此要求。

（四）USB 设备状态

对应于 USB 总线状态，USB 设备有连接、加电、默认、地址、配置、空闲、传送、挂起等状态。设备连接后，USB 系统自动对其加电、复位，并进行分配地址及配置操作；设备可用后，设备状态在传送、空闲、挂起状态间转换。

USB 设备的自动配置过程如下：

1）主机轮询 Hub 时，若 Hub 已检测到设备连接（Attached），则返回一个状态事件，主机再次询问事件含义时，可知为设备接入。

2）主机发送 Reset 命令，Hub 向 USB 端口发出 Reset 信号（即总线复位状态），然后 Hub 提供 100 mA 电流给端口，设备进入加电状态（Powered）。

3）设备在收到唯一的 USB 地址前，处于默认状态（Default），只响应对默认地址（0）、默认端点（0）的访问（USB 事务）。

4）主机使用默认地址及端点分配一个 USB 地址，设备进入地址状态（Addressed）。

5）主机读取设备的描述符，获取并评估配置信息。

6）主机分配资源，发送配置值给设备，设备进入配置状态（Configured）。此后，设备可用。

USB 设备处于空闲状态 3 ms 时，设备就进入挂起状态（Suspended），同时挂起其所辖 USB 端口上的所有设备，以节省电量的消耗。挂起状态的恢复可由主机发出命令或设备触发产生，Hub 通过恢复信号（Resume）唤醒设备后，设备进入空闲状态（Idle）。

三、USB 传输与事务

（一）USB 的传输类型

USB 总线采用的是主从式通信，主机需要定时查询 USB 设备的中断请求。USB 的传输都是针对 USB 设备的某个端点进行的，每个端点所支持的传输特性可能不同，例如，实时信息的传输速率须平稳，重要信息的传输不允许出错等。因此，USB 系统所支持的传输类型有：批量传输、中断传输、等时传输、控制传输。对同一个 USB 设备而言，每种传输类型对应的端点不同。

批量传输主要用于传输非实时性的大批量数据，传输发生错误时必须重传。中断传输是单向的，主要用于查询（Polling）中断，不同速度 USB 总线的查询周期不同，传输发生错误时无需重传（可以在下次查询时再传）。等时传输是单向的，用于传输实时数据，传输发生错误无需重传。控制传输是双向的，主要用于配置设备，传输发生错误时必须重传。

4 种传输类型中，控制传输是双向的，中断传输是单向的，批量传输、等时传输可以是双向的，但需要使用两个端点，每个端点一个方向。

（二）USB 的包格式

USB 采用的是主从式、半双工通信方式，双向数据传输只能通过软件握手方式实现，因此，USB 事务由多个 USB 包组成，每个 USB 包只实现一个方向的信息传送。根据传输类型的不同，一个 USB 事务通常由 1 ~3 个包组成。

USB 包的类型共有 4 种：令牌包、数据包、握手包、特殊包，具体的包格式如图 4-35 所示。由于特殊包的包格式不同于常规包格式，且种类很多，故未画出。

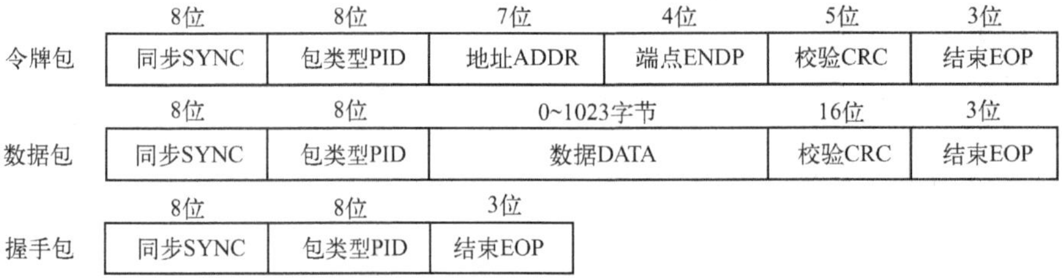

图 4-35　USB 2.0 的包格式

其中，同步字段 SYNC 为序列 0000001，包传输时首先会产生 7 次跳变，用于收发双方实现帧同步（包同步），以及时钟同步（接收方根据跳变调整接收时钟的频率及相位）。包结束符 EOP 由 2 位长度的 SE0 信号及 1 位长度的 J 状态信号组成，包传送结束后，总线状态为空闲状态（J 状态），J 状态类似于起止式异步协议的停止位。

令牌包：用来表明传输的类型及目标。传输类型通过 PID 表明，PID 有 4 种：IN（输入）、OUT（输出）、SETUP（设置）及 SOF（帧开始）；传输目标通过 ADDR 及 ENDP 表明。需要说明的是，SOF 包的格式与图 4-34 略有不同，用 ADDR 及 EDNP 字段的 11 位空间表示帧号，SOF 包仅在每一帧开始的时候发出（广播方式），通知每个高速/全速设备。

数据包：用来承载传输的数据。PIDE 有 2 种：DATA0（偶数包）、DATA1（奇数包）。大块数据的传送须分成多个事务，传送时数据包轮流使用不同的 PID，便于验证传输中有无数据包丢失。CRC 检验为 16 位，以提高校验能力。

握手包：用来报告传输的状态。PID 有 3 种：ACK（确认）、NAK（否认）、STALL（停止），NAK 表示无法接收或无数据发送，STALL 表示不能完成事务（被挂起或不支持）。

特殊包：用来传递特殊信息。PID 有 4 种：PRE（前导）、ERR、SPLIT、PING，USB 1.0仅有 PRE 包，表明其后将以低速方式传输。特殊包与传输过程无关。

可以理解，根据主从通信方式，令牌包只有主机可以发出，标志一个事务的开始；根据事务功能，令牌包决定了数据包、握手包的传递方向；根据异步握手原理，数据包与握手包的传递方向是相反的。

（三）USB 传输的事务组成

USB 系统的传输类型有批量传输、中断传输、控制传输、等时传输 4 种，事务类型只有 IN、OUT、SETUP 3 种，可见无法区分出传输类型。USB 系统的解决方案是：USB 设备设计时，已约定其各个端点号对应的传输类型；USB 设备应用时，通过令牌包中的端点号 ENDP 区分传输类型；USB 总线并不加以区分。

批量传输：通过 IN 或 OUT 事务实现。由于需要可靠通信，事务通常由令牌包、数据包（≤64 B）、握手包组成，3 个包的发送者分别为：主机、设备、主机，或主机、主机、设备。事务异常时，数据错误没有握手包、等待数据的重发，其他错误仅有握手包（NAK 或 STALL）。

中断传输：通过 IN 事务实现。设备有中断请求时，事务由令牌包、数据包（≤64 B）、握手包（ACK）组成；设备没有中断请求时，事务由令牌包、握手包（NAK）组成。

等时传输：通过 IN 或 OUT 事务实现。由于关注通信实时性，事务由令牌包、数据包（≤1023 B）组成。

控制传输：由准备、数据（可无）、状态阶段组成，每个阶段包含 1 ~ n 的事务，每个事务均由令牌包、数据包、握手包组成。准备阶段包含一个 SETUP 事务，数据包（8 B）中指明了数据阶段的传输方向、数据长度等；数据阶段包含多个 IN 事务（或 OUT 事务），事务类型及个数由 SETUP 事务决定；状态阶段包含一个 OUT 事务（或 IN 事务），数据包长度为 0 字节。

第七节　以太网络接口

计算机网络是指将多台计算机及其外部设备，通过通信线路连接的计算机系统。按照地理范围，计算机网络有局域网、城域网、广域网、互联网4种。实际应用中，涉及最多的是局域网；局域网中，应用最广泛的是以太网（Ethernet）。故本节讨论以太网的接口技术。

一、网络接口概述

根据以太网的发展历史，以太网可分为标准以太网、快速以太网、千兆以太网等多种类型，不同类型网络的性能差距较大，上述3种网络的传输速率分别为10 Mbps、100 Mbps、1 000 Mbps，性能的提高得益于网络物理层及数据链路层的实现技术。

以太网的网络接口都符合IEEE 802.3标准，标准以太网、快速以太网、千兆以太网的接口标准分别为IEEE 802.3i、IEEE 802.3u、IEEE 802.3z。为了便于应用，每种接口标准又支持几种传输介质，如10Base-5、100Base-TX、100Base-FX等，其中Base表示基带传输，10及100表示传输速率（同时又对应于网络类型），-TX及-FX等表示传输介质类型。

以太网的传输介质有同轴电缆（Coaxial Cable）、双绞线（Twisted Pair）、光纤（Fiber）等，目前，同轴电缆已很少使用。为了保证传输速度，不同以太网对传输介质的要求不同。例如，双绞线有非屏蔽双绞线（UTP）和屏蔽双绞线（STP）两种，UTP按线对的扭绕密度又分为3类、5类、6类等规格，3类UTP可以满足10 Mbps网络要求，5类UTP是100 Mbps网络的首选，1 000 Mbps则需要STP才行。

可见，不同传输速率、不同传输介质的网络接口不同。下面以较常用的100Base-TX接口为例，介绍以太网络接口技术，重点将放在物理接口及传输方面。

二、100Base-TX网络接口

快速以太网的接口标准为IEEE 802.3u，常见的有采用5类UTP的100Base-TX接口，或采用3类UTP的100Base-T4接口，两者合起来称为100Base-T接口。

1. 接口信号线

不同网络接口的接口信号线定义不同。100Base-TX接口有4根信号线，分别为发送信号TX+和TX-、接收信号RX+和RX-，通过差分方式实现全双工串行传输。

由于使用了3类UTP，100Base-T4接口一般情况下只有10 Mbps的传输速率。为了达到100 Mbps的传输速率，100Base-T4接口采用了增加信号线数量的方法，8根信号线中的3对线用于传递数据、1对线用于冲突检测与控制，支持半双工传输方式。

2. 电气特性

标准以太网中，信息编码采用的都是曼彻斯特（Manchester）编码方法。

曼彻斯特编码规则是：电平从高电压到低电压的跳变表示“1”，电平从低电压到高电压的跳变表示“0”，电平跳变发生在每一个码元的中间位置。由于每一位均发生跳变，因此，曼彻斯特编码具有自同步（收发同步）能力和良好的抗干扰能力。

曼彻斯特编码的信号电平为：信号高电压为+0.85 V，信号低电压为-0.85 V，无信号时电压为0 V。

快速以太网中，信息编码都是基于曼彻斯特编码的扩展编码，不同类型网络的扩展编码方法不同。

100Base-TX 网络接口的信息编码采用的是，基于曼彻斯特编码的 4B/5B 编码方法，即编码以 5 个码元为一组，在这 32 种组合中，16 种被用来编码 4 位信息，另 16 种的一部分用作控制信息（如标记帧的边界）。而 100Base-T4 网络接口则采用了 8B/6T 方法，读者可自行查阅相关资料。

3. 连接器

RJ-45 是数据通信最常用的连接器之一，有 8 个引脚，RJ-45 插头俗称水晶头。以太网的传输介质为双绞线时，均采用 RJ-45 连接器，100Base-TX 接口也不例外。

100Base-TX 接口的 RJ-45 连接器引脚信号定义如图 4-36 所示，图中，RJ-45 为插头、面向读者，n/c 表示未连接/未定义。需注意，信号是从 DTE 角度定义的，不同网络接口的 RJ-45 引脚信号定义不同（如 100Base-T4 就有 8 个信号）。

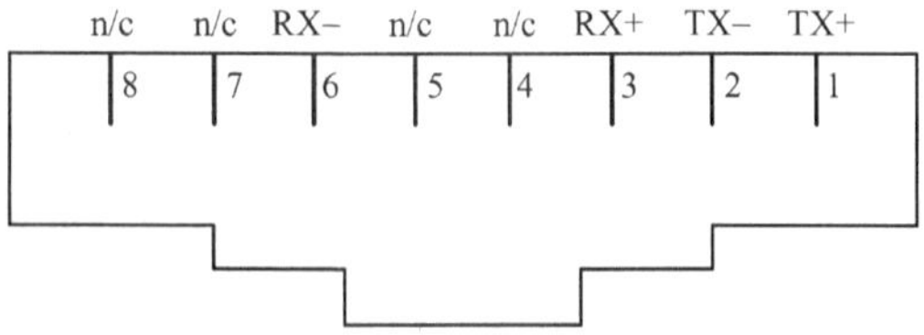

图 4-36　100Base-TX 的 RJ-45 引脚定义

对于全双工通信接口，DTE（如计算机）与 DCE（如交换机）连接时，信号连线需采用直通方式；DTE 与 DTE、DCE 与 DCE 连接时，信号连线需采用交叉方式。为此，RJ-45 连接器约定了两种线序：T568A（直通线）、T568B（交叉线），1 ~ 8 号引脚的信号线颜色分别为：

T568A（直通线）— 绿白、绿、橙白、蓝、蓝白、橙、棕白、棕

T568B（交叉线）— 橙白、橙、绿白、蓝、蓝白、绿、棕白、棕

因此，对于采用 100Base-TX 接口的网络连接，DTE 与 DCE 连接时，网线的两端均为 T568A 线序；DTE 与 DTE、DCE 与 DCE 连接时，网线的一端为 T568A 线序、另一端为 T568B 线序。

实际应用中，由于不同双绞线对的扭绕密度不同，制作网线时，应按照 T568A、T568B 规定的线序连线。

三、网络接口通信协议

以太网络接口通常有半双工、全双工两种通信模式，分别应用于共享式以太网、交换式以太网。使用半双工方式通信时，需要接口采用 CSMA/CD（带冲突检测的载波检测多路访问）协议，处理共享线路上的传输冲突。使用全双工方式通信时，则由交换机负责处理传输冲突，如使用多个传输信道、采用存储 - 转发传输方式等。相关协议不是本课程的重点，不再赘述。

以太网络接口的通信协议通常指 MAC（媒体介入控制）协议，MAC 协议是一种面向位的同步串行通信协议，且可以实现自同步。以太网 MAC 协议的帧格式有两种：DIX 以太网

帧格式、IEEE 802. 3 帧格式。由于 DIX 以太网规范比 IEEE 802. 3 早几年推出，因此，IEEE 802. 3 帧格式中所有的域与 DIX 以太网帧格式完全相同，仅两个域有所扩充，两种帧格式可以并存。

以太网的帧格式如图 4-37 所示，帧长度通常不包含先导域。

图 4-37　以太网的帧格式

先导域（Preamble）是每一帧的开始，包括 8 个字节（8Byte），其位模式为 10101010，可产生标准的方波，用于收发双方时钟同步及帧同步。IEEE 802. 3 的先导域为 7 个字节，1B 的帧起始域（Start of Frame Delimiter）标志其后为地址域，其位序列为 10101011。

类型域（Type）用于告知接收方如何处理这一帧，例如将此帧交给哪一层协议或哪个进程。IEEE 802. 3 将此域改为长度域（Length），方便了帧的收/发计数，但帧的处理受限，可在数据域中添加类型信息解决此问题。由于数据域最多为 1 500 B，为了实现两种帧格式共存，约定类型域的值≤1 500 时表示长度、>1 500 时表示类型。

由于网络传输可能发生冲突，因此，应避免所传输信息全部在途的情况发生，即发送方一帧已发送完，而接收方尚未收到先导域的第一个比特。为此，必须限制帧的最小长度，标准以太网及快速以太网的最小帧长度为 64 B，千兆以太网的最小帧长度为 512 B。

填充（Pad）域用于保证帧达到最小帧长度的要求，由图 4-37 可见，目标地址、源地址、类型/长度、校验和的总长为 18B，因此，数据域和填充域的总长度应为 46 ~ 1 500 B。

校验序列（Frame Check Sequence）域对帧中所有信息（不包含先导域）进行 CRC 检验。

以太网的接口编程与具体的网络接口芯片有关，其原理还是 I/O 接口编程，一般都采用 DMA 方式 I/O，以满足快速传输的要求。感兴趣的读者请自行查阅相关资料。

本章小结

本章主要介绍了串行接口的组成技术及其应用技术，主要内容包括串行通信过程、串行通信协议、异步串行接口、同步串行接口 4 个部分。希望学习本章后，能够对计算机串行接口的组成原理及技术有较深入的了解，并能够灵活应用。

串行通信的传输距离较长、传输速率较快，但通信过程相对复杂，如匀速传输、串—并转换等。串行通信的信号传输均采用收/发时钟进行控制，长距离通信的信号调制与解调可通过 MODEM 实现。串行接口应具有串行通信的协议实现及传输控制功能。

串行通信协议有异步串行、同步串行两种。异步串行通信协议的传输单位是字符，通过起始位、停止位实现帧同步，数据校验采用奇偶校验方式；同步串行通信协议的传输单位为数据块，通过多个比特的同步位序列实现帧同步，数据校验采用功能较强的校验方式。常见的校验方式有方阵检验、校验和、CRC 等。

异步串行接口的典型代表为 RS-232C 接口。RS-232C 接口采用单端传输方式、信号电平编码方式，传输距离较短，可控制 MODEM 实现频带通信，支持全双工、半双工通信方式，仅可实现点点通信。RS-422A、RS-485 接口采用平衡传输方式、信号电平编码方式，传输距离较长。RS-422A 接口支持全双工通信方式，可实现主从式的多点通信；RS-485 接口支持半双工通信方式，可实现任意的多点通信。

PC 机中异步串行接口为 COM 口，只能实现点点通信，其核心芯片通常为 PC 16550。PC 16550 集成了发送器/接收器、波特率发生器，带有 16 字节的 FIFO 缓冲器，具有 MODEM 控制功能，支持 8250 和 FIFO 数据缓冲方式，支持查询及中断 I/O 方式。COM 口应用编程主要包括串行口初始化、查询方式通信编程、中断方式通信编程 3 个方面，数据传送可以通过 INT 14H 进行 BIOS 功能调用实现。

PC 机中同步串行接口有 USB 接口、以太网络接口，可实现多点通信。USB 接口采用平衡传输方式、NRZI 编码方式，支持主从式的半双工通信方式，最大特点是热拔插及自动配置功能，基本传输单位为 USB 包，数据通信单位为事务（由几个 USB 包组成）。以太网络接口也采用平衡传输方式、曼彻斯特编码方式，支持全双工通信方式，有标准、快速、千兆 3 种网络类型，不同网络类型的接口特性不同，但帧格式相同。

思考题与练习题

4.1 串行通信有什么特点？为什么串行通信的信号传输需通过收/发时钟进行控制？

4.2 串行通信包含哪几个基本过程？每个过程的基本功能是什么？串行通信接口应具有哪些功能？

4.3 什么情况下，通信需要使用 MODEM？MODEM 有哪几种工作状态？MODEM 间通过拨号进行数据连接的过程是什么？

4.4 异步串行通信协议的帧格式有哪几个域（字段）？收发双方是如何实现帧同步的？又是如何实现位同步的？

4.5 异步串行通信时，通常采用较大的波特率系数，这样做有哪些好处？

4.6 采用异步串行通信协议传送 ASCII 字符时，约定帧格式中使用奇校验及 2 位停止位。若每秒需发送 1 000 个字符，则传输时的波特率、传输效率各为多少？若发送时波特率系数为 16，则发送时钟的频率为多少？

4.7 异步串行通信时，若约定帧格式为 7 位数据、无奇偶校验、1 位停止位，请画出传送数据 1000010 时的数据帧逻辑信号波形图。

4.8 若异步通信协议为 8 位数据位、偶校验及 1 位停止位，同步通信协议为 HDLC，传送一个数据块时，当数据块为多大时才能使得两种通信方式的传输效率相当？

4.9 某数据块有 6 个字节，分别为 0CH、2FH、95H、5AH、C3H、28H，该数据块的 LRC 校验和是多少？若采用 IP 协议的校验和算法，则该数据块的校验和又是多少？

4.10 若 CRC 的生成多项式为 1011，求出数据 110011 的 CRC 码，写出发送的码字。

4.11 RS-232C 接口中，与 MODEM 有关的信号线有哪些？DTE 进行远程通信时，这些信号线处于什么状态才能够正常发送和接收？哪些信号线与半双工通信方式有关？

4.12　RS-232C 接口中，基带传输时，如何实现半双工通信的收/发方向切换？

4.13　两个 DTE 采用 RS-232C 接口进行通信时，DTE_A 的连接器为 DB-9，DTE_B 的连接器为 DB-25，画出或写出两者采用空 MODEM 连接方式时，接口信号线的对应关系。

4.14　试比较 RS-422A 接口、RS-485 接口的主要不同点。

4.15　简述异步串行发送器发送一个字符的过程。说明设置发送缓冲器的好处。

4.16　简述异步串行接收器接收一个字符的过程。接收过程中，可能发生哪几种错误？

4.17　UART 8250 的主要功能有哪些？UART 16550 有哪些新特点？

4.18　PC 16550 有几个 I/O 端口及端口地址？它解决端口地址不够用问题的方法有哪些？举例说明。

4.19　写出 PC 16550 采用 8250 缓冲方式时，产生“发送保持器空”中断请求的条件。

4.20　读取 PC 16550 的 IIR 时，会导致某些中断请求被撤销吗？若会，请说明原因。

4.21　使用 COM1 口进行串行通信时，约定帧格式为 7 位数据位、无校验、2 位停止位，传输速率为 2 400 bit/s。若采用查询 I/O 方式，请写出初始化 COM1 口的程序；若改为中断 I/O 方式，初始化 COM1 口的程序有哪些变化？

4.22　USB 系统通过层次结构的 Hub 连接各 USB 设备，为什么会被称为 USB 总线？

4.23　USB 系统有哪些传输类型？USB 系统采用的传输管理方法是什么？不同传输类型的需求是如何实现的？

4.24　Hub 如何判断 USB 端口有无 USB 设备连接？如何判断连接设备的传输速度？

4.25　若某数据为 10111111100，画出 USB 总线传输该数据时的 NRZI 编码波形图。

4.26　RJ-45 接线时有几种线序？DTE 与 DTE 连接时，如何选择两端的线序？

4.27　以太网的帧格式中，填充域的作用是什么？校验序列域采用的是什么校验方法？

第五章 时间接口

学习目标

时间接口主要实现计算机系统外部定时，是数据通信的辅助接口之一。本章主要介绍定时/计数技术的基本原理，讨论定时/计数器8254的结构及其应用编程，以及实时时钟电路MC146818的结构及其应用编程。要求学生通过本章的学习，能够掌握计数器的工作原理，掌握8254的工作方式及其应用编程方法，了解MC146818的基本功能，掌握访问实时时钟信息的编程方法。

自学时数

8学时。

教师导学

本章主要介绍时间接口的基本组成及其应用技术，在学习本章时，应注意如下几点：

(1) 时间接口分为定时接口、计时接口两种，注意根据功能分析其结构。定时/计时的基础都是计数，熟练掌握计数器的基本组成及其工作原理很重要。

(2) 8254主要实现定时功能，工作方式较多、不易记忆，需注意比较与分析。

(3) MC146818主要实现系统计时功能，应用中通常不涉及硬件电路，学习重点应放在实时时钟信息的读/写、自定义定时操作的应用编程两个方面。

(4) 本章的重点是8254的工作方式及应用编程，难点是MC146818的定时操作编程。

(5) 通过本章的学习，读者应能够利用计算机的时间接口进行定时及计时应用。

第一节 定时技术概述

一、定时技术

定时、计时是最常见及最普遍的问题，计算机系统、工业控制中都存在定时与计时问题。定时与计时都是对时间单位进行计数，只是计数方法不同而已，定时是减法计数、输出时间结束的状态，计时是加法计数、输出经过的时间。定时与计时常统称为定时，需要时才加以区分。

计算机系统中，定时可分为内部定时和外部定时两类。内部定时常用于产生计算机内部运行所需的时间基准，如CPU、系统总线的每个操作都严格按照时间基准执行，定时精度要求较高，且无法更改。外部定时常用于产生I/O设备控制所需的时间基准，如扬声器的声音频率控制、定时开关、实时时钟等，定时精度要求不高，且可以修改，控制模式也应有多种类型。

内部定时的精度要求较高，已由相关部件的硬件结构确定、无法更改；外部定时可以根据应用需求进行修改，内容包括定时、计时两个方面。因此，本章重点讨论外部定时的定时技术、计时技术。

定时的实现原理通常是对时间单位进行计数，如计满 60 秒钟为 1 分钟，计满 24 小时为 1 天。因此，定时与计数的本质是一样的，只不过计数中“数”的单位是任意的，而定时中“数”的单位是时间单位。因此，定时的基础是计数。

定时的实现方法通常有软件定时、硬件定时两种，硬件定时又分为可编程定时、不可编程定时两种类型。软件定时利用 CPU 的内部定时机构（指令周期长度固定）循环执行一段程序来实现，软件定时的时长可改变、无需增加硬件，但浪费 CPU 资源、通用性差（随 CPU 主频而变化）。硬件定时采用可编程的定时/计数器、或不可编程的单稳延时电路实现，硬件定时不占用 CPU 时间，定时的时长较长，使用灵活，通用性较好。

二、可编程计数器

计数指对对象进行数量累计，对象的类型可以是任意的，累计方法常有加 1 或减 1 两种。计数器是实现计数功能的器件，通常使用脉冲信号表示对象，输入端每来一个脉冲，计数值就加 1 或减 1。

为了便于实现定时，计数器通常采用减 1 计数方法，计数到零时产生输出信号。为了便于实现计数，计数器通常可以输出当前计数值，计数个数 = 计数初值 - 当前计数值。为了提高应用灵活性，计数器通常支持多种工作方式，计数初值也可以改变。

可编程计数器通常由计数初值寄存器（CR）、计数单元（CE）、计数输出锁存器（OL）、控制逻辑等组成，如图 5-1 所示，其中 CR、CE、OL 是可编程计数器的核心，控制逻辑主要用于支持多种工作方式，其余为 I/O 接口逻辑。

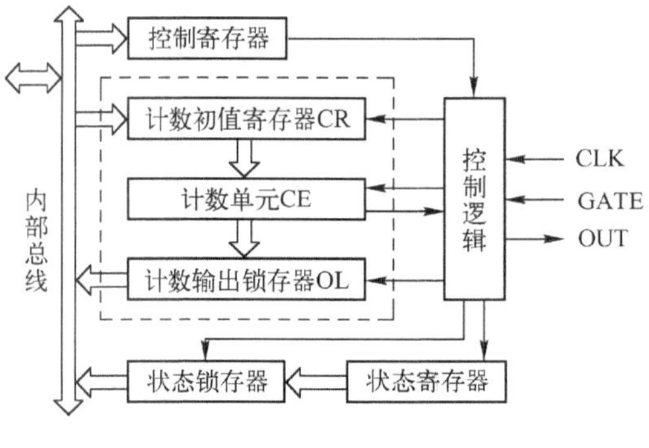

图 5-1　可编程计数器的内部结构

计数初值寄存器（CR）：用于存放计数初值。初始化时由外部装入，计数过程中保持不变，以便于实现重复计数功能。所谓重复计数，指计数单元 CE 在计数到零时，自动将计数初值装入 CE，然后重新开始计数。

计数单元（CE）：用于进行减 1（或加 1）操作，每来一个脉冲，计数值减 1（或加 1）。初始的计数值来自于 CR，通常在写入 CR 时自动传送到 CE 中。

计数输出锁存器（OL）：用于存放当前计数值。设置 OL 的目的是读出操作过程中信息保持不变（如分两次读出），且计数过程不受读出操作干扰。因此，计数过程中，OL 随 CE 而变化，读出前应先锁存 OL 中的信息，输出后 OL 自动解锁（随 CE 而变化）。

可见，可编程计数器的工作原理是，CE 的计数初值来自于 CR，CLK 每来一个脉冲，CE 进行减 1（加 1）操作，计数到零时改变 OUT 状态。

可编程计数器的编程方法是，初始化时，设置计数器的工作方式，向 CR 写入计数初值；计数过程中，可以锁存当前的计数值或状态，从 OL 读出当前计数值，或从状态锁存器读出当前状态。

目前，计算机系统都采用可编程集成电路来满足外部的定时/计数、计时需要。PC 机中普遍应用的是 Intel 公司生产的 8254 定时/计数器芯片及 Motorola 公司生产的 MC146818 实时时钟芯片。

第二节　可编程定时/计数器 8254

8253/8254 系列芯片是 Intel 公司设计的可编程间隔定时器（Programmable Interval Timer, PIT），常称为可编程定时/计数器。Intel 8254 是 8253 的改进产品，外部引脚和编程特性与 8253 完全兼容，且具有更优良的性能。8254 系列也有多种芯片，常用的是 Intel 8254-2。与大多数教材一样，本章也用 8254-2 代表 8254 进行讨论。

一、8254 基本结构

（一）8254 的基本功能

Intel 8254 的基本功能为：

1）具有 3 个独立的 16 位计数器。

2）每个计数器可按二进制或十进制（BCD）计数。

3）每个计数器可编程工作于 6 种不同工作方式。

4）每个计数器允许的最高计数频率为 10 MHz（8253 为 2 MHz，8253-5 为 5 MHz）。

5）支持读回命令（8253 不支持），可以读出计数单元的内容和计数状态。

Intel8254 中，每个计数器的逻辑功能完全相同，当计数脉冲频率固定时，可用作定时器，否则用作计数器。

（二）8254 的内部结构

Intel 8254 由总线接口逻辑、3 个计数器组成，总线接口逻辑又由数据总线缓冲、端口地址译码、读/写控制、计数器选择等逻辑组成，内部结构如图 5-2 所示。

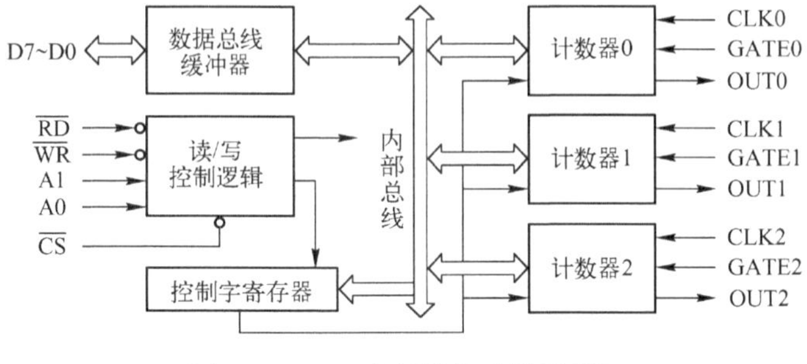

图 5-2　8254 内部结构及外部引脚

数据总线缓冲器：是一个三态、双向 8 位寄存器，可以直接和数据总线相连。CPU 对 8254 的所有操作信息均通过该缓冲器传送。

控制字寄存器：是一个 8 位只写寄存器，存放外部写入的控制字。控制字可以用于选择计数器，也可以用于实现计数值或状态的锁存。

读/写控制逻辑：主要完成端口地址译码、端口读/写功能。当$\overline{CS}$有效时，根据 A1 和 A0 选择内部寄存器，根据$\overline{RD}$或$\overline{WR}$控制端口的读或写、数据总线缓冲器的传送方向。利用控制字寄存器，端口地址译码时可以采用标志位、间接访问等技术，解决端口地址不够用的问题。

计数器：有 3 个 16 位的减 1 计数器，基本结构与图 5-1 相同。需要注意的是，设置计数器的工作方式，计数初值寄存器 CR 将被自动清零；计数过程中可以重写 CR，CR 送入 CE 的时机与工作方式有关；CR 写入及 OL 读出通常分两次进行（16 位），也可以仅一次读/写（8 位），仅写入 8 位时另一个字节自动置为 0。

（三）8254 的外部引脚

与常规可编程芯片类似，8254 的外部引脚分为总线侧信号线、设备侧信号线两个部分，如图 5-2 所示。

1. 总线侧信号线

总线侧信号线有：数据线 D7 ~ D0、地址线 A1 和 A0、片选线$\overline{CS}$、读/写线$\overline{RD}$和$\overline{WR}$，各个信号线的功能与常规 I/O 接口芯片的相应信号线功能相同，此处不再赘述，读者可参考 8255 芯片相关信号线。

由图 5-1 可知，8254 内部的每个计数器都有控制口、状态口、CR 及 OL 4 个 I/O 端口。

8254 的端口地址只有 4 个，8254 内部的端口地址分配及其对应的操作如表 5-1 所示。其中，A1A0 = 11 对应的操作功能较为复杂，用于实现计数器的选择、当前计数器的工作方式设置、当前计数器的计数值或状态的锁存等功能。

表 5-1　8254 内部寄存器选择与读/写操作

$\overline{CS}$	$\overline{RD}$	$\overline{WR}$	A1	A0	操　作	内　容
0	1	0	0	0	向计数器 0 写	计数初值
0	1	0	0	1	向计数器 1 写	计数初值
0	1	0	1	0	向计数器 2 写	计数初值
0	1	0	1	1	向控制字寄存器写	控制字
0	0	1	0	0	从计数器 0 读	当前计数值或状态
0	0	1	0	1	从计数器 1 读	当前计数值或状态
0	0	1	1	0	从计数器 2 读	当前计数值或状态
0	0	1	1	1	无操作（未定义）	
0	1	1	×	×	无效操作（引脚 D 高阻）	
1	×	×	×	×	禁止操作（引脚 D 高阻）	

2. 设备侧的信号线

设备侧信号线为 3 个计数器的设备侧信号线，3 个计数器相互独立，共 9 根信号线。

CLK——时钟信号线，输入，作用是接收计数脉冲。计数过程中，CLK 每输入一个脉冲信号，计数单元 CE 使计数值减 1。

GATE——门控信号线，输入，作用是控制计数过程，如启动、禁止、暂停及继续。不同工作方式下，GATE 的控制作用不同。

OUT——输出信号线，输出，作用是输出计数状态，如 OUT 在计数开始时为低电平，在计数到零时为高电平。不同工作方式下，OUT 的状态表示形式不同。该信号可以用于设备的定时或计数控制，如启动某种操作，或者用作中断请求信号。

二、8254 工作方式

8254 的每个计数器都有 6 种工作方式，且都可以通过编程进行选择，以适应不同的应用需求。不同工作方式的主要区别在于，计数启动的触发方式、OUT 的输出波形、GATE 的控制功能等不同。

计数启动后，OUT 将变为特定状态；计数初值从 CR 装入到 CE 后，计数开始；计数过程中，可以改变 GATE 状态、重写计数初值，不同工作方式的 OUT 输出波形不同。

（一）方式 0——计数结束时中断（Interrupt on Terminal Count）

方式 0 是典型的事件计数方式，计数结束时输出信号才发生变化，可用作中断请求信号。

8254 工作于方式 0 的工作波形如图 5-3 所示。

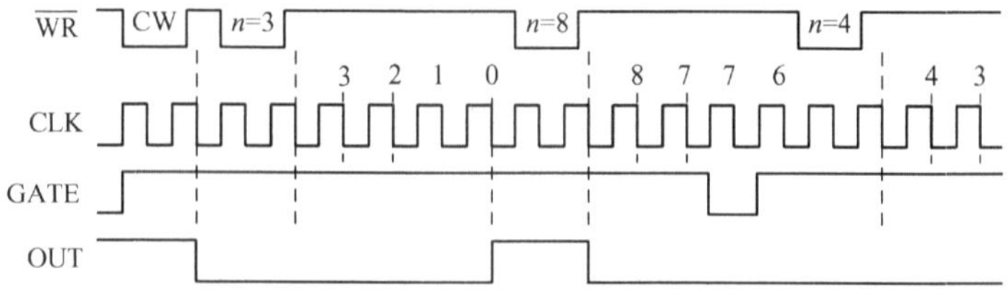

图 5-3　方式 0 的工作波形

方式 0 的工作特点是：

1）方式设定后（写入方式控制字 CW），OUT 输出低电平。

2）计数由软件触发，每次写入计数初值，都启动一次计数。计数启动时，OUT 变为低电平，计数初值 n 在下一个 CLK 脉冲下降沿写入 CE，计数开始。

3）计数过程中，采用减 1 计数，OUT 保持低电平；计数值为 0 时，OUT 输出高电平。OUT 的单脉冲（负）宽度为 $n+1$ 个 CLK 脉冲周期。

4）GATE 高电平时允许计数，低电平时禁止计数，上升沿时继续计数。

5）重写的计数初值立即生效。因为重写操作将启动一次新的计数过程。

所有方式中，计数的启动、开始等过程都发生在 CLK 脉冲的下降沿处，即 OUT 波形也总是在 CLK 脉冲下降沿发生变化。

所有方式中，软件触发的计数启动都需要硬件允许（即 GATE 为高电平），启动发生在计数初值写完（$\overline{WR}$上升沿）后。

（二）方式 1——硬件可重触发单稳（Hardware Retriggerable One - Shot）

方式 1 通过硬件触发计数，计数器相当于一个可编程的单稳态触发器。

8254 工作于方式 1 的工作波形如图 5-4 所示。

方式 1 的工作特点是：

1）方式设定后，OUT 输出高电平。

2）计数由硬件触发，GATE 的每个上升沿，都启动一次计数。计数启动时，OUT 变为低电平，计数初值 n 同时写入 CE，计数开始。

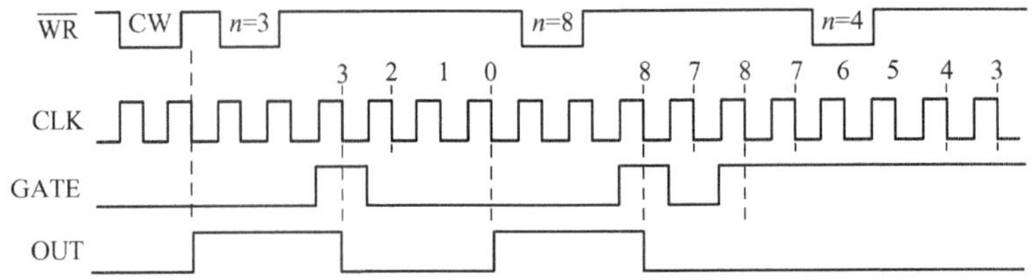

图 5-4　方式 1 的工作波形

3）计数过程中，采用减 1 计数，OUT 保持低电平；计数值为 0 时，OUT 输出高电平。OUT 的单脉冲（负）宽度为 n 个 CLK 脉冲周期。

4）GATE 的高电平、低电平、下降沿对计数过程均无影响。

5）重写的计数初值在重新（下次）计数时生效，不影响当前计数过程。

通常约定，硬件触发方式指只能通过 GATE 上升沿启动计数的触发方式，除此之外的都称为软件触发方式。

（三）方式 2——速率发生器（Rate Generator）

方式 2 具有重复计数功能，可产生连续的脉冲信号，常用作脉冲信号发生器。由于输出脉冲的周期取决于计数初值，该方式又称为分频方式。

重复计数功能又称初值自动重装功能，即 CE 在计数值减到 0 时，自动将计数初值（CR 中）装入到 CE，然后重新开始计数。因而，方式 2 能够产生连续的脉冲信号。

8254 工作于方式 2 的工作波形如图 5-5 所示。

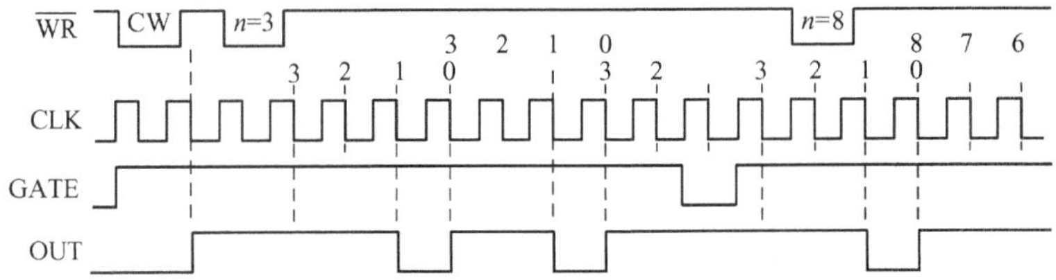

图 5-5　方式 2 的工作波形

方式 2 的工作特点是：

1）方式设定后，OUT 输出高电平。

2）计数由软件触发，由于具有重复计数功能，方式设定后首次写入计数初值，启动一次计数。计数启动时，OUT 变为高电平，计数初值 n 同时写入 CE，计数开始。

3）计数过程中，采用减 1 计数，OUT 保持高电平；计数值为 1 时，OUT 变为低电平；计数值为 0 时，OUT 输出高电平，计数初值自动写入 CE，计数重新开始。OUT 的负脉冲宽度为 1 个 CLK 脉冲周期，脉冲周期为 n 个 CLK 脉冲宽度。

4）GATE 高电平时允许计数，低电平时禁止计数，上升沿时重新启动计数。

5）重写的计数初值在重复计数（CE 自动重装）或重新计数时生效。

（四）方式 3——方波发生器（Square Wave Output）

方式 3 与方式 2 类似，具有重复计数功能，可产生连续的方波（非负脉冲）。

8254 工作于方式 3 的工作波形如图 5-6 所示。

方式 3 的工作特点是：

1）方式设定后，OUT 输出高电平。

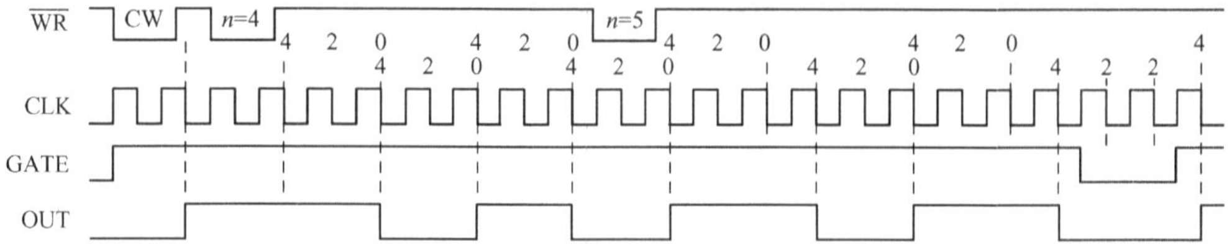

图 5-6　方式 3 的工作波形

2）计数由软件触发，方式设定后首次写入计数初值，启动一次计数。计数启动时，OUT 变为高电平，计数初值 n 处理后（最低位变为 0）写入 CE，计数开始。

3）计数过程中，采用减 2 计数，OUT 保持不变；计数值减为 0 时，立即或下一个 CLK 脉冲完成下列动作：OUT 改变极性，计数初值 n 处理后（最低位变为 0）自动写入 CE，计数重新开始。当 n 为奇数、且 OUT 为高电平，计数值为 0 时的动作在下一个 CLK 脉冲完成，否则立即完成。OUT 输出的方波是对称或近似的，方波周期为 n 个 CLK 脉冲宽度，高电平、低电平分别为 $\lceil n/2 \rceil$、$\lfloor n/2 \rfloor$ 个 CLK 脉冲宽度。

4）GATE 高电平时允许计数，低电平时禁止计数，上升沿时重新启动计数。

5）重写的计数初值在重复计数或重新计数时生效，不影响当前计数过程。

需要说明的是，减 2 计数可以通过 n 右移 1 位后写入 CE、CE 减 1 计数来实现，n 奇偶判断可以通过判断 n 最低位（右移移出的位）来实现。

（五）方式 4——软件触发选通（Software Triggered Strobe）

方式 4 与方式 0 十分相似，产生的是负脉冲（非单脉冲）。所谓选通，指计数到零后产生脉冲信号（选通信号）。

8254 工作于方式 4 的工作波形如图 5-7 所示。

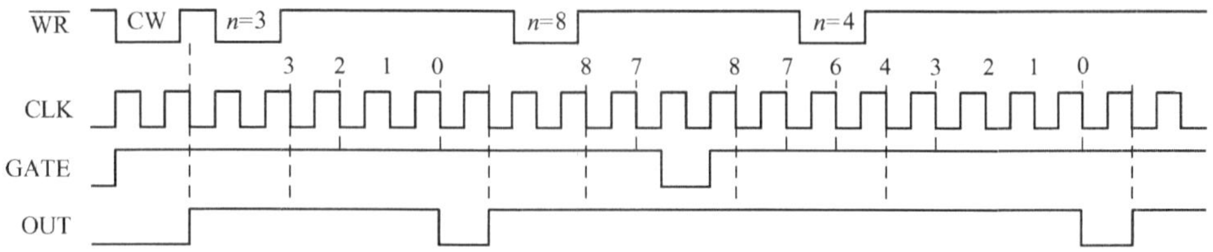

图 5-7　方式 4 的工作波形

方式 4 的工作特点是：

1）方式设定后，OUT 输出高电平。

2）计数由软件触发，每次写入计数初值，都启动一次计数。计数启动时，OUT 变为高电平，计数初值同时写入 CE，计数开始。

3）计数过程中，采用减 1 计数，OUT 保持高电平；计数值为 0 时，OUT 输出宽度为 1 个 CLK 脉冲周期的负脉冲。OUT 的负脉冲周期为 $n+1$ 个 CLK 脉冲宽度。

4）GATE 高电平时允许计数，低电平时禁止计数，上升沿时重新启动计数。

5）重写的计数初值立即生效。因为重写初值操作将启动一次新的计数过程。

（六）方式 5——硬件触发选通（Hardware Triggered Strobe）

方式 5 与方式 1 十分相似，产生的是负脉冲（非单脉冲）。

8254 工作于方式 5 的工作波形如图 5-8 所示。

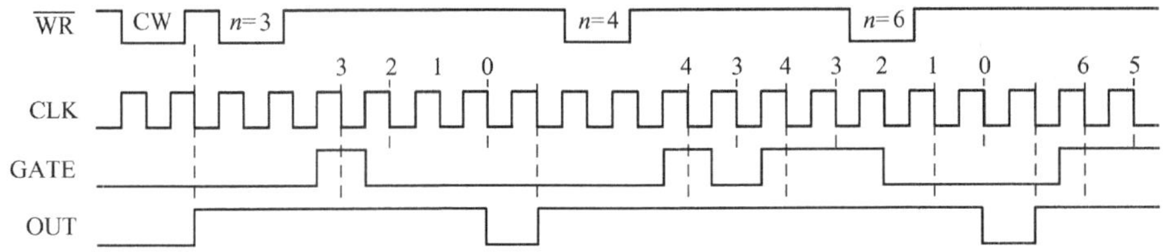

图 5-8　方式 5 的工作波形

方式 5 的工作特点是：

1）方式设定后，OUT 输出高电平。

2）计数由硬件触发，GATE 的每个上升沿，启动一次计数。计数启动时，OUT 变为高电平，计数初值 n 同时写入 CE，计数开始。

3）计数过程中，采用减 1 计数，OUT 保持高电平；计数值为 0 时，OUT 输出宽度为 1 个 CLK 脉冲周期的负脉冲。OUT 的负脉冲周期为 $n+1$ 个 CLK 脉冲宽度。

4）GATE 的高电平、低电平、下降沿对计数过程均无影响。

5）重写的计数初值在重新计数时生效，不影响当前计数过程。

表 5-2 列出了各种工作方式的特性，其中，n 表示计数初值。

表 5-2　8254 的 6 种工作方式特性

		方式 0	方式 1	方式 2	方式 3	方式 4	方式 5
OUT状态	写 CW 后	低电平	高电平	高电平	高电平	高电平	高电平
	输出波形	单脉冲（负）	单脉冲（负）	负脉冲	方波	负脉冲	负脉冲
	波形宽度	$n+1$	n	n	n	$n+1$	$n+1$
重复计数功能		无	无	有	有	无	无
重写初值的生效时机		立即生效	重新计数时	重复计数或重新计数时	重复计数或重新计数时	立即生效	重新计数时
GATE效果	低电平	禁止计数	无影响	禁止计数	禁止计数	禁止计数	无影响
	上升沿	继续计数	重新计数	重新计数	重新计数	重新计数	重新计数
	高电平	允许计数	无影响	允许计数	允许计数	允许计数	无影响
	下降沿	暂停计数	无影响	停止计数	停止计数	停止计数	无影响

可见，方式 2 和方式 3 可以重复计数，其余方式只能一次计数；方式 1 和方式 5 属于硬件触发（只使用 GATE 上升沿），其余方式属于软件触发（需要 GATE 允许），软件触发的方式中，GATE 上升沿的作用不同；方式 0 和方式 1、方式 4 和方式 5 的初值重写的生效时机、OUT 输出波形都很相似。

不同工作方式适用于不同的场合，应用中，可根据应用需求进行选择使用。

三、8254 的控制字和状态字

8254 的计数器支持 6 种工作方式、软件可以锁存当前计数值或状态。8254 有方式选择、锁存命令、读回命令 3 个控制字，以及 1 个状态字。

4 个信息字共用 1 个端口地址（A1A0 = 11），控制字、状态字通过操作类型（写/读）区分，3 个控制字通过标志位（特征位）区分。

（一）方式选择控制字

方式选择控制字用来设置计数器的工作方式，信息字格式如图 5-9 所示。

D7	D6	D5	D4	D3	D2	D1	D0
SC1	SC0	RW1	RW0	M2	M1	M0	BCD
计数器选器		读/写格式选择		工作方式选择			计数码制选择

图 5-9　方式选择控制字格式

1. 计数器选择

D7D6 = 00，选择计数器 0；D7D6 = 01，选择计数器 1；D7D6 = 10，选择计数器 2；

D7D6 = 11，读回命令控制字的标志位（特征位）。

2. 读/写格式选择

D5D4 = 00，锁存命令控制字的标志位（特征位）；

D5D4 = 01，读出/写入计数值时，仅读/写低字节；

D5D4 = 10，读出/写入计数值时，仅读/写高字节；

D5D4 = 11，读出/写入计数值时，先读/写低字节、后读/写高字节。

3. 工作方式选择

D3D2D1 = 000，选择方式 0；D3D2D1 = 001，选择方式 1；

D3D2D1 = ×10，选择方式 2；D3D2D1 = ×11，选择方式 3；

D3D2D1 = 100，选择方式 4；D3D2D1 = 101，选择方式 5。

4. 计数码制选择

D0 = 0，计数时按二进制码进行减 1 操作。计数初值为二进制数，计数初值的范围为 0000H ~ FFFFH，其中 0000H 表示 65536。

D0 = 1，计数时按 BCD 码进行减 1 操作。计数初值为 - 进制数，计数初值的范围为 0000H ~ 9999H，其中 0000H 表示十进制的 10000。

可见，每次写方式选择控制字，只能设置一个计数器的工作方式。通过标志位 D7D6 = 11 可以与读回命令进行区分，通过标志位 D5D4 = 00 可以与锁存命令进行区分。

（二）锁存命令控制字

锁存命令控制字用来锁存计数器的计数值，信息字格式如图 5-10 所示。其中，D5D4 = 00 是锁存命令控制字的标志位，以区别于同一端口地址的方式选择控制字。

D7	D6	D5	D4	D3	D2	D1	D0
SC1	SC0	0	0	×	×	×	×

图 5-10　锁存命令控制字格式

D7D6 位用于选择需锁存的计数器（SC1SC0），D3 ~ D0 位未使用。

可见，锁存命令同时只能锁存一个计数器的当前计数值。

（三）读回命令控制字

读回命令控制字用来锁存计数器的计数值或状态，信息字格式如图 5-11 所示。其中，

D7D6 = 11 是读回命令控制字的标志位，以区别于同一端口地址的方式选择控制字。

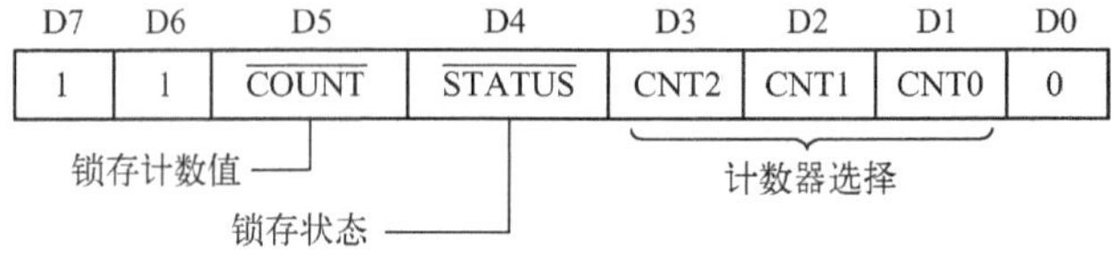

图 5-11　读回命令控制字格式

D3 ~ D1 位：用于选择需锁存的计数器，每位对应一个计数器，Di = 1 时选中。

D4 位：用于锁存所选计数器的状态，D4 = 0 时锁存，D4 = 1 时不锁存。

D5 位：用于锁存所选计数器的计数值，D5 = 0 时锁存，D5 = 1 时不锁存。

可见，读回命令可以同时锁存多个计数器的计数值或状态，而锁存命令只能锁存一个计数器。由表 5-1 可见，计数器的计数值或状态从同一端口地址读出，因此，计数值和状态不能同时锁存，读回命令 D5 及 D4 位决定了从该端口读出的信息类型（间接访问方式）。

（四）状态字

状态字用来表示计数器的状态，信息字格式如图 5-12 所示。

图 5-12　8254 的状态字格式

D7 位：表示 OUT 引脚的状态，D7 = 0 表示低电平，D7 = 1 表示高电平。

D6 位：表示 CE 的工作状态，D6 = 0 表示计数初值已装入 CE，可以读取 OL。

D5 ~ D0 位：表示所选择的工作方式，含义同方式选择控制字的 D5 ~ D0 位。

由表 5-1 可见，从 A1A0 = 11 读出的内容是计数值还是状态，取决于之前的读回命令或锁存命令，或 GATE 信号状态（禁止计数时读出的是计数值）。需注意，从锁存器中读出计数值或状态后，其锁存器将自动解锁。

四、8254 应用编程

和所有可编程芯片一样，使用前，须对 8254 进行初始化；使用过程中，可对 8254 进行工作编程，包括改变计数初值、控制计数过程、读取计数状态等。

（一）初始化编程

计数器的初始化编程包括设置工作方式、写入计数初值 2 个步骤。由于设置工作方式会使 CR 自动清零，因此，计数器初始化时应向 CR 写入计数初值。

8254 初始化编程时，需要对使用的各个计数器分别进行初始化编程，原因是 8254 的 3 个计数器是相互独立的。

例 5-1　要求 8254 输出频率为 2 kHz 的方波，假设 8254 的 CLK0 连接有频率为 2 MHz 的时钟脉冲，8254 的端口地址为 40H ~ 43H，试写出 8254 的初始化程序段。

解　依题意，计数器应工作于方式 3。计数初值 $= f_{CLK}/f_{OUT} = 2MHz/2kHz = 1\,000$。

由于 $1\,000 < 65\,536$，故仅使用一个计数器即可；由于 $1000 > 256$，故计数初值需分 2 次写入。初始化程序段如下：

```
MOV   AL,  00110110B   ;CNT0 工作方式：方式 3、二进制计数，先低后高读/写
OUT   43H, AL          ;向 CNT0 写方式选择控制字
MOV   AX,  1000        ;不能写成 1000H(4096)，由计数进制决定
OUT   40H, AL          ;向 CNT0 写计数初值的低 8 位
MOV   AL,  AH
OUT   40H, AL          ;向 CNT0 写计数初值的高 8 位
```

注意，计数器在计数初值全部写完时，才启动计数。

例 5-2　要求 8254 输出频率为 1 Hz 的负脉冲，假设 8254 的 CLK0 连接有频率为 1 MHz 的时钟脉冲，8254 的端口地址为 40H ~ 43H，试写出 8254 的初始化程序段。

解　依题意，计数器应工作于方式 2。计数初值 $=f_{CLK}/f_{OUT}=1\text{ MHz}/1\text{ Hz}=1\,000\,000$。

由于 1 000 000 > 65 536，故需使用 2 个计数器级联，电路连接如图 5-13 所示。

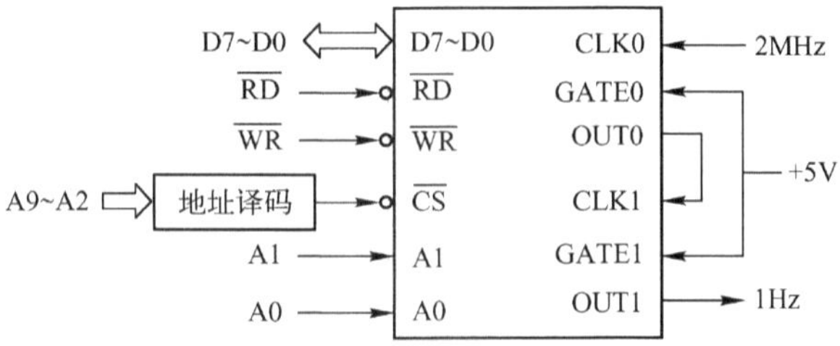

图 5-13　8254 的计数器级联

假设采用 1 000 000 = 20 000 × 50 方案，则计数器 0 工作于方式 2 或方式 3，产生 50 Hz 的负脉冲或方波，作为计数器 1 的 CLK 信号；计数器 1 工作于方式 2，产生 1 Hz 的负脉冲。计数器 0 的计数初值需分 2 次写入，计数器 1 可 1 次写入。初始化程序段如下：

```
MOV   AL,  00110110B   ;CNT0 工作方式：方式 3、二进制计数，先低后高读/写
OUT   43H, AL          ;向 CNT0 写方式选择控制字
MOV   AX,  20000
OUT   40H, AL          ;向 CNT0 写计数初值的低 8 位(20000%256)
MOV   AL,  AH
OUT   40H, AL          ;向 CNT0 写计数初值的高 8 位(20000/256)
MOV   AL,  01010101B   ;CNT0 工作方式：方式 2、BCD 计数，只低字节读/写
OUT   43H, AL          ;向 CNT1 写方式选择控制字
MOV   AL,  50H         ;BCD 码的 50H 表示十进制数 50
OUT   41H, AL          ;向 CNT1 写计数初值
```

注意，计数器采用 BCD 计数时，计数初值应为二 - 十进制数（BCD 码）。

（二）工作编程

8254 工作过程中，用户可以查询计数器的工作状态，或重新计数。8254 的工作编程包括改变计数初值，查询当前的计数值或状态两个方面。

1. 改变计数初值

8254 工作过程中，允许重写计数初值，新的初值何时生效，取决于当前的工作方式及 GATE 状态（参见表 5-2）。

改变计数初值的方法与初始化编程中写入计数初值的方法完全相同，通过 1 ~2 条 OUT 指令实现，用户可以在任何时候改变计数初值。

2. 读取当前计数值或状态

8254 工作过程中，允许读出当前的计数值或状态，读出信息前应先锁存信息，以解决其随 CE 不停变化的问题。8254 提供了 2 种锁存命令：锁存命令、读回命令，命令格式分别如图 5-10、图 5-11 所示。

读取计数值或状态的正确方法是，先使用锁存命令或读回命令锁存信息，再读出已锁存的计数值或状态。

例 5-3 假设 8254 计数器 1 的计数初值是分 2 次写入的，8254 端口地址为 240H ~ 243H，试写出正确读出 8254 计数器 1 当前计数值的程序段。

解 可以使用锁存命令实现锁存，读出当前计数值的程序段如下：

```
MOV   DX, 243H
MOV   AL, 01000000B         ;锁存命令：锁存 CNT1 的计数值(OL)
OUT   DX, AL                ;写锁存命令
MOV   DX, 241H
IN    AL, DX                ;读 CNT1 的当前计数值低 8 位
MOV   AH, AL
IN    AL, DX                ;读 CNT1 的当前计数值高 8 位
XCHG  AH, AL                ;AX 的内容为 CNT1 的当前计数值
```

例 5-4 续例 5-2，要求读出 8254 计数器 0、计数器 1 的当前计数值，以及计数器 1 的当前状态，试编写实现上述功能的程序段。

解 当前状态只能使用读回命令实现锁存，实现上述功能的程序段如下：

```
MOV   AL,  11010110B        ;读回命令：同时锁存 CNT0、CNT1 的计数值
OUT   43H, AL               ;写读回命令
IN    AL,  40H              ;读 CNT0 的 OL 低 8 位
MOV   BL,  AL
IN    AL,  40H              ;读 CNT0 的 OL 高 8 位
MOV   BH,  AL               ;BX 内容为 CNT0 的当前计数值(二进制)
IN    AL,  41H              ;读 CNT1 的 OL 低 8 位，AL 内容为当前计数值(BCD 码)
MOV   AL,  11100100B        ;读回命令：锁存 CNT1 的状态
OUT   43H, AL               ;写读回命令
IN    AL,  41H              ;读 CNT1 的状态锁存器，AL 内容为当前状态(XY010101)
```

注意，计数值与状态不能同时锁存；锁存的信息读出后，锁存器自动解锁；方式选择控制字决定所读出计数值的真值（二进制或 BCD 码）。

例 5-5 要求使用 8254 采集外部信号 S_IN 的频率，假设时钟脉冲 S_CLK 频率为1 MHz，

8254 的端口地址为 40H～43H，试画出 8254 的连接电路图，写出相应的汇编语言程序。

解 假设 S_IN 的采集时长为 t 秒，计数器的计数初值为 N，计数器的当前计数值为 M，则 S_IN 的频率为 $f_{S\_IN}=(N-M)/t$。时长 t 同样可用计数器实现，CLK 连接时钟脉冲 S_CLK，计数初值为 K 时，计数值为 0 表示经过的时长 $t=K/f_{S\_CLK}$。

现使用计数器 0（CNT0）采集 S_IN 频率，使用计数器 1（CNT1）实现定时。依题意，CNT0 与 CNT1 同时计数，CNT1 计数结束时，控制 CNT0 停止计数。若使用 8255 进行 CNT1 的计数开始控制及计数结束检测，则 8254 的连接电路如图 5-14 所示。

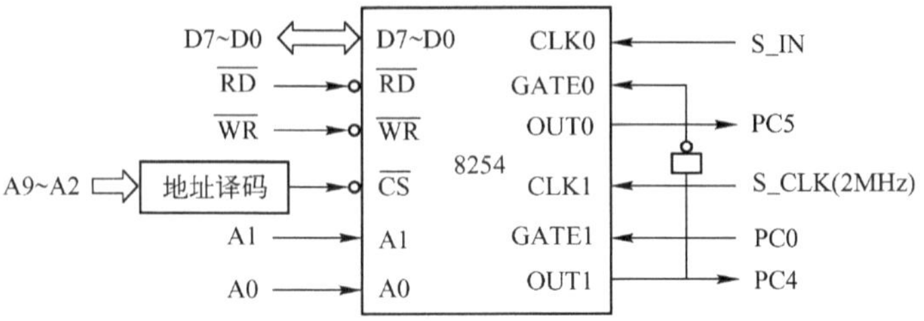

图 5-14 使用 8254 采集信号频率的连接电路

由图可见，CNT1 可以采用方式 1，CNT 0 可以采用方式 4 或方式 0。CNT1 的计数开始由 PC4 控制；OUT1 在计数开始时产生下降沿，反向后控制 CNT 0 的计数开始；OUT1 在计数结束时产生上升沿，反向后控制 CNT 0 的计数停止（锁存）。

为了使采集尽量准确，N 应取最大值（65 536），应确保定时结束时 $M>0$。因此，计数器应采用二进制计数方法，t 应根据 S_IN 的预估频率来确定。

假设 $t=10\text{ms}$，则 $K=10\text{ms}\times1\text{ MHz}=10\,000$，实现 S_IN 频率采集的程序如下：

```
CODE   SEGMENT
       ASSUME CS:CODE, SS: DATA
START: MOV  AX,  DATA
       MOV  DS,  AX
       MOV  AL,  10001000B   ;8255 方式：方式 0，C 口高部输入、低部输出
       OUT  63H, AL          ;写 8255 方式选择控制字
       MOV  AL,  00H
       OUT  62H, AL          ;置 PC0 = 0，禁止定时(采集)
       MOV  AL,  01110010B   ;CNT1 方式：方式 1、二进制计数、先低后高读/写
       OUT  43H, AL          ;写 CNT1 方式选择控制字
       MOV  AX,  10000
       OUT  41H, AL          ;向 CNT1 写计数初值的低 8 位
       MOV  AL,  AH
       OUT  41H, AL          ;向 CNT1 写计数初值的高 8 位
       MOV  AL,  00111000B   ;CNT0 方式：方式 4、二进制计数、先低后高读/写
       OUT  43H, AL          ;写 CNT0 方式选择控制字
       MOV  AX,  0
       OUT  40H, AL          ;向 CNT0 写计数初值的低 8 位
```

```
        OUT  40H, AL            ;向 CNT0 写计数初值的高 8 位(AH 与 AL 值相同)
        MOV  AL, 01H
        OUT  62H, AL            ;置 PC0 = 1,开始定时(采集)
_WAIT:  IN   AL, 62H
        TEST AL, 10H            ;测试 PC4 是否为 1
        JZ   _WAIT              ;等待定时结束
        IN   AL, 40H            ;定时结束时, CNT0 被禁止计数(GATE0 为低电平)
        MOV  AH, AL
        IN   AL, 40H            ;读 CNT0 的当前计数值
        XCHG AH, AL             ;AX 的内容为当前计数值 M
        ;计算频率, 结果转换成 ASCII 字符、显示
        MOV  AX, 4C00H
        INT  21H
CODE    ENDS
        END START
```

第三节　8254 在 PC 机中的应用

PC 机的外部定时由独立的定时模块、计时模块组成。定时模块为系统及外设提供了定时/计数机制，通常由可编程计数器 8254 组成；计时模块为系统提供了实时时钟及其接口，通常由实时时钟电路 MC146818 组成。

PC 机定时模块的核心是 3 个计数器，早期由 1 片 8254 组成，现在已集成到 82801BA 等芯片中。这 3 个计数器均被系统占用，用于系统计时、DRAM 定时刷新、扬声器音频控制等方面。实际应用中，可设计基于 8254 的扩展卡来扩展计数器的个数。

8254 在 PC 机中的连接电路如图 5-15 所示。

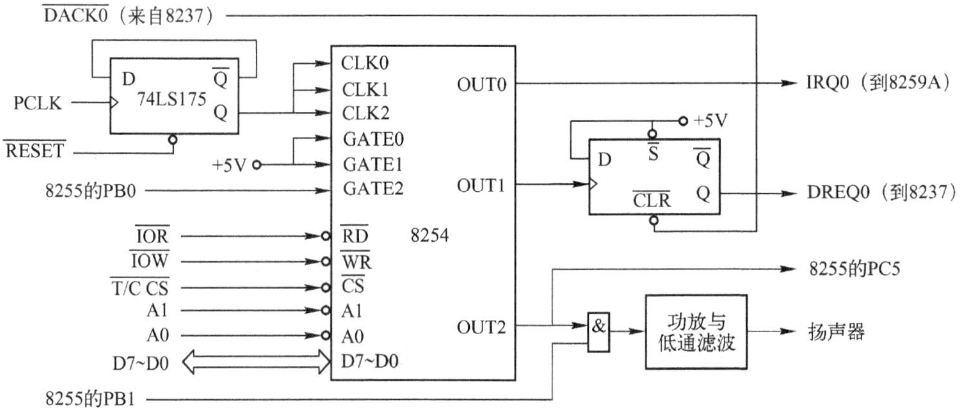

图 5-15　8254 在 PC 机中的连接图

其中，$\overline{\text{T/C CS}}$为来自系统板 I/O 译码电路的 8254 片选信号，端口地址范围是 40H ~

43H；A1～A0、D7～D0、$\overline{IOR}$及$\overline{IOW}$为来自系统总线的地址、数据、控制信号；PCLK 为系统时钟发生器 8284 的输出信号（频率为 2. 3863632 MHz），经图中的二分频电路（74LS175 的 D 与$\overline{Q}$连接）后，8254 的 CLK0～CLK2 的频率为 1. 1931816 MHz。

下面，具体说明 3 个计数器在系统中的应用。

一、计数器 0

计数器 0 用作系统计时器。如图 5-15 所示，GATE0 接 +5 V，CLK0 输入脉冲的频率为 1. 193 181 6 MHz，OUT0 接到中断控制器 8259A（主片）的 IR0（参见图 2-9），定时产生中断请求 IRQ0，实现系统的计时及定时处理功能。

BIOS 初始化计数器 0 为方式 3，计数初值为 65 536（即 0000H），以获得最大定时精度。因此，OUT0 输出的方波频率为 f_{OUT0} = 1. 193 181 6 MHz/65 536 = 18. 2 Hz，即每隔 1/18. 2 Hz = 54. 936 ms 产生一次 IRQ0 中断请求。

IRQ0 的中断处理将调用 08H 中断的中断服务程序（固化在 BIOS 中）。该中断服务程序主要有如下 3 个功能。

1）实现日时钟的计时。系统将 BIOS 数据区 0040：006CH～0040：006EH 用作日时钟计时器（4 个字节）。每次中断对该计时器进行加 1 操作，计满 1573 040 次（18. 2 ×60 ×60 ×24 = 1573 040），复位该计时器。用户可以读该日时钟计时器，查询当前日时钟。

2）实现软驱电机的延迟关闭。系统将 BIOS 数据区 0040：0040H 用作软驱延时器，延迟时间通常为 2 秒。软盘读/写操作完成时，向该延时器写入 37（2s/54. 936 = 37）。每次中断对该延时器进行减 1 操作，计数值为 0 时，发出关闭软驱电机的命令。

3）提供定时操作接口。定时操作接口通过 1CH 中断提供，即每次 IRQ0 中断服务程序中，都将执行 INT 1CH 指令。系统初始化后，1CH 中断的中断服务程序只有一条中断返回指令 IRET。如果用户预先编制了定时操作中断服务程序，并设置为 1CH 中断向量，则可以实现用户的定时操作。具体编程示例可参见本书的实验三。

二、计数器 1

计数器 1 用于 DRAM 刷新的定时控制。如图 5-15 所示，GATE1 接 +5 V，CLK1 输入脉冲的频率为 1. 193 181 6 MHz，OUT1 接到 DMA 控制器 8237 的 DREQ0。

BIOS 初始化计数器 1 为方式 2，计数初值为 18（即 0012H）。因此，OUT1 输出负脉冲的周期为 18/1. 193 181 6 MHz = 15. 08 μs，通过 D 触发器，每隔 15. 08 μs 产生一正脉冲，用作 DMA 请求 DREQ0，定时对 DRAM 芯片进行一次刷新操作。

计数初值为 18 的原因，与 DRAM 的存储元刷新周期、存储阵列组织、刷新方法等有关，此处不再赘述，读者可自行查阅相关资料。

三、计数器 2

计数器 2 用于扬声器的音调控制。通过对计数器 2 不断地进行初始化编程，可以使扬声器发出不同频率的声音，实现语音提示、播放乐曲等功能。

如图 5-15 所示，GATE2 连接并行接口 8255 的 PB0 引脚，CLK2 输入脉冲的频率为

1.1931816 MHz，OUT2 的输出受 PB0 的控制。可见，扬声器发声受 OUT2 和 PB1 的双重控制，PB1 为高电平、OUT2 输出音频信号称为硬件控制发声，OUT2 为高电平、PB1 输出音频信号称为软件控制发声。

BIOS 初始化计数器 2 为方式 3，计数初值为 1331（即 0533H）。因此，OUT2 输出频率为 f_{OUT0} = 1.1931816 MHz/1331 = 896 Hz 的方波。

应用中，通常采用硬件控制发声方法：通过改变计数初值，使 OUT2 输出不同频率的方波，从而改变扬声器发声的音调。BIOS 中发出报警及提示音的程序如下：

```
;功能:按照指定的时间间隔发出指定频率的声音
;调用:CX = 指定频率, BX = 指定时间
;返回:无
SOUND   PROC   FAR
        MOV   AL,  10110100B
        OUT   43H, AL       ;写 CNT2 方式字：方式 2、二进制计数、先低后高读/写
        MOV   AX,  CX
        OUT   42H, AL       ;写 CNT2 计数初值低 8 位
        MOV   AL,  AH
        OUT   42H, AL       ;写 CNT2 计数初值高 8 位
        IN    AL,  61H      ;读出 PB 口状态
        MOV   AH,  AL
        OR    AL,  03H
        OUT   61H, AL       ;置 PB1 = PB0 = 1，打开扬声器
    L1: MOV   CX,  5000H
    L2: LOOP  L2            ;延时 1 个时间单位
        DEC   BX
        JNZ   L1            ;等待指定时间到
        MOV   AL,  AH
        OUT   61H, AL       ;恢复 PB 口状态
        RET
SOUND   ENDP
```

上述程序中，发声延时通过软件定时实现，定时时长会随 CPU 型号改变而变化。由于系统的提示及报警仅关注声音的长短与间隔，故可采用软件延时。实际应用中，可以考虑获取系统时间实现软件延时，或利用 1CH 中断实现硬件延时。

我们知道，乐曲由一系列不同时长的音符构成，每个音符可有不同的音调，不同音调、不同音符的频率各不相同。因此，乐曲播放可以通过 8254 连续产生不同频率、不同时长的方波实现，使方波的频率、时长与音符相对应即可。注意，8254 无法模拟声音中最关键的因素——音色，现代微机中的声音，大都是使用声卡得到的。

第四节　实时时钟电路 MC146818 及其应用

实时时钟应能够提供时间（时、分、秒）和日期（世纪、年、月、日、星期）。实时时

钟电路是可以对时间和日期更新的一种时钟电路，通常以 RTC（Real Time Clock）芯片为核心，配有用于保存实时时钟信息的 CMOS RAM，并使用后备电池为电路供电，以保持其永久性。RAM 使用 CMOS 电路的原因是其功耗非常低。

MC146818 是 Motorola 公司生产的一种实时时钟芯片，支持时间和日期更新，集成了 64 字节的 CMOS RAM，具有可编程能力。应用中，实时时钟电路广泛采用 MC146818 芯片，或与之兼容的芯片，如 82801BA 芯片中集成的 RTC 就与 MC146818B 兼容。

一、实时时钟电路 MC146818

MC146818 芯片主要功能为时间和日期的更新，以及实时时钟信息的存储。此外，还可以输出 15 种不同频率的方波信号；支持周期中断、报警中断两种报警类型，周期中断指输出方波产生的中断，报警中断指设定的报警时间（闹钟时间）到达产生的中断。

（一）基本结构

MC146818 由分频器、时钟/日期更新逻辑、RAM、内部寄存器、总线接口等组成，其内部结构如图 5-16 所示。

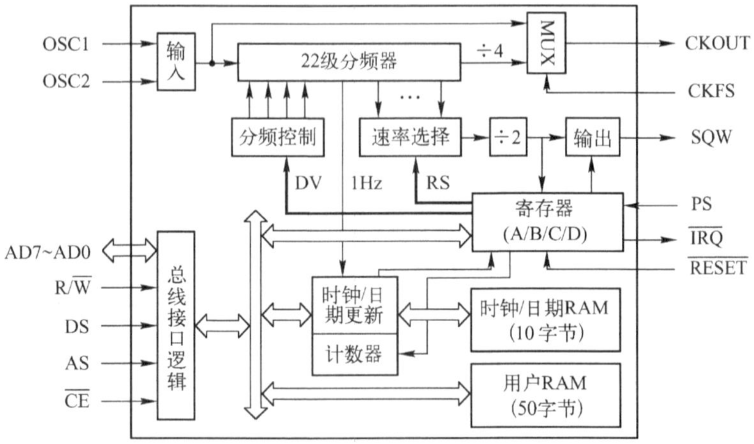

图 5-16 MC146818 内部结构与外部引脚

MC146818 的工作原理很简单：分频器产生不同频率的方波信号；时钟/日期更新逻辑每秒钟进行一次更新，更新的信息存放到 RAM 中；中断逻辑根据方波信号、时间报警信号产生中断请求。

MC146818 的 RAM 读/写仅支持间接访问方式，即 RAM 访问需要两个操作实现，第一个操作是写入 RAM 地址，第二个操作才能读出/写入相应的内容。

MC146818 的外部引脚如图 5-16 所示，信号线分为总线侧、设备侧两个部分。

总线侧的信号线有：数据线 AD7～AD0，片选线 $\overline{CE}$，读/写线 R/$\overline{W}$，地址选通线 AS，数据选通线 DS。除 AS 及 DS 外，其余信号线的功能与常规可编程芯片的相应信号相同。

AS — 用来锁存 AD7～AD0 上的信号，锁存的信号用作间接方式访问的 RAM 地址。

DS — 用来选通 AD7～AD0 与内部总线，DS 有效时，总线接口逻辑控制 RAM 单元的读/写，RAM 单元地址为 AS 有效时锁存的地址，R/$\overline{W}$ 为低电平时写入、为高电平时读出。

MC146818 连接到总线时，需要增加电路，使$\overline{CE}$、AS、DS 的有效逻辑与两个 I/O 端口（地址及数据）的地址相对应。CPU 对 MC146818 读/写的过程包括写地址端口、读/写数据端口两个步骤。

设备侧的主要信号线有：

OSC1 和 OSC2 — 基准时钟信号，用作分频器的输入信号。分频器输入信号频率有 3 种，由寄存器 A 的输入选择位 DV2 ~ DV0 确定。OSC2 一般不用。

CKOUT — 时钟输出信号，CKFS 为高电平时，输出 OSC1 信号；CKFS 为低电平时，输出 OSC1 四分频后的信号。

SQW — 方波输出信号，信号频率由寄存器 A 的速率选择位 RS3 ~ RS0 控制（有 15 种），是否输出由寄存器 B 的 SQWE 位控制（允许/禁止）。

$\overline{IRQ}$— 中断请求信号，能否产生请求由寄存器 B 的中断允许位控制，中断请求的类型有周期性中断、报警中断、更新结束中断 3 种。

PS — 电源检测信号，低电平时，表示实时时钟掉电；高电平时，表示电源正常。

（二）实时时钟信息的存放位置

MC146818 可访问的端口为 4 个寄存器和 60 个字节的 RAM，为了减少端口地址译码复杂度，寄存器被映射到 RAM 空间中，故 RAM 空间共为 64 个字节。

RAM 中有 10 个字节存放实时时钟信息，50 个字节存放系统配置基本信息，如硬盘驱动器类型、启动部件顺序、开机密码等。

芯片中实时时钟信息的存放位置如表 5-3 所示。

表 5-3　CMOS RAM 中的实时时钟信息地址分配

偏移地址	信息内容	偏移地址	信息内容	偏移地址	信息内容
00H	秒	05H	时报警	0AH	寄存器 A
01H	秒报警	06H	星期几	0BH	寄存器 B
02H	分	07H	日	0CH	寄存器 C
03H	分报警	08H	月	0DH	寄存器 D
04H	时	09H	年	32H	世纪

实时时钟信息的数据格式有二进制和 BCD 码两种，由寄存器 B 的 DM 位控制。

报警时间（闹钟时间）的设定很灵活，可以设定时到达、分到达、秒到达，或时/分/秒组合到达的报警，报警值 D7D6 = 11 表示不使用该方式达到报警。例如，时报警、分报警、秒报警的值分别为 02H、C1H、05H 时，表示第 2 小时的每分钟的第 5 秒报警；又如，上述 3 种报警的值分别为 02H、05H、C5H 时，表示每天的第 2 小时的第 5 分钟报警。

需要注意的是，MC146818 仅支持间接访问方式，访问 RAM 空间（含 4 个寄存器）时，先要写入 RAM 地址，然后才能访问相应 RAM 单元的内容。

（三）内部寄存器

芯片内部有 A、B、C、D 四个寄存器，其中，A 和 B 为控制寄存器，C 和 D 为状态寄存器。

由表 5-3 可见，它们的访问地址已映射到 RAM 空间的 0AH ~ 0DH 地址中。

1. 寄存器 A

寄存器 A 为控制寄存器，信息格式如图 5-17 所示。

D7	D6	D5	D4	D3	D2	D1	D0
UIP	DV2	DV1	DV0	RS3	RS2	RS1	RS0
更新状态 1—正在更新 0—更新完成	分频器输入选择 000—4.190 304MHz 001—1.048 576MHz 010—32.768MHz			方波速率选择 … 0110—1.024kHz 0111—512Hz，…，111—2Hz			

图 5-17　寄存器 A 的信息格式

其中，DV2 ~ DV0、RS3 ~ RS0 的控制功能如图 5-16 所示，RS3 ~ RS0 为 0111→1111 时的输出频率均不停地减半。

注意，UIP 为只读位，表示实时时钟更新状态，实时时钟每秒更新一次，更新开始时 UIP 被自动置位，直到更新结束时才被自动复位。在 UIP = 0 时读/写的实时时钟信息才是正确的。

2. 寄存器 B

寄存器 B 为控制寄存器，信息格式如图 5-18 所示。

D7	D6	D5	D4	D3	D2	D1	D0
SET	PIE	AIE	UIE	SQWE	DM	24/12	DSE
设置标志 1—设置 0—计时	周期中断允许	报警中断允许	更新结束中断允许	方波允许 1—允许 0—禁止	数据格式 1—二进制 0—BCD码	小时格式 1—24小时 0—12小时	夏令时允许 1—允许 0—禁止
	1—允许，0—禁止						

图 5-18　寄存器 B 的信息格式

其中，SET = 1 时停止计时，用于初始化实时时钟信息，SET = 0 时正常计时。该位不受 $\overline{\text{RESET}}$ 信号影响，因此，芯片初始化时先置位 SET，初始化结束时一定要复位 SET。

周期中断指分频器输出 SQW 的信号变化引起的中断，报警中断指设定的报警时间到达引起的中断，更新结束中断指寄存器 A 的 UIP 由 1 变为 0 引起的中断。

3. 寄存器 C

寄存器 C 为状态寄存器，信息格式如图 5-19 所示。

D7	D6	D5	D4	D3	D2	D1	D0
IRF	PF	AF	UF				
中断请求	周期中断	报警中断	更新结束中断	保留			

图 5-19　寄存器 C 的信息格式

当寄存器 B 的中断允许位为 1 时，PF、AF、UF 才可能被置为 1。IRF 表示 $\overline{\text{IRQ}}$ 有无中断请求，IRF = PF + AF + UF。中断服务程序需采用软件查询方式处理中断事件（1 ~ 3 个）。

对寄存器 C 的读操作或 $\overline{\text{RESET}}$ 有效，都将使寄存器 C 清零。

4. 寄存器 D

寄存器 D 为状态寄存器，信息格式如图 5-20 所示。

D7	D6	D5	D4	D3	D2	D1	D0
VRT	0	0	0	0	0	0	0

图 5-20　寄存器 D 的信息格式

其中，VRT 为电源标志位，VRT = 1 表示供电正常，VRT = 0 表示电源掉电。

MC146818 的初始化过程如下：使寄存器 B 的 SET = 1，初始化寄存器 A，写 RAM（设置实时时钟信息），读寄存器 C（清除报警位），初始化寄存器 B（并使 SET = 0）。

二、MC146818 在 PC 机中的应用

PC 机的定时模块由可编程计数器 8254 组成，计时模块由实时时钟电路 MC146818 或兼容芯片组成，计时模块主要实现实时时钟计时、定时中断等功能。PC/XT 中，计时模块是由 8253 实现的，PC/AT 开始才由 MC146818 实现。

1. MC146818 在 PC 机中的连接

MC146818 在 PC 机中连接时，OSC1 引脚连接到频率为 32.768 kHz 的晶振，$\overline{IRQ}$引脚连接到中断控制器 8259A（从片）的 IR0（即 IRQ8），其余输出信号均空置。

PC 机为 MC146818 分配了两个端口地址，用作间接方式访问的地址端口和数据端口，端口地址分别是 70H 和 71H。MC146818 与总线连接的逻辑是：对 70H 端口操作时，$\overline{CE}$及 AS 引脚有效；对 71H 端口操作时，$\overline{CE}$及 DS 引脚有效。

系统初始化时，寄存器 A 的 DV2 ~ DV0 被置为 010、RS3 ~ RS0 被置为 0110，$\overline{IRQ}$可产生频率为 1 024 Hz 的定时中断；IRQ8 中断服务程序中执行 INT 4AH 指令，通过 4AH 中断提供了定时操作接口，4AH 中断程序只有一条 IRET 指令；寄存器 B 被置为 22H，只允许报警中断的请求产生。

系统运行时，用户可以访问实时时钟信息，或使用定时中断实现定时操作。

2. 实时时钟信息的访问

实时时钟信息的访问方法有直接编程、调用 BIOS 功能两种。

直接编程进行信息访问时，先向 70H 端口写入访问信息所在的内部地址（参见表 5-3），再通过 71H 端口读/写信息。例如，从 MC146818 中读出“星期几”信息的程序段如下：

```
MOV   AL, 06H        ;存放“星期几”的内部地址为 06H
OUT   70H, AL        ;写地址端口(间接访问方式)
JMP   $ +2           ;延时
IN    AL, 71H        ;读数据端口(间接访问方式)，AL 内容为“星期几”
```

调用 BIOS 功能进行信息访问时，使用 INT 1AH 指令进行功能调用。

软中断 1AH 的 2 号、3 号功能是读取时间、设置时间，4 号、5 号功能是读取日期、设置日期，调用参数中，AH 表示功能号，CH、CL、DH、DL 表示 BCD 码格式的时、分、秒、时制，或世纪、年、月、日，其中，时制为 00H 表示标准时间、否则表示夏令时间。

软中断 1AH 的 6 号功能是设置闹钟，调用参数中，AH 表示功能号，CH、CL、DH 表

示 BCD 码格式的时、分、秒，D7D6 = 11 表示不使用该方式达到报警；软中断 1AH 的 7 号功能是取消闹钟，调用参数只有 AH。如设置每分钟第 30 秒报警的程序段如下：

```
MOV  AH,  06H        ;设置闹钟
MOV  CH,  0C1H
MOV  CL,  0C1H
MOV  DH,  30H
INT  1AH
```

3. 定时中断的使用

MC146818 的定时中断有报警中断、周期中断两种，下面仅介绍报警中断的使用。

报警中断指设定的报警时间到达引起的中断。当寄存器 B 的 AIE = 1，实时时钟到达设定的报警时间时，寄存器 C 的 AF、IRF 就会被置为 1，将产生一个 IRQ8 中断请求。IRQ8 中断处理例程中，报警中断产生（寄存器 C 的 AF = 1）时，调用报警中断处理例程（INT 4AH）。系统初始化时，4AH 中断服务程序只有一条 IRET 指令。

用户可以利用报警中断，实现自定义的定时操作。具体方法是，编制定时操作的中断服务程序，并设置为 4AH 中断的中断向量；在 MC146818 的 RAM 中设置报警时间，并开放报警中断；在 8259 从片中开放 IR0（对应于 IRQ8）。中断向量的替换方法与 8254 的 1CH 中断相同。具体编程示例可参见本书的实验三。

某些情况下，需要重新初始化 MC146818 的 RAM，例如，忘记了开机密码，或清除病毒在 RAM 中设置的标志等。初始化 MC146818 的 RAM 有硬件和软件两种方法。硬件方法一般通过主板跳线实现，原理是使 MC146818 的电源掉电，丢失 RAM 中全部信息。软件方法相对简单，可以通过 DEBUG 等工具或编程实现。

本 章 小 结

本章主要介绍了时间接口的组成原理及其应用技术，主要内容包括定时/计数技术、定时/计数器 Intel 8254、实时时钟电路 MC146818。希望学习本章后，能够了解定时/计数技术的基本原理，灵活运用 8254 及 MC146818 接口进行应用编程。

定时与计时的本质都是对时间单位的计数，计数方法有减法计数、加法计数，通常统称为定时。计数通常用可编程计数器实现，计数器的核心是 CR、CE、OL，通常采用减 1 计数方法，支持多种工作方式。

定时/计数器 8254 主要用于定时/计数应用，由 3 个独立的 16 位计数器组成，每个计数器支持 6 种工作方式，不同工作方式在计数启动与控制、输出波形等方面有所不同。8254 的初始化有设置工作方式、写入计数初值两个步骤，计数过程中可以重写初值、读出当前计数值或状态。8254 提供了两种锁存当前计数值的方法：锁存命令、读回命令。PC 机中，8254 的各个计数器都有特定的应用，用户可以利用计数器 0 定时调用的 1CH 软中断实现自定义定时操作，可以使用计数器 2 实现扬声器的音频控制。

实时时钟电路 MC146818 主要用于实时时钟计时，实时时钟信息存放在其 RAM 中，支持周期中断、报警中断两种定时中断，RAM 访问只支持间接方式。PC 机中，MC146818 用

作系统实时时钟，可以产生 IRQ8 中断请求；用户可以读出或设置时间和日期信息，可以设定定时中断信息，利用定时中断调用的 4AH 软中断实现自定义定时操作。

思考题与练习题

5.1　定时与计时的本质是什么？两者有什么不同？

5.2　计数器由哪几个核心部件组成？工作原理是什么？为什么要设置 OL？

5.3　计数器的初始化步骤有哪些？

5.4　试总结 GATE 信号在 8254 不同工作方式中的作用。

5.5　试总结 8254 不同工作方式的 OUT 输出波形的特点。

5.6　要求 8254 的 OUT1 输出频率为 100 Hz 的负脉冲。假设 CLK0 输入脉冲频率为 8 MHz，8254 端口地址为 34CH ~ 34FH，写出 8254 的初始化程序。

5.7　若要求题 5.6 中输出的负脉冲宽度为 1 ms，写出 8254 的初始化程序。

5.8　如何提高例 5-5 中 S_IN 采集的精确度？说明设计思路，画出计数器的硬件连接图，写出 8254 初始化程序。

5.9　要求 8254 输出间歇性方波（方波与低电平交替输出），方波频率为 20 kHz、时长为 1 ms，低电平时长为 1 ms。假设 CLK0 输入脉冲频率为 2 MHz，8254 端口地址为 40H ~ 43H，说明设计思路，画出计数器的硬件连接图，写出 8254 的初始化程序。

5.10　若要求题 5.9 中间歇性方波的低电平时长为 0.5 ms，说明设计思路，写出 8254 的初始化程序。

5.11　要求用 8254 作为数据采集的定时器，每隔 10 ms 用中断方式采集一次数据。已知 8254 输入脉冲频率为 10 kHz，端口地址为 40H ~ 43H，8259A 端口地址为 20H ~ 21H，中断类型号为 12H，写出 8259 和 8254 的初始化程序。

5.12　编写汇编语言程序，使 PC 机的扬声器发出频率从 200 Hz 至 500 Hz 变化的报警声，频率每次变化的间隔为 50 Hz，声音保持时长约为 1 s。

5.13　实时时钟信息包含哪些内容？其在 MC146818 内部存放的位置分别是多少？

5.14　写出从 PC 机的实时时钟电路中读出“时”的汇编语言程序段，要求操作时实时时钟电路不处于时间/日期更新状态。

5.15　要求每隔 1 秒钟，在屏幕上显示一次当前时间，格式为“时：分：秒”。利用 PC 机中 MC146818 的报警中断实现，编写汇编语言主程序及中断服务程序。

实验指导

本课程是一门实践性较强的课程，通过实验可以加深对计算机通信接口技术的掌握程度，培养计算机通信接口的应用能力。

本课程设置有 3 个实验，分别为汇编语言程序设计、PC 机串行接口通信、PC 机时间接口应用。其中，汇编语言程序设计实验是为巩固 8086 汇编语言编程基础，以及帮助未学过 8086 汇编语言程序设计的考生速成而设置的。

本课程实验的操作系统环境为 DOS。由于 Windows 平台采用的是保护工作模式，禁止对 I/O 端口直接操作，因此，Windows 平台提供的虚拟 DOS 环境是不行的。读者可在 PC 机上安装 DOS 和 Windows 双操作系统，解决这个问题。

实验一：汇编语言程序设计

一、实验目的

掌握 8086 汇编语言程序的编程、调试方法，以及 I/O 软中断的调用方法。

二、实验内容

编写下列两个汇编语言程序，上机调试所编写的程序，直至执行结果正确。

1）程序 1：只在屏幕上显示所键入的字母，按键为！时程序结束。

2）程序 2：从键盘键入一组数据（0 ~ 99），数据以空格分隔、输入以回车键结束；在屏幕上显示值最小的数据。

三、实验原理

8086 汇编语言程序设计是先修课程应掌握的知识，为了有效进行本次实验，先回顾一下汇编语言程序设计过程。8086 指令格式、汇编语言程序上机过程的详细内容，可参见本书的附录。

（一）汇编语言程序组成

8088/8086 CPU 通过分段方式管理主存，对应地，汇编语言程序也由若干个段组成，指令或数据的地址表示为段地址：偏移地址，段的类型有代码段、数据段、堆栈段 3 种。

1. 段的定义

源程序的分段是通过段定义伪指令实现的，段定义伪指令的一般格式如下：

```
段名  SEGMENT [定位类型] [组合类型] [类别]
        …    ;段的具体内容(指令或伪指令序列)
段名  ENDS
```

其中，SEGMENT、ENDS 为关键字，段名为合法的标识符，[ ] 中内容可以缺省。连接程序（LINK）在将各个段连接成可执行目标程序时，需要使用定位类型、组合类型、类别字段。

数据段、堆栈段的具体内容一般由存储单元分配、变量定义等伪指令组成，代码段的具体内容一般由指令组成。段的属性一般缺省，堆栈段须指明。

2. 段的说明

汇编语言源程序由若干个段组成，段的类型有代码段、数据段、堆栈段 3 种。8088/8086 CPU 通过段寄存器 CS、DS、ES、SS 实现当前程序的段管理，CPU 只执行 CS 指向的段（代码段）的指令，只存/取 DS、ES 指向的段（数据段）的数据，只存/取 SS 指向的段（堆栈段）的信息。

因此，汇编语言程序需负责说明 CS、DS、ES、SS 当前各指向哪个段。汇编语言程序有两种方法说明段寄存器与段的关系：ASSUME 伪指令、MOV 指令，CS 只能通过 ASSUME 伪指令说明。

ASSUME 伪指令的一般格式如下：

```
ASSUME 段寄存器名：段名[，段寄存器名：段名，…]
```

其中，段寄存器可以是 CS、DS、ES、SS，段名是段定义伪指令定义的标示符。受 DOS 文件加载机制的影响，DS、ES 不能指向 ASSUME 所说明的段，需要通过 MOV 指令重新赋值；SS 只能指向 ASSUME 所说明的组合类型为 STACK 的段，否则，也只能通过 MOV 指令重新赋值。

3. 源程序的组成

汇编语言源程序由段定义、ASSUME 及 END 伪指令组成。段的类型有代码段、数据段、堆栈段 3 种，代码段由指令组成，数据段、堆栈段由存储单元分配、变量定义等伪指令组成。

下面是一个完整的源程序，功能是在屏幕上显示“Hello，World!”。

```
DAT1   SEGMENT
          BUFF   DB ' Hello, world!' ,' $
DAT1   ENDS
STK1   SEGMENT STACK
                 DB   256 DUP(?)
STK1   ENDS
COD1   SEGMENT
          ASSUME   CS:COD1, DS:DAT1, SS:STK1
START:    MOV   AX, DAT1
          MOV   DS, AX
          MOV   DX, OFFSET BUFF
          MOV   AH, 9
          INT   21H            ;21H 软中断的 09H 号功能是，显示 DS:DX 指向的字符串
          MOV   AH, 4CH
```

```
        INT   21H            ;21H 软中断的4CH 号功能是，退出程序、返回 DOS
COD1  ENDS
      END   START
```

其中，END 伪指令表示源程序到此为止，其后的标号（本例为 START）表示程序执行的起始地址。如果源程序由多个文件（模块）组成，则只有主模块使用标号。

需要注意的是，DS、ES 必须通过 MOV 指令重新赋值，SS 通过 ASSUME 伪指令指明时，段定义中组合类型必须为“STACK”。

（二）汇编语言程序设计

与其他语言的程序设计一样，汇编语言程序设计也采用结构化程序设计方法。结构化程序设计思想是指任何程序都可以由顺序、分支、循环 3 种基本结构组成，每个结构都只有一个入口和一个出口。这种简洁的程序结构便于编程与调试。

1. 顺序程序设计

顺序程序是指令按存储次序执行的程序段，由顺序型指令序列组成。

2. 分支程序设计

分支程序是具有选择执行功能的程序段，通过条件跳转等指令实现，程序流程由给定条件是否满足来决定。分支有两种结构，其程序结构如图 S-1 所示。

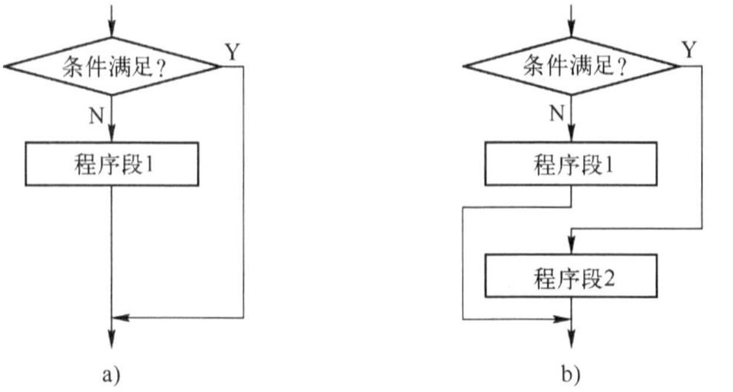

图 S-1　分支程序的结构形式
a）单分支结构　b）双分支结构

编写分支程序时，应注意程序流程到程序代码的转变方法。

下面示例的功能是：AL 等于 2 时 BL 加 1，否则 BL 减 1。

```
        CMP   AL, 2
        JNZ   NEQU          ;判断条件是否满足
        INC   BL            ;条件不满足的程序段 1
        JMP   NEXT          ;转到合并点
NEQU:   DEC   BL            ;条件满足的程序段 2
NEXT:   …                   ;汇合点
```

3. 循环程序设计

循环程序是具有重复执行功能的程序段，程序流程由循环条件是否满足决定。循环程序一般由循环初始化、循环体、循环调整、循环控制 4 个部分组成，通过条件跳转或循环等指令实现。循环有两种结构，其程序结构如图 S-2 所示，循环调整通常包含在循环体中。

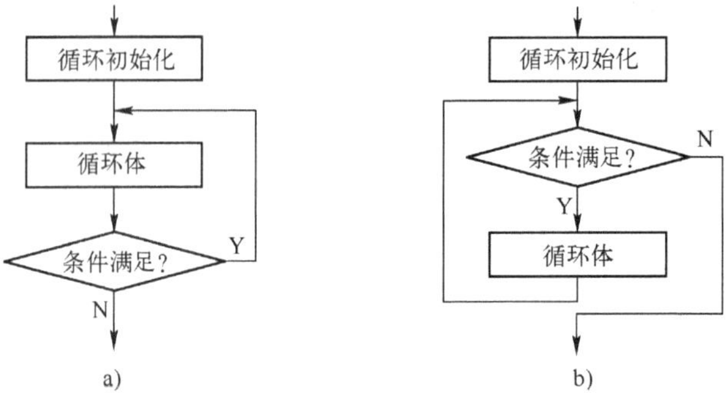

图 S-2　循环程序的结构形式
a）do…while 结构　b）while 结构

编写循环程序时，应注意根据需要选择循环的结构和实现方法（指令）。

下面示例的功能是：求数组前 100 个元素之和，数组第一个元素的地址已放在 BX 中。第三种实现方法的循环结构与前两种不同，前两种实现方法的指令不同。

```
        MOV   AX, 0
        MOV   CX, 100
  LP1:  ADD   AX, [BX]
        INC   BX
        DEC   CX
        JNZ   LP1
NEXT:   …
```

```
        MOV   AX, 0
        MOV   CX, 100
  LP1:  ADD   AX, [BX]
        INC   BX
        LOOP  LP1
NEXT:   …
```

```
        MOV   AX, 0
        MOV   SI, 0
  LP1:  CMP   SI, 100
        JZ    NEXT
        ADD   AX, [BX+SI]
        INC   SI
        JMP   LP1
NEXT:   …
```

4. 子程序设计

子程序又称为过程，相当于高级语言中的过程或函数。子程序的定义是通过过程定义伪指令实现的，子程序的调用是通过 CALL 指令实现的。

过程定义伪指令的一般格式如下：

```
过程名  PROC [NEAR 或 FAR]
          …    ;过程体(指令或伪指令序列)
          RET
过程名  ENDP
```

其中，PROC、ENDP 为关键字，过程名须为合法的标识符，[ ] 中内容缺省值为 NEAR。过程定义和过程调用都必须在代码段内，可以为不同的代码段，允许被跨段调用的过程定义必须使用 FAR 属性。

编写子程序时，应注意：过程需保存和恢复所使用的寄存器内容（返回参数除外），以解决主程序、子程序的寄存器使用冲突问题；过程定义、过程调用的参数传递方法要一致。

下面示例的功能是：求字符串（首地址在 BX 中）的长度（结果放在 CX 中）。

```
STRLEN  PROC  FAR
        PUSH AX          ;保存所用寄存器(返回参数除外)
        PUSH BX          ;保存次序不限
        MOV  CX, 0
  LP1:  MOV  AL, [BX]    ;BX 用作当前字符指针
        INC  BX
        CMP  AL, 0       ;字符串以 \0' 为结束标志
        JZ   EXIT
        INC  CX
        JMP  LP1
EXIT:   POP  BX          ;恢复所用寄存器(与保存的相同)
        POP  AX          ;恢复次序与保存次序相反
        RET
STRLEN  ENDP
```

述过程的调用方法是：

```
MOV   BX, OFFSET STRBUFF    ;准备调用参数
CALL  STRLEN                ;返回参数在 CX 中，其余寄存器应不被改变
```

5. I/O 功能实现

与高级语言的 I/O 库函数类似，汇编语言程序的 I/O 通常调用 DOS 或 BIOS 提供的基本功能实现。这些功能都以软件中断的方式提供，通过 INT *n* 指令进行调用。

DOS 提供的常用功能如表 2-7 所示，通过 INT 21H 指令进行功能调用。

BIOS 提供的键盘输入、屏幕输出功能与 DOS 功能类似，分别通过 INT 16H、INT 10H 指令调用，键盘服务功能如表 2-8 所示；串行口服务功能如表 4-7 所示，通过 INT 14H 指令进行功能调用，并行口服务功能如表 3－3 所示，通过 INT 17H 指令进行功能调用。

DOS 及 BIOS 功能调用的方法与过程调用基本相同（仅调用指令不同），即设置调用参数、执行 INT n 指令、获得返回参数。请读者自行查阅本书中的示例。

（三）实验内容程序流程

1. 程序 1 的流程

程序 1 的要求是：只在屏幕上显示所键入的字母，按键为！时程序结束。程序 1 的主体是个死循环，设计关键有如下几点：

1）字符输入应该在有键按下时进行，否则程序会暂停运行、等待键盘输入。

2）字母键有大小写之分，应分别判断其范围。

程序主要流程如图 S-3 所示。

2. 程序 2 的流程

程序 2 的要求是：从键盘键入一组数据（0 ~ 99），数据以空格分隔、输入以回车键结束；在屏幕上显示值最小的数据。程序主体是个顺序结构，设计的关键有如下几点：

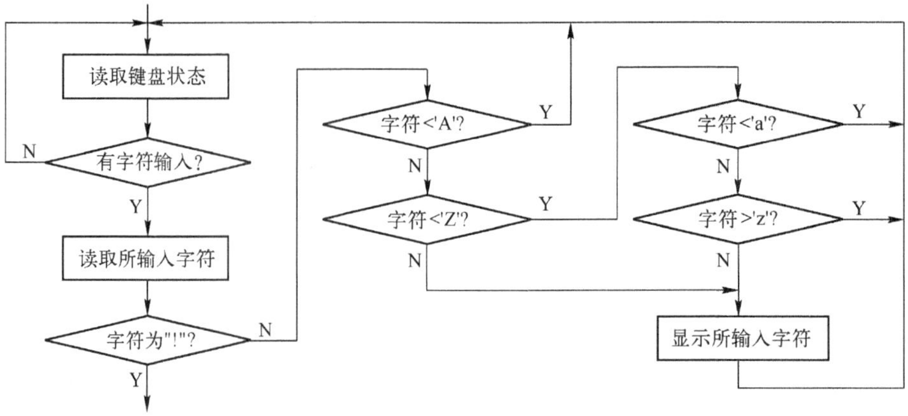

图 S-3　显示所输入字母的程序流程

1）字符串末尾应添一空格，便于数据分隔的统一处理；

2）字符串到数据的转换常采用迭代方法，如 efg = ((0 + e) * 10 + f) * 10 + g。

程序主要流程如图 S-4 所示。

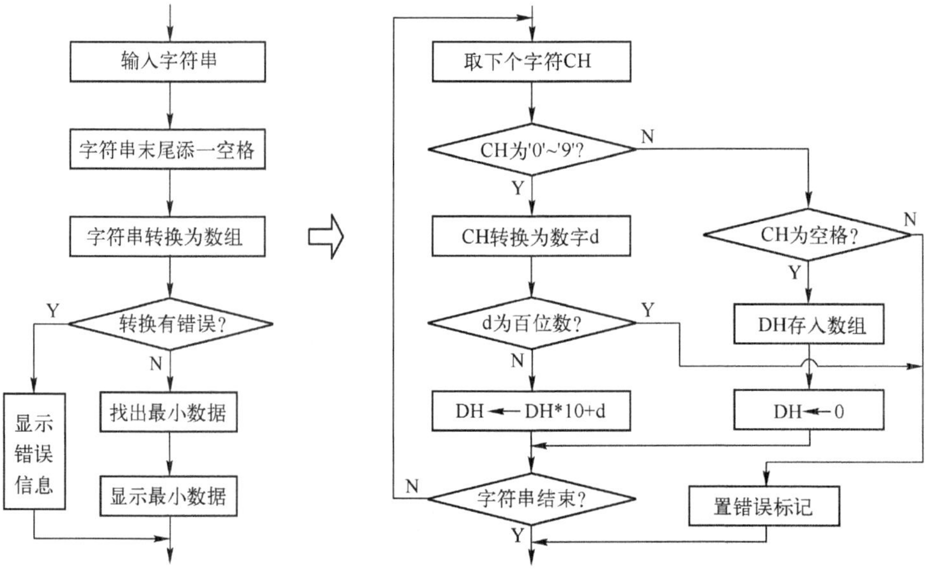

图 S-4　显示所输入最小数据的程序流程

四、参考程序

程序 1 的要求是：在屏幕上显示所键入的字母，按键为！时程序结束。参考程序如下：

```
STAK   SEGMENT STACK
           DB   100 DUP(0)
STAK   ENDS
```

```
CODE   SEGMENT
         ASSUME   CS:CODE, SS:STAK
  START: MOV   AH, 0BH          ;0BH 号功能是取输入状态
         INT   21H              ;AL = 00H 时无字符输入, AL = FFH 时有字符输入
         TEST  AL, 0FFH
         JZ    START
         MOV   AH, 08H          ;08H 号功能是无回显字符输入
         INT   21H              ;AL = 字符 ASCII 码
  TST_Q: CMP   AL', !'          ;进行 AL ≐ !' 判断
         JZ    EXIT
  TST_U: CMP   AL', A           ;进行 A ≤AL≤ Z 判断
         JB    NEXT
         CMP   AL', Z
         JA    TST_L
         JMP   SHOW
  TST_L: CMP   AL', a           ;进行 a ≤AL≤ z 判断
         JB    NEXT
         CMP   AL', z
         JA    NEXT
  SHOW:  MOV   AH, 2            ;02H 号功能是在屏幕上显示 DL 中字符
         MOV   DL, AL
         INT   21H
  NEXT:  JMP   START            ;等待下个字符输入
  EXIT:  MOV   AH,  4CH         ;返回 DOS
         INT   21H
CODE   ENDS
       END   START
```

程序 2 的要求是：从键盘键入一组数据（0 ~ 99），数据以空格分隔、输入以回车键结束；在屏幕上显示值最小的数据。参考程序如下：

```
DATA   SEGMENT
         BUF_SIZE   DB   90
         CH_NUM     DB   0
         BUF_IN     DB   90 DUP(0)
         BUF_ERR    DB   "Input error.  $"
         DAT_NUM    DB   0
         BUF_DAT    DB   90 DUP(0)
DATA   ENDS
STAK   SEGMENT STACK
         DB   100 DUP(0)
STAK   ENDS
```

```
CODE   SEGMENT
            ASSUME   CS:CODE, DS:DATA, SS:STAK
MAIN   PROC
            MOV   AX, DATA
            MOV   DS, AX
            MOV   AH, 0AH                  ;0AH 号功能是缓冲输入, DS:DX 为缓冲区首址
            MOV   DX, OFFSET BUF_SIZE      ;DS:(DX+1)为输入的字符数
            INT   21H                      ;DS:(DX+2)起为输入的字符
            MOV   BH, 0
            MOV   BL, CH_NUM               ;在 BUF_IN 末尾添一个空格, 便于统一处理
            MOV   BYTE PTR BUF_IN[BX], 20H
            INC   CH_NUM
            CALL  BUF_2_DAT                ;字符转换为数据, 结果在 DAT_NUM
                                           ;及 BUF_DAT 中
            MOV   AL,DAT_NUM
            CMP   AL, 0                    ;判断转换是否有错误(DAT_NUM<0)
            JL    SHOW_ERR
            CALL  GET_MIN                  ;找最小数据, 出口参数为 AL
            CALL  SHOW_BCD                 ;显示数据(压缩 BCD 码), 入口参数为 AL
            JMP   EXIT
SHOW_ERR:   MOV   AH, 09H                  ;09H 号功能是显示字符串,
            MOV   DX, OFFSET BUF_ERR       ;DS:DX 为字符串首址
            INT   21H
      EXIT: MOV   AH,   4CH                ;返回 DOS
            INT   21H
MAIN   ENDP
BUF_2_DAT   PROC
              PUSH   AX
              PUSH   BX
              PUSH   CX
              PUSH   DX
              PUSH   DI
              MOV    DAT_NUM, 0
              MOV    DI, OFFSET BUF_DAT
              MOV    DX, 0                 ;DH 存放当前数据, DL 存放数据中数字个数
              MOV    BX, 0
ECHG_BEG:     MOV    AL, BUF_IN[BX]        ;取当前字符
              INC    BX
  TST_DIG:    CMP    AL,'0                 ;判断 AL 是否为 0 ~ 9
              JB     TST_SP
              CMP    AL,'9
              JA     TST_SP
              SUB    AL, 30H               ;AL 转换为 0~9
              CMP    DL, 2                 ;判断 AL 是数据中第几个数字(0 或 1)
```

```
          JA     ERROR              ;数据>99，出错
SAV_DIG:  MOV    CL, 4              ;DH 左移 4 位后，第二个数字放入 DH 低 4 位
          SHL    DH, CL             ;构成压缩 BCD 码
          ADD    DH, AL
          INC    DL                 ;数据中数字个数+1
          JMP    NEXT_1
TST_SP:   CMP    AL, 20H            ;判断 AL 是否为空格
          JNZ    ERROR
          CMP    DL, 0              ;判断是否为连续空格
          JZ     NEXT_1
SAV_DAT:  MOV    [DI], DH           ;数据(压缩 BCD 码)存入 BUF_DAT
          INC    DI
          INC    DAT_NUM            ;修改 DAT_NUM
          MOV    DX, 0              ;DH、DL 初始化
          JMP    NEXT_1
ERROR:    MOV    DAT_NUM, -1        ;数据>100 或包含非数字字符
          JMP    EXIT_1
NEXT_1:   MOV    AH, 0
          MOV    AL, CH_NUM
          CMP    BX, AX             ;判断是否处理完毕
          JNZ    ECHG_BEG
EXIT_1:   POP    DI                 ;恢复次序与保存次序相反
          POP    DX
          POP    CX
          POP    BX
          POP    AX
          RET
BUF_2_DAT ENDP
GET_MIN   PROC
          PUSH   BX
          PUSH   CX
          MOV    CH, 0
          MOV    CL, DAT_NUM        ;入口参数为 DAT_NUM 及 BUF_DAT
          MOV    BX, OFFSET BUF_DAT
          MOV    AH, 99H            ;AH 存放最小数据的值
LP1:      MOV    AL, [BX]
          CMP    AL, AH
          JAE    NEXT_2
          MOV    AH, AL             ;当前数据<AH 时，修改 AH
NEXT_2:   INC    BX
          LOOP   LP1
          MOV    AL, AH             ;出口参数为 AL
```

```
        POP  CX
        POP  BX
        RET
GET_MIN  ENDP
SHOW_BCD  PROC
        PUSH AX
        PUSH CX
        PUSH DX
        MOV  CH, AL         ;入口参数为 AL(BCD 码格式的数据)
        MOV  AH, 2          ;02H 号功能是显示 DL 中字符
        MOV  DL, 10         ;10 为换行符
        INT  21H
        MOV  AH, 2
        MOV  DL, 13         ;13 为回车符
        INT  21H
        MOV  AL, CH         ;待显示的 BCD 码放入 AL
        MOV  CL, 4
        SHR  AL, CL         ;AL 为十位数字
        AND  CH, 0FH        ;CH 为个位数字
        CMP  AL, 0
        JZ   SHOW_L
SHOW_H: ADD  AL, 30H        ; 0 的 ASCII 码为 30H
        MOV  DL, AL         ;显示十位数
        MOV  AH, 2
        INT  21H
SHOW_L: ADD  CH, 30H
        MOV  DL, CH         ;显示个位数
        MOV  AH, 2
        INT  21H
        POP  DX
        POP  CX
        POP  AX
        RET
SHOW_BCD  ENDP
    CODE  ENDS
        END  MAIN
```

实验二：PC 机串行接口通信

一、实验目的

熟悉 PC 机异步串行接口的连接方法，掌握 PC 机串行通信的实现方法。

二、实验内容

将两台 PC 机的 COM1 口直接互连，实现全双工方式的串行通信。要求：

1）编写中断方式发送和接收的串行通信程序，每次发送用户键入的整行信息（以回车键结束），在屏幕上只显示接收的信息，用户键入‘！’时程序结束。

2）按 RS-232C 的 DTE－DTE 连接方法，连接两台 PC 机的 COM1 口。

3）上机调试所编写的程序，直至运行结果正确。

三、实验原理

PC 机的 COM 口采用 RS-232C 接口标准，支持全双工通信方式，可以控制 MODEM 实现远程通信，支持查询、中断两种 I/O 方式。

1. PC 机的 COM 口连接

PC 机的 COM 口采用 RS-232C 接口标准，COM1 口采用 DB-9 连接器，其中，Pin 2 为数据接收线 RXD，Pin 3 为数据发送线 TXD，Pin 5 为信号地线 SG。

两台 PC 机的 COM1 口直接互连时，信号线连接方法很简单：两个 COM 口的 RXD 与 TXD 交叉连接、SG 线直接连接。

实验时，可以先使用一台 PC 机，对 COM1 口进行环路回送方式编程、调试，最后才使用两台 PC 机的 COM 口互连，进行实际的串行通信调试。

2. PC 机的 COM 口通信编程

PC 机的 COM 口的核心芯片为 PC16550，其波特率系数为 16；端口基地址为 3F8H；中断请求为 IRQ4，受 PC16550 的 $\overline{\text{OUT2}}$ 引脚控制。

PC 机的 COM 口编程包括初始化编程、通信编程两个方面。

COM 口的初始化包括设置波特率、设置帧格式、设置 MODEM 参数、设置需屏蔽的中断、设置缓冲方式 5 个步骤。COM 口的波特率、帧格式等参数可以自行设定，缓冲方式可采用 8250 方式。需注意的是，应开放相关的中断。

COM 口采用中断方式通信编程时，中断服务程序应只负责数据的接收与发送，其余功能由主程序完成。中断方式发送时，首个字符应由主程序发送，这样才能触发中断请求产生。由于 COM 口的中断请求被多个中断事件共用，中断服务程序应一次性处理所有中断事件，以减少中断次数。由于中断程序执行时间要短，故不能出现循环等待、I/O 等操作。

COM 口通信主程序流程如图 S-5a 所示，中断服务程序流程如图 S-5b 所示。

四、参考程序

COM 口串行通信程序的要求是：中断方式发送和接收，每次发送输入的整行信息（以回车键结束），在屏幕上只显示接收的信息，用户键入‘！’时程序结束。

通信程序中，发送缓冲区、接收缓冲区均采用双指针（写入指针和发送/显示指针）方式操作，输入时只改变写入指针，发送/显示时只改变发送/显示指针，缓冲区中字符发送/显示完毕时，两个指针均置为零。参考程序如下：

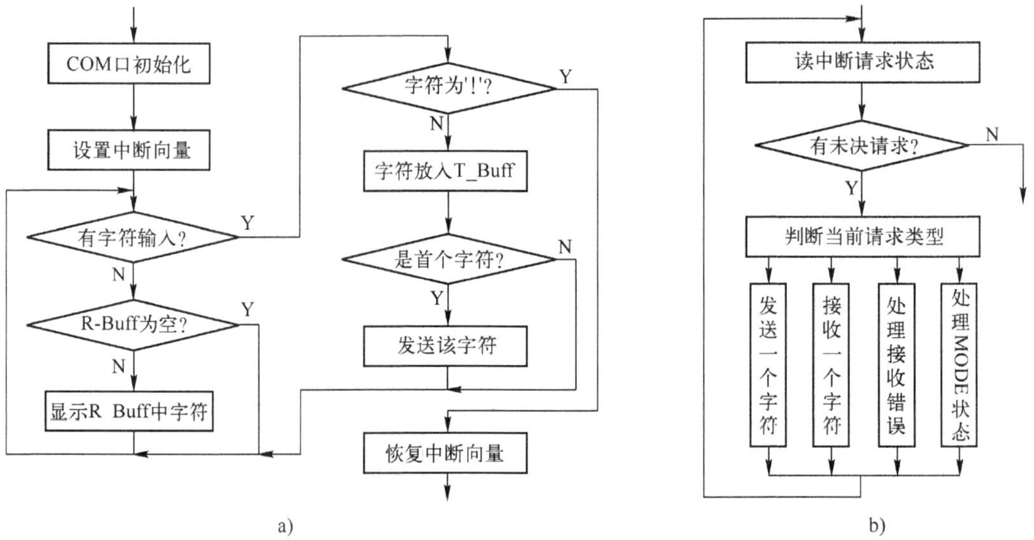

图 S-5 PC 机 COM 口通信程序流程
a）主程序流程 b）中断服务程序流程

```
DATA   SEGMENT
          B_ADDR     EQU   3F8H
          IV_NO      EQU   0CH
          OLD_IP     DW    ?
          OLD_CS     DW    ?
          T_BUF      DB    128 DUP(0)  ;发送缓冲区
          T_CNT      DW    0           ;写入指针(=缓冲区中字符数)
          T_NDX      DW    0           ;发送指针(指向待发送字符)
          R_BUF      DB    128 DUP(0)  ;接收缓冲区
          R_CNT      DW    0           ;写入指针(=缓冲区中字符数)
          S_NDX      DW    0           ;显示指针(指向待显示字符)
DATA   ENDS
STAK   SEGMENT STACK
          DB         100 DUP(0)
STAK   ENDS
CODE   SEGMENT
          ASSUME     CS:CODE, DS:DATA, SS:STAK
MAIN   PROC
          MOV     AX, DATA
          MOV     DS, AX
          CALL    COM_INIT            ;COM 口初始化
          CALL    SET_IV              ;设置中断向量
M_WAIT:   MOV     AH, 01H             ;INT 16H 01H 号功能是取输入键状态
          INT     16H                 ;ZF=0 时，有字符输入；ZF=1 时，无字符输入
```

```
          JZ    SHOW
          MOV   AH, 08H        ;INT 21H 08H 号功能是取输入字符
          INT   21H
          CMP   AL', !'
          JZ    EXIT           ;输入 !' 时退出
 CH2BUF:  MOV   SI, T_CNT
          CMP   AL, 13         ;判断字符是否为回车
          JNZ   _LA1
          MOV   AH, 10         ;在回车符前添加换行符 LF
          MOV   T_BUF[SI], AH
          INC   SI
   _LA1:  MOV   T_BUF[SI], AL  ;字符送到 T_BUF 中
          INC   SI
          MOV   T_CNT, SI
          CMP   AL, 13         ;判断字符是否为回车，每行发送一次
          JNZ   M_WAIT
SEND_1CH: MOV   BX, T_NDX
          MOV   DX, B_ADDR+0
          MOV   AL, T_BUF[BX]  ;发送首个字符
          OUT   DX, AL
          INC   T_NDX          ;更新发送指针
          JMP   M_WAIT
   SHOW:  MOV   BX, R_CNT
          MOV   SI, S_NDX
          CMP   SI, BX         ;判断 R_BUF 是否为空，不空时显示
          JAE   M_WAIT
          MOV   AL, R_BUF[SI]  ;取 R_BUF 中当前字符
          INC   S_NDX          ;更新显示指针
          MOV   AH, 2          ;显示当前字符
          MOV   DL, AL
          INT   21H
          JMP   M_WAIT
   EXIT:  CALL  RES_IV
          MOV   AH,  4CH       ;返回 DOS
          INT   21H
MAIN   ENDP
SET_IV   PROC
          PUSH  AX
          PUSH  BX
          PUSH  DX
          CLI                  ;关中断
          PUSH  ES
```

```
            MOV  AH,  35H           ;35H 号功能是取出中断向量
            MOV  AL,  IV_NO         ;AL = 中断向量号
            INT  21H                ;ES:BX = 返回的中断向量
            MOV  OLD_IP, BX
            MOV  OLD_CS, ES
            POP  ES
            PUSH DS
            MOV  AH,  25H           ;25H 号功能是设置中断向量
            MOV  AL,  IV_NO         ;AL = 中断向量号, DS:DX = 中断向量
            MOV  DX,  OFFSET COM_INTP
            MOV  BX,  SEG COM_INTP
            MOV  DS,  BX
            INT  21H
            POP  DS
            IN   AL,  21H           ;开放 8259 的 IR4
            AND  AL,  11101111B
            OUT  21H, AL
            STI                     ;开中断
            POP  DX
            POP  BX
            POP  AX
            RET
    SET_IV  ENDP
    RES_IV  PROC
            PUSH AX
            PUSH DX
            CLI                     ;关中断
            PUSH DS
            MOV  AH,  25H           ;25H 号功能是设置中断向量
            MOV  AL,  IV_NO         ;AL = 中断类型号, DS:DX = 中断向量
            MOV  DX,OLD_IP
            MOV  DS,OLD_CS
            INT  21H
            POP  DS
            IN   AL,  21H           ;屏蔽 8259 的 IR4
            OR   AL,  00010000B
            OUT  21H, AL
            POP  DX
            POP  AX
            RET
    RES_IV  ENDP
  COM_INIT  PROC
```

```
            PUSH    AX
            PUSH    DX
            MOV     DX, B_ADDR+3    ;置 DLAB=1(写 LCR)
            MOV     AL, 80H
            OUT     DX, AL
            MOV     DX, B_ADDR+0    ;设置波特率(写 DLL 和 DLH)
            MOV     AX, 000CH       ;1.8432 MHz/(9600bps*16)=000CH
            OUT     DX, AL
            INC     DX              ;DLAB=1 时, B_ADDR+0、+1 为 DLL、DLH 地址
            MOV     AL, AH
            OUT     DX, AL
            MOV     DX, B_ADDR+3    ;设置帧格式(写 LCR)
            MOV     AL, 1AH         ;7 位数据位、偶检验、1 位停止位
            OUT     DX, AL
            MOV     DX, B_ADDR+4    ;设置 MODEM 参数(写 MCR)
            MOV     AL, 0BH         ;正常收发、OUT2、DTR有效、RTS有效
            OUT     DX, AL
            MOV     DX, B_ADDR+1    ;设置需屏蔽的中断(DLAB=0 时写 IER)
            MOV     AL, 07H         ;屏蔽 0 级中断(MODEM 状态改变)
            OUT     DX, AL
            MOV     DX, B_ADDR+2    ;设置缓冲方式(写 FCR)
            MOV     AL, 00H         ;8250 缓冲方式
            OUT     DX, AL
            POP     DX
            POP     AX
            RET
COM_INIT    ENDP
COM_INTP    PROC FAR
            PUSH    AX
            PUSH    BX
            PUSH    DX
            PUSH    SI
            PUSH    DS
            MOV     AX, DATA
            MOV     DS, AX
            STI
    I_REPT: MOV     DX, B_ADDR+2    ;取中断请求状态(读 IIR)
            IN      AL, DX
            TEST    AL, 01H         ;检测是否有未处理的中断请求
            JNZ     I_EXIT
            TEST    AL, 06H         ;检测当前是否为 MODEM 状态改变请求
            JZ      I_MODEM
```

```
           TEST  AL, 04H          ;检测当前是否为发送保持器空请求
           JZ    I_TRNS
           TEST  AL, 02H          ;检查当前是否为接收出错请求
           JNZ   I_ERR
  I_RECV:  MOV   BX, R_CNT        ;R_CNT 为写入指针( =R_BUF 中字符数)
           CMP   S_NDX, BX        ;S_NDX 为显示指针
           JB    RECV_CH
CLR_RBUF:  MOV   AX, 0            ;清空 R_BUF, 即 S_NDX =R_CNT =0
           MOV   R_CNT, AX
           MOV   S_NDX, AX
 RECV_CH:  MOV   DX, B_ADDR +0    ;接收一个字符
           IN    AL, DX
           MOV   BX, R_CNT
           MOV   R_BUF[BX], AL
           INC   R_CNT            ;更新接收指针 R_CNT
           JMP   I_REPT
  I_TRNS:  MOV   SI, T_NDX        ;T_NDX 为发送指针
           MOV   BX, T_CNT        ;T_CNT 为写入指针( =T_BUF 中字符数)
           CMP   SI, BX
           JAE   CLR_TBUF
 SEND_CH:  MOV   DX, B_ADDR +0    ;发送一个字符
           MOV   AL, T_BUF[SI]
           OUT   DX, AL
           INC   T_NDX            ;更新发送指针 T_NDX
           CMP   T_NDX, BX
           JB    I_REPT
CLR_TBUF:  MOV   AX, 0            ;清空 T_BUF, 即 T_NDX =T_CNT =0
           MOV   T_CNT, AX
           MOV   T_NDX, AX
           JMP   I_REPT
 I_MODEM:  MOV   DX, B_ADDR +6    ;读 MSR, 清除 MODEM 中断请求
           IN    AL, DX
           ;处理相应事件, 如发送握手信号
           JMP   I_REPT
   I_ERR:  MOV   DX, B_ADDR +5    ;读 LSR, 清除错误中断请求
           IN    AL, DX
           ;处理相应事件, 如半双工方式收/发转换
           JMP   I_REPT
  I_EXIT:  CLI
           MOV   AL, 20H          ;向 8259A 发送 EOI 命令(OCW2)
           OUT   20H, AL
           POP   DS
```

```
            POP     SI
            POP     DX
            POP     BX
            POP     AX
            IRET
COM_INTP    ENDP
  CODE      ENDS
            END     MAIN
```

实验三：PC 机时间接口应用

一、实验目的

熟悉 PC 机时间接口的特性，掌握 PC 机定时功能的使用方法。

二、实验内容

利用 PC 机时间接口提供的定时操作接口（软中断），实现定时播放不同音符的功能。要求：

1）编写定时播放音符程序，每分钟的第 5 秒起连续播放 7 个音符，每个音符时长为 1 秒，用户键入‘！’时程序结束。

2）开始播放时间的定时由计时接口实现，音符时长的定时由定时接口实现。

3）上机调试所编写的程序，直至运行结果正确。

三、实验原理

PC 机的时间接口由定时接口、计时接口两个部分组成。定时接口的核心是 Intel 8254，可以实现各种定时操作，包括计数器 0 实现的系统计时器，计数器 2 实现的扬声器音频控制，系统计时器通过 1CH 中断向用户提供的定时操作接口。计时接口的核心是 MC146818，可以实现日期/时间访问、定时中断等功能，定时中断功能通过 4AH 中断向用户提供了定时操作接口。

PC 机的定时接口、计时接口与中断控制器 8259A 的连接如图 S-6 所示。系统启动后，主片 IR0 处于正常状态，从片 IR0 处于屏蔽状态。

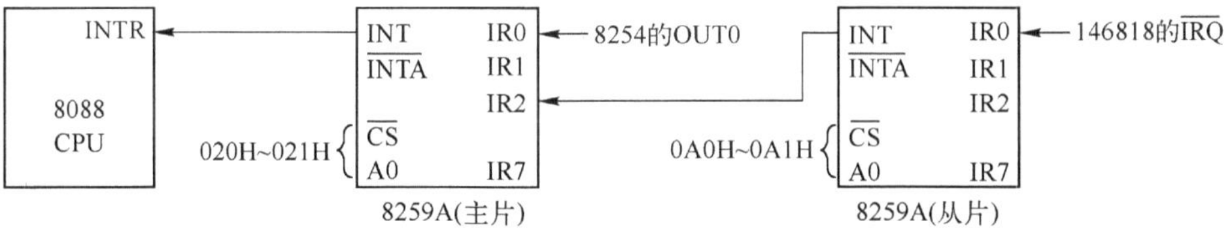

图 S-6　PC 机时间接口与中断控制器的连接

可见，PC 机的用户定时操作有 1CH 中断、4AH 中断两种实现方式。1CH 中断频率固定为 18.2 次/秒，定时需要在中断程序中计数来实现；4AH 中断频率由设定的报警时间（闹钟时间）决定，定时通常只需要在主程序中设定报警时间即可实现。

而 PC 机的音频控制可以通过 8254 计数器 2 实现，发声控制则通过 8255 中 B 口的 D1 和 D0 位实现。因此，软件使计数器 2 工作于方式 2 或方式 3（分频方式），根据需要写入计数初值（分频系数），同时使 8255 B 口的 D1 = D0 = 1，即可实现音频控制。

整个程序由主程序、4AH 中断程序、1CH 中断程序 3 部分组成；4AH 中断程序负责闹钟时间到达处理，完成第 1 个音符的播放准备工作；1CH 中断程序负责音符播放及音符时长控制。具体程序流程如图 S-7 所示。

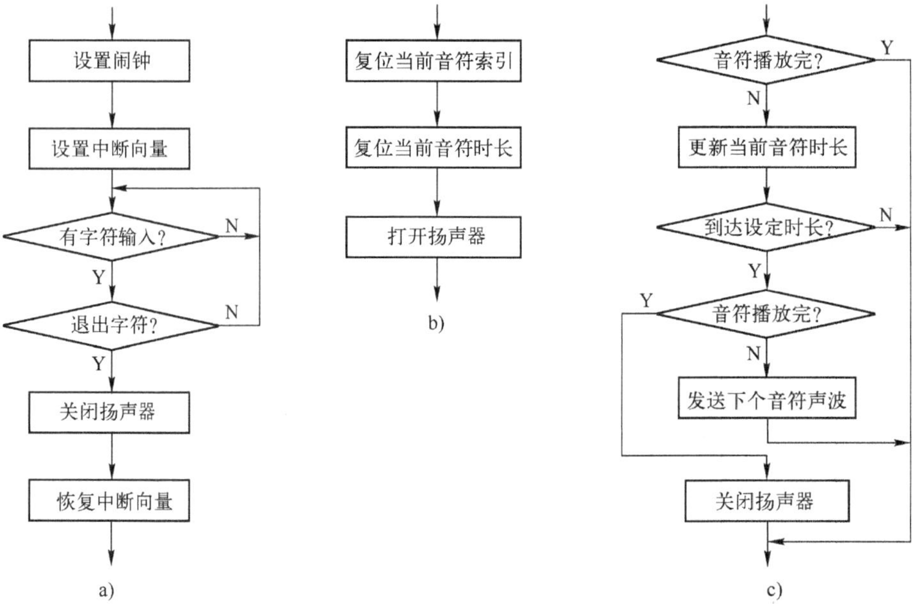

图 S-7　定时播放音符的程序流程

a）主程序流程　b）4AH 中断程序流程　c）1CH 中断程序流程

四、参考程序

定时发声程序的要求是：每分钟的第 5 秒开始播放，连续播放 7 个音符，每个音符时长为 1 秒，用户键入‘!’时程序结束。

7 个音符的低音频率为 131、147、165、175、196、220、247，中音频率为 262、294、330、349、392、440、494，高音频率为 523、588、660、698、784、880、988、1048。

参考程序如下：

```
DATA  SEGMENT
        OLD_1C_IP   DW   ?
        OLD_1C_CS   DW   ?
        OLD_4A_IP   DW   ?
```

```
        OLD_4A_CS    DW   ?
        MUS_FRQ      DW   262, 294, 330, 349, 392, 440, 494   ;音符频率(Hz)
        MUS_NUM      EQU  ($ - MUS_FRQ)                        ;音符个数
        MUS_LEN      DB   1                                    ;音符时长(s)
        CUR_NDX      DW   0                     ;当前音符索引
        CUR_LEN      DB   0                     ;当前音符长度计数(单位为 1/18 秒)
  DATA   ENDS
  STAK   SEGMENT STACK
        DB   100 DUP(0)
  STAK   ENDS
  CODE   SEGMENT
        ASSUME   CS:CODE, DS:DATA, SS:STAK
  MAIN   PROC FAR
        MOV    AX, DATA
        MOV    DS, AX
        CALL   SET_CLK                          ;设置闹钟(每分钟的第 5 秒)
        CALL   SET_IV                           ;设置中断向量(1CH 和 4AH)
  M_WAIT: MOV  AH, 01H                          ;01H 号功能是取输入键状态
        INT    16H                   ;ZF = 0 时, AL = 字符 ASCII 码, AH = 键盘扫描码
        JZ     M_WAIT                           ;ZF = 1 时, 无字符输入
        CMP    AL,' !'
        JZ     EXIT                             ;输入 !' 时退出
        JMP    M_WAIT
   EXIT: IN    AL, 61H                          ;读 8255 B 口状态
        AND    AL, 0FEH                         ;停止 CNT2
        OUT    61H, AL
        CALL   RES_IV                           ;恢复中断向量(1CH 和 4AH)
        MOV    AH,  4CH                         ;返回 DOS
        INT    21H
  MAIN   ENDP
SET_IV   PROC
        PUSH  AX
        PUSH  BX
        PUSH  DX
        CLI                                     ;关中断
 _GET_IV: PUSH ES
        MOV    AX,  351CH                       ;取出 1CH 中断向量
        INT    21H
        MOV    OLD_1C_IP, BX
        MOV    OLD_1C_CS, ES
        MOV    AX,  354AH                       ;取出 4AH 中断向量
```

```
            INT     21H
            MOV     OLD_4A_IP, BX
            MOV     OLD_4A_CS, ES
            POP     ES
  _SET_IV: PUSH DS
            MOV     AX,  251CH          ;设置 1CH 中断向量
            MOV     DX,  OFFSET TIM_INTP
            MOV     BX,  SEG TIM_INTP
            MOV     DS,  BX
            INT     21H
            MOV     AX,  254AH          ;设置 4AH 中断向量
            MOV     DX,  OFFSET CLK_INTP
            MOV     BX,  SEG CLK_INTP
            MOV     DS,  BX
            INT     21H
            POP     DS
  _O_IRQ8:  IN      AL,  0A1H           ;开放 IRQ8
            AND     AL,  0FEH
            OUT     0A1H, AL
            STI                         ;开中断
            POP     DX
            POP     BX
            POP     AX
            RET
SET_IV  ENDP
RES_IV  PROC
            PUSH    AX
            PUSH    DX
            CLI                         ;关中断
            PUSH    DS
            MOV     AX,  251CH          ;恢复 1CH 中断向量
            MOV     DX,  OLD_1C_IP
            MOV     DS,  OLD_1C_CS
            INT     21H
            POP     DS
            PUSH    DS
            MOV     AX,  254AH          ;恢复 4AH 中断向量
            MOV     DX,  OLD_4A_IP
            MOV     DS,  OLD_4A_CS
            INT     21H
            POP     DS
  _C_IRQ8:  IN      AL,  0A1H           ;屏蔽 IRQ8
```

```
            OR   AL,  01H
            OUT  0A1H, AL
            POP  DX
            POP  AX
            RET
  RES_IV  ENDP
  SET_CLK  PROC
            PUSH AX
            PUSH CX
            PUSH DX
   SET_ALM: MOV  AH,  6              ;1AH 中断 6 号功能是设置闹钟
            MOV  CH,  0C0H           ; CH 为时(BCD 码), D7D6 = 11 为无效报警
            MOV  CL,  0C0H           ; CL 为分(BCD 码),      =0x 为到时报警
            MOV  DH,  05H            ; DH 为秒(BCD 码)
            INT  1AH                 ; 本次闹钟时间为每分钟第 5 秒
    EN_ALM: MOV  AL,  0BH            ;取寄存器 B
            OUT  70H, AL
            IN   AL,  71H
            MOV  AH,  AL             ;允许报警中断
            OR   AH,  20H
            MOV  AL,  0BH            ;写寄存器 B
            OUT  70H, AL
            MOV  AL,  AH
            OUT  71H, AL
            POP  DX
            POP  CX
            POP  AX
            RET
  SET_CLK  ENDP
CLK_INTP  PROC FAR
            PUSH AX
            PUSH DS
            MOV  AX, DATA
            MOV  DS, AX
   MUS_RES: MOV  AX, 0
            MOV  CUR_NDX, AX
            MOV  CUR_LEN, AL
    SPK_ON: IN   AL, 61H             ;读 8255 B 口状态
            OR   AL, 03H             ;启动 CNT2、打开扬声器
            OUT  61H, AL
            POP  DS
```

```
            POP   AX
            IRET
CLK_INTP   ENDP
TIM_INTP   PROC FAR
            PUSH AX
            PUSH BX
            PUSH DX
            PUSH SI
            PUSH DS
            MOV  AX, DATA
            MOV  DS, AX
    J_END:  MOV  AX, MUS_NUM        ;判断音符是否播放完毕
            CMP  CUR_NDX, AX
            JA   I_EXIT
  LEN_CNT:  MOV  AL, MUS_LEN        ;计算音符时长的计数值
            MOV  BL, 18             ;每秒中断 18.2 次
            MUL  BL                 ;计数值(AX 中) = MUS_LEN * 18
            INC  CUR_LEN            ;更新音符时长计数器
            CMP  CUR_LEN, AL        ;判断音符设定时长是否到达
            JB   I_EXIT
            MOV  AL, 0
            MOV  CUR_LEN, AL        ;到达时, 音符时长计数器清零
            MOV  AX, CUR_NDX
            CMP  AX, MUS_NUM        ;判断音符是否播放完毕
            JB   SET_FRQ            ;未播完时播放下个音符, 否则关扬声器
  SPK_OFF:  IN   AL, 61H            ;读 8255 B 口状态
            AND  AL, 0FCH           ;停止 CNT2
            OUT  61H, AL
            INC  CUR_NDX
            JMP  I_EXIT
  SET_FRQ:  MOV  AL,  10110110B     ;置 CNT2 工作方式(方式 3、二进制计数)
            OUT  43H, AL
            MOV  DX,  0012H         ;896 Hz 的分频系数为 533H
            MOV  AX,  3280H         ;533H * 896 = 123280H
            MOV  SI,  CUR_NDX
            MOV  BX,  MUS_FRQ[SI]
            ADD  SI,  2
            MOV  CUR_NDX, SI
            DIV  BX                 ;计算分频系数(在 AX 中)
            OUT  42H, AL            ;写计数初值(分频系数)
            MOV  AL,  AH
            OUT  42H, AL
```

```
   I_EXIT: POP  DS
           POP  SI
           POP  DX
           POP  BX
           POP  AX
           IRET
TIM_INTP  ENDP
     CODE ENDS
          END  MAIN
```

附　　录

附录 A　ASCII 字符编码表

$b_6b_5b_4$ / $b_3b_2b_1b_0$	000	001	010	011	100	101	110	111
0000	NUL	DLE	SP	0	@	P	`	p
0001	SOH	DC1	!	1	A	Q	a	q
0010	STX	DC2	"	2	B	R	b	r
0011	ETX	DC3	#	3	C	S	c	s
0100	EOT	DC4	$	4	D	T	d	t
0101	ENQ	NAK	%	5	E	U	e	u
0110	ACK	SYN	&	6	F	V	f	v
0111	BEL	ETB	'	7	G	W	g	w
1000	BS	CAN	(	8	H	X	h	x
1001	HT	EM	)	9	I	Y	i	y
1010	LF	SUB	*	:	J	Z	j	z
1011	VT	ESC	+	;	K	[	k	{
1100	FF	FS	,	<	L	\	l	|
1101	CR	GS	-	=	M	]	m	}
1110	SO	RS	.	>	N	^	n	~
1111	SI	US	/	?	O	_	o	DEL

ASCII 字符编码为 7 位（$b_6b_5b_4b_3b_2b_1b_0$），其中，0 ~ 31 为控制字符。

附录 B　8086/8088 汇编指令一览表

分　类	指令格式	指令功能	指令操作
数据传送	MOVdst, src	传送	dst←src
	PUSH src16	压栈	SP←SP－2，[SP] ←src16
	POP dst16	出栈	dst16← [SP]，SP←SP＋2
	XCHG dst, src	交换	dst←→src，至少一个为 reg
	XLAT	查表	AL← [BX＋AL]
	MOVSX reg16, src8	符号扩展传送	reg16←src8 扩展符号
	MOVZX reg16, src8	零扩展传送	reg16←src8 扩展零

（续）

分　类	指令格式	指令功能	指令操作
地址传送	LEA reg16，mem	装入有效地址	reg16←mem 地址
	LDS reg16，mem	装入数据段指针	reg16←mem，DS←mem+2
	LES reg16，mem	装入附加段指针	reg16←mem，ES←mem+2
端口 I/O	IN AL，port 或 IN AX，port IN AL，DX 或 IN AX，DX	端口输入	AL←（port）或 AX←（port）， AL←（DX）或 AX←（DX）
	OUT port，AL/AX OUT DX，AL/AX	端口输出	port←AL 或 port←AX， （DX）←AL 或（DX）←AX
标志传送	LAHF	标志取出	AH←FLAG 低 8 位
	SAHF	标志存入	FLAG 低 8 位←AH
	PUSHF	标志压栈	SP←SP-2，[SP]←FLAG
	POPF	标志出栈	FLAG←[SP]，SP←SP+2
加减运算	ADD dst，src	加法	dst←dst+src
	ADC dst，src	带进位加法	dst←dst+src+CF
	INC dst	加 1	dst←dst+1
	SUB dst，src	减法	dst←dst-src
	SBB dst，src	带借位减法	dst←dst-src-CF
	DEC dst	减 1	dst←dst-1
	NEG dst	求补	dst←0-dst
	CMP dst，src	比较	根据 dst_src 的结果修改标志位
	AAA	加法后 ASCII 调整	AL←AL 中和调整为非压缩 BCD 码
	DAA	加法后 BCD 调整	AL←AL 中和调整为压缩 BCD 码
	AAS	减法后 ASCII 调整	AL←AL 中差调整为非压缩 BCD 码
	DAS	减法后 BCD 调整	AL←AL 中差调整为压缩 BCD 码
乘除运算	MUL src8 或 MUL src16	无符号乘法	AX←AL*src8 或 （DX，AX）←AX*src16
	IMUL src8 或 IMUL src16	整数乘法	AX←AL*src8 或 （DX，AX）←AX*src16
	DIV src8 或 DIV src16	无符号除法	AL←AX/src8，AH←AX%src8 或 AX←（DX，AX）/src16， DX←（DX，AX）%src16
	IDIV src8 或 IDIV src16	整数除法	AL←AX/src8，AH←AX%src8 或 AX←（DX，AX）/src16， DX←（DX，AX）%src16
	CBW	字节转换为字	AH←AL 的符号位扩展
	CWD	字转换为双字	DX←AX 的符号位扩展
	AAM	乘法后 ASCII 调整	AX←AL 中积调整为非压缩 BCD 码
	AAD	除法前二进制调整	AL←AH*10+AL，AH←0

（续）

<table>
<tr><th>分　类</th><th>指令格式</th><th>指令功能</th><th colspan="2">指令操作</th></tr>
<tr><td rowspan="5">逻辑运算</td><td>AND dst, src</td><td>逻辑与</td><td colspan="2">dst←dst∧src，按位与操作</td></tr>
<tr><td>OR dst, src</td><td>逻辑或</td><td colspan="2">dst←dst∨src，按位或操作</td></tr>
<tr><td>XOR dst, src</td><td>逻辑异或</td><td colspan="2">dst←dst⊕src，按位异或操作</td></tr>
<tr><td>NOT dst</td><td>逻辑非</td><td colspan="2">dst←$\overline{\text{dst}}$，按位取反操作</td></tr>
<tr><td>TEST dst, src</td><td>测试</td><td colspan="2">根据 dst∧src 的结果修改标志位</td></tr>
<tr><td rowspan="4">移位操作</td><td>SHL dst，1 或 SHL dst，CL</td><td>逻辑左移</td><td colspan="2">dst←dst 移动 1 位或（CL）位</td></tr>
<tr><td>SAL dst，1 或 SAL dst，CL</td><td>算术左移</td><td colspan="2">dst←dst 移动 1 位或（CL）位</td></tr>
<tr><td>SHR dst，1 或 SHR dst，CL</td><td>逻辑右移</td><td colspan="2">dst←dst 移动 1 位或（CL）位</td></tr>
<tr><td>SAR dst，1 或 SAR dst，CL</td><td>算术右移</td><td colspan="2">dst←dst 移动 1 位或（CL）位</td></tr>
<tr><td rowspan="4">循环移位操作</td><td>ROL dst，1 或 ROL dst，CL</td><td>循环左移</td><td colspan="2">dst←dst 移动 1 位或（CL）位</td></tr>
<tr><td>ROR dst，1 或 ROR dst，CL</td><td>循环右移</td><td colspan="2">dst←dst 移动 1 位或（CL）位</td></tr>
<tr><td>RCL dst，1 或 RCL dst，CL</td><td>带进位循环左移</td><td colspan="2">dst←dst 移动 1 位或（CL）位</td></tr>
<tr><td>RCR dst，1 或 RCR dst，CL</td><td>带进位循环右移</td><td colspan="2">dst←dst 移动 1 位或（CL）位</td></tr>
<tr><td rowspan="8">串操作</td><td>MOVSB 或 MOVSW</td><td>串传送</td><td>[ES: DI]←[DS: SI]</td><td rowspan="5">SI←SI ± n，
DI←DI ± n
其中
DF = 0/1 时 +/-
n = 1(B)或 2(W)</td></tr>
<tr><td>CMPB 或 CMPW</td><td>串比较</td><td>[DS: SI] - [ES: DI]</td></tr>
<tr><td>SCASB 或 SCASW</td><td>串搜索</td><td>AL/AX - [ES: DI]</td></tr>
<tr><td>LODSB 或 LODSW</td><td>从串中取数</td><td>AL/AX←[DS: SI]</td></tr>
<tr><td>STOSB 或 STOSW</td><td>向串中存数</td><td>[ES: DI]←AL/AX</td></tr>
<tr><td>REP</td><td rowspan="3">重复操作前缀</td><td colspan="2">CX←CX - 1，CX≠0 时重复</td></tr>
<tr><td>REPZ/REPE</td><td colspan="2">CX←CX - 1，CX≠0 且 ZF = 1 时重复</td></tr>
<tr><td>REPNZ/REPNE</td><td colspan="2">CX←CX - 1，CX≠0 且 ZF = 0 时重复</td></tr>
<tr><td rowspan="4">无条件转移控制</td><td>JMP [SHORT] label 或
JMP NEAR PTR label</td><td rowspan="4">无条件转移</td><td colspan="2">IP←转移目标 label 的偏移地址</td></tr>
<tr><td>JMP FAR PTR label</td><td colspan="2">CS: IP←转移目标 label 的逻辑地址</td></tr>
<tr><td>JMP reg16 或
JMP WORD PTR mem</td><td colspan="2">IP←reg16 或 mem</td></tr>
<tr><td>JMP DWORD PTR mem</td><td colspan="2">IP←mem，CS←mem + 2</td></tr>
<tr><td rowspan="4">无符号比较转移控制</td><td>JA/JNBE label</td><td>高于/不低于等于转移</td><td colspan="2" rowspan="4">IP←label 的偏移地址</td></tr>
<tr><td>JAE/JNB label</td><td>高于等于/不低于转移</td></tr>
<tr><td>JB/JNAE label</td><td>低于/不高于等于转移</td></tr>
<tr><td>JBE/JNA label</td><td>低于等于/不高于转移</td></tr>
<tr><td rowspan="4">有符号比较转移控制</td><td>JG/JNLE label</td><td>大于/不小于等于转移</td><td colspan="2" rowspan="4">IP←label 的偏移地址
（-128≤label 与 IP 偏移量≤+127）</td></tr>
<tr><td>JGE/JNL label</td><td>大于等于/不小于转移</td></tr>
<tr><td>JL/JNGE label</td><td>小于/不大于等于转移</td></tr>
<tr><td>JLE/JNG label</td><td>小于等于/不大于转移</td></tr>
</table>

（续）

分　类	指令格式	指令功能	指令操作
标志及CX条件转移控制	JZ/JE label	ZF=1 转移	IP←label 的偏移地址
	JNZ/JNE label	ZF=0 转移	
	JC label	CF=1 转移	
	JNC label	CF=0 转移	
	JS label	SF=1 转移	
	JNS label	SF=0 转移	
	JO label	OF=1 转移	
	JNO label	OF=0 转移	
	JP/JPE label	PF=1 转移	
	JNP/JPO label	PF=0 转移	
	JCXZ label	CX=0 转移	
循环控制	LOOP label	循环操作	CX←CX-1，CX≠0 时循环
	LOOPZ/LOOPE label		CX←CX-1，CX≠0 且 ZF=1 时循环
	LOOPNZ/LOOPNE label		CX←CX-1，CX≠0 且 ZF=0 时循环
子程序调用控制	CALL [NEAR/FAR] label	过程调用	IP 或 CS:IP 压栈、重置
	CALL [DWORD] mem		
	RET 或 RET n	过程返回	IP 或 CS:IP 出栈，或 SP←SP+n
	INT n	中断调用	FLAG、CS:IP 压栈，CS:IP 重置
	IRET	中断返回	FLAG、CS:IP 出栈
标志位操作	CLC	CF 复位	CF=0
	STC	CF 置位	CF=1
	CMC	CF 取反	CF=$\overline{CF}$
	CLD	DF 复位	DF=0
	STD	DF 置位	DF=1
	CLI	IF 复位	IF=0
	STI	IF 置位	IF=1
处理器控制	NOP	空操作	无（常用于延时或预留空间）
	HLT	CPU 暂停	无（常用于等待中断）
	WAIT	CPU 等待	检测$\overline{TEST}$引脚，直到其无效
	LOCK	封锁总线前缀	控制$\overline{LOCK}$引脚有效，直到指令结束

说明：

(1) 指令格式中符号的含义

src—源操作数，类型可为寄存器型（reg）、存储器型（mem）、立即数型（imme），长度可为 8 位（src8）或 16 位（src16）；

dst—目的操作数，类型可为寄存器型（reg）、存储器型（mem），长度可为 8 位（dst8）或 16 位（dst16）；

reg—寄存器型操作数，用寄存器名表示，长度可为 8 位（reg8）或 16 位（reg16）；

mem—存储器型操作数，用地址或变量名表示，长度取决于指令的另一个操作数，LDS、LES、JMP 指令中 mem +2 表示偏移 2 个单元的操作数；

imme—立即数型操作数，用常数或别名表示，长度取决于指令的另一个操作数；

label—指令标号，可表示为逻辑地址、偏移地址、偏移量。

（2）指令对 FLAG 标志位的影响

传送类指令—数据传送、地址传送、端口 I/O 指令不影响 FLAG，标志传送指令中，仅 SAHF、POPF 指令会改变 FLAG；

运算类指令—加减、乘除、逻辑、移位指令会改变 FLAG，循环移位指令仅改变 FLAG 的 CF、OF 位；

串操作类指令—MOVS、LODS、STOS 指令不影响 FLAG，CMPS、SCAS 指令会改变 FLAG；

转移类指令—无条件转移、条件转移（3 类）、循环、子程序调用指令不影响 FLAG；

系统类指令—处理器控制指令不影响 FLAG，标志位操作指令仅改变相应标志位。

附录 C　汇编语言程序开发过程

一、汇编语言程序上机过程

编写程序的目的是解决实际问题，程序的正确性只有通过上机运行才能验证。汇编语言程序的上机操作过程与具体的编程环境及调试工具有关。

为了尽快地掌握编程环境，编程环境建议使用最简单的 MASM 5.00 及以上版本，相应地，调试工具使用 DEBUG。

基于 MASM 的汇编语言程序上机过程可分为 5 个阶段，如附图 1 所示，其中，调试阶段可以省略，所有阶段的操作都在命令行下进行。

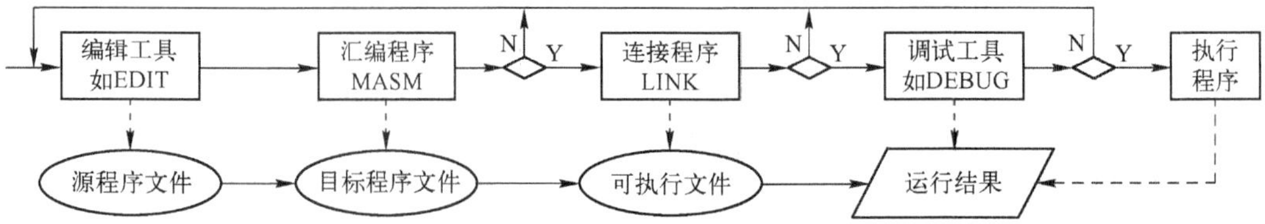

附图 1　汇编语言程序上机过程

1. 编辑阶段

编辑阶段的任务是输入汇编语言源程序、形成汇编程序源程序文件（扩展名为 .asm），可以使用任一文本编辑工具进行源程序输入。注意，源程序文件为文本文件，不包含任何文字信息（如字体、字号等）。

2. 汇编阶段

汇编阶段的任务是将各个源程序文件翻译成目标程序文件（扩展名为 .obj），使用汇编程序 MASM. EXE 进行翻译。一个应用程序可以包含多个模块（源程序文件），只有一个为主模块（END 伪指令后带标号）。

使用 MASM 对 test1. asm 进行汇编的过程为：

```
D: \ >MASM test1 <CR>
Microsoft (R) Macro Assembler Version5. 00
Copyright (C) Microsoft Corp 1981 - 1985, 1987. All rights reserved.
Object filename [test1. OBJ]: test1 <CR>
Source listing [NUL. LST]: test1 <CR>
Cross - reference [NUL. CRF]: test1 <CR>
          0 Warning Errors
          0 Servre Errors
```

其中，下划线部分是用户输入的，其余信息为 MASM 输出的。目标文件、源列表文件、索引文件的文件名可以只输入回车键（采用[ ]中文件名）。

MASM 输出汇编后的结果，可指出源程序中的错误，供用户修改源程序时使用。警告错误通常不影响程序的执行。

3. 连接阶段

连接阶段的任务是将各个目标程序文件（模块）连接在一起，形成可执行文件（扩展名为 . exe 或 . com），使用连接程序 LINK. EXE 进行连接。

使用 LINK 对 test1. asm 进行连接的过程为：

```
D: \ >LINK test1 <CR>
Microsoft (R) Overlay Linker Version3. 60
Copyright (C) Microsoft Corp 1983 - 1987. All rights reserved.
Run File [test1. EXE]: test1 <CR>
List File [NUL. MAP]: test1 <CR>
Libraries [. LIB]: test1 <CR>
LINK: warning L2034: no stack segment
```

其中，下划线部分是用户输入的，可执行、列表、库文件名输入可缺省（只输入回车键）。

汇编程序有错误时，LINK 将输出错误信息，供用户修改源程序时使用。

4. 试阶段

调试阶段的任务是调试所生成的可执行文件、发现程序中的错误，建议使用调试程序 DEBUG. EXE 进行调试。DEBUG. EXE 是 DOS 自带的一个调试工具。

使用 DEBUG 对 test1. exe 进行调试的过程为：

```
D: \ >DEBUG test 1.  exe <CR>
-
```

其中，“ - ” 为进入 DEBUG 程序后的提示符。在提示符状态下，可以输入各种调试命令，调试命令执行后又自动回到提示符状态，类似于 DOS 的命令行机制。

DEBUG 有 U、T、G、R、D、Q 等调试命令，不同命令的功能不同，Q 命令的功能是结束 DEBUG、返回 DOS，下面将详细介绍各种命令。

通过不断地执行调试命令，用户可以查看程序执行过程中的各种状态，发现程序中的错误，然后重复上述的编辑、汇编、连接和调试过程，直到程序运行正确为止。

5. 执行阶段

执行阶段的任务是运行所编写程序对应的可执行文件，解决具体的实际问题，通常在操作系统环境下直接执行。

二、DEBUG 主要命令

DEBUG 是 DOS 为汇编语言设计的一种调试工具，它通过单步和设置断点等方式，为汇编语言程序员提供了非常有效的调试手段。

（一）DEBUG 的调用

在 DOS 提示符下，DEBUG 通过键入如下命令进入：

```
D:\>DEBUG [e:][path][filename][parm1][parm2] <CR>
-
```

其中，e：为指定的驱动器名，path 为指定的路径名，filename 为要调试的文件名，parm1 和 parm2 为运行文件时所需要的命令参数。下划线表示是输入信息，其余则是显示信息。

进入 DEBUG 程序后，将出现提示符“－”，此时可以使用 DEBUG 命令来调试程序。命令执行完后，返回到提示符“－”；Ctrl－Break 键可中止命令执行，返回到提示符“－”。

DEBUG 命令不区分大小写，命令后的参数间要有分界符（如空格），命令与参数间可以无分界符。DEBUG 命令通常会产生多行输出，可用 Ctrl－Lock 键暂停输出的上滚，再按任一键继续显示其余内容。

（二）DEBUG 的主要命令

DEBUG 的主要命令包括存储单元的显示（D）、修改（E），寄存器的显示和修改（R），程序的汇编（A）、反汇编（U），程序的运行（G）、跟踪（T），以及帮助（?）和退出（Q）。所有命令格式中，命令与参数、参数与参数之间均需用空格键分隔。

1. 显示存储单元命令 D（Dump）

D 命令有两种格式：

```
-D [地址]   显示指定地址开始的 128 个字节的内容
-D [范围]   显示指定范围的内容,范围可表示为起始地址、终止地址或长度
```

地址或范围缺省时，紧接着上条 D 命令最后一个单元，显示 128 个字节的内容。

地址可表示为偏移地址（默认段地址为 DS）或逻辑地址（段地址：偏移地址），例如：

```
-D 100 11F
0B6E:0100  00 8B 36 EB D8 8B 0E E9-D8 8B D6 E3 42 51 56 5B  ..6.........BQV[
0B6E:0110  2B DE 59 03 CB 8B D6 C6-06 CD DC 00 34 00 25 16  +.Y.........4.%.
```

其中，0B6E:0100 为第一个单元的地址，每行显示 16 个单元内容，中间为十六进制表示的字节内容，右边为 ASCII 字符表示的字节内容，“.”表示不可显示的 ASCII 字符。

上例的命令也可写成“-D 100 L20”或“-D DS:100 L20”，L 表示长度。

注意，DEBUG 中，所有的数都默认为十六进制。

2. 修改存储单元命令 E（Enter）

E 命令有两种格式：

```
-E 地址 内容表   从指定地址开始，用给定的内容修改相继存储单元
-E 地址          从指定地址开始，手工逐个修改相继存储单元
```

修改的存储单元个数，由内容表长度决定，或手工键入回车键（Enter）时结束。例如：

```
-E DS:110 F3 23 '0   7D
```

其中，DS:0110 为首个单元地址，共修改 4 个单元。注意，参数间须用空格分隔。又如：

```
-E DS:110
0B6E:0110   2B. 2C   DE._     59. 3F
```

其中，2B、DE、59 为 DS:0110 起存储单元的原来内容，用户需修改时键入内容（如 2C）、按空格键，DEBUG 修改当前单元内容并显示下个单元内容，不修改时直接按空格键显示下个单元内容，直到按回车键结束命令。

3. 显示和修改寄存器命令 R（Register）

R 命令有 3 种格式：

```
-R          显示所有寄存器的内容和标志位的状态
-R 寄存器名  显示和修改指定寄存器的内容
-R F        显示和修改标志位的状态
```

3 种格式中，只有后两种格式具有修改功能。例如：

```
-R
AX=0000   BX=0000   CX=0041   DX=0000   SP=0064   BP=0000   SI=0000   DI=0000
DS=0B6E   ES=0B6E   SS=0B83   CS=0B7E   IP=0003    NV UP EI PL NZ NA PO NC
0B7E:0003 8ED8              MOV       DS,AX
```

其中，第 2 行右边为标志寄存器 FLAG 的标志位状态，第 3 行为 CS:IP 指向的下条指令。

```
-R BX
BX 0000
:0204
-R F
NV UP DI PL NZ NA PO NC    -OV DN EI NG ZR AC PE CY
```

若不修改，按回车键结束命令；否则，只键入需要修改的内容（可不用空格分隔），键入的次序任意。

4. 运行命令 G（Go）

G 命令格式为：

-G [=地址 1] [地址 2] [地址 3…]	从指定地址开始运行程序，遇到断点时停止运行，并显示此时的 R 命令输出信息

其中，地址 1 为程序运行的起始地址；地址 2、地址 3 为断点地址，断点最多为 10 个。R 命令的输出信息包括所有寄存器和标志位的内容，以及下条指令的内容。

G 命令不带参数时，程序从 CS: IP 起，运行到结束为止。例如：

```
-G =0006 0010 0024 0201
```

该命令使程序从 CS: 0006 处开始执行，遇到断点时显示的信息格式同“ - R”命令。

5. 跟踪命令 T（Trace）

T 命令有两种格式：

-T [=地址]	从指定地址开始执行一条指令，并显示当前指令的 R 命令输出信息
-T [=地址] [值 n]	从指定地址开始执行 n 条指令，并显示各条指令的 R 命令输出信息

前者功能是逐条指令跟踪，后者功能是多条指令跟踪。地址缺省时，执行下条指令（CS: IP 指向）这一条指令。例如：

```
-T =0003
AX=0B80  BX=0000  CX=0041  DX=0000  SP=0064  BP=0000  SI=0000  DI=0000
DS=0B80  ES=0B6E  SS=0B83  CS=0B7E  IP=0005   NV UP EI PL NZ NA PO NC
0B7E:0005 A01B00        MOV     AL, [001B]                    DS:001B=F0
```

其中，第 3 行为下条指令（CS: IP 指向），右边为指令中存储单元的内容。

6. 汇编命令 A（Assemble）

A 命令格式为：

-A [地址]	将输入的汇编语言指令串汇编成对应的机器码，存放到指定地址开始的存储区中

输入时，不同语句行使用回车键分隔，语句行中只有回车键时命令结束。

7. 反汇编命令 U（Unassemble）

U 命令有两种格式：

-U [地址]	从指定地址开始，反汇编 32 个字节的内容
-U [范围]	对指定范围的存储单元内容进行反汇编

地址或范围缺省时，紧接着上条 U 命令，继续向下反汇编 32 个字节的内容。

反汇编以汇编指令为边界，有时会多 1 ~2 个字节。例如：

```
-U 000E 0018
0B7E:000E 8A1F        MOV    BL,[BX]
0B7E:0010 81C27201    ADD    DX,0172
0B7E:0014 F7C20300    TEST   DX,0003
0B7E:0018 7407        JZ     0021
```

范围可用起始地址和长度表示，如上例的命令也可写成“-U 000E L0B”。

8. 帮助命令

帮助命令格式为：-?

帮助命令功能为：显示 DEBUG 所有命令简明列表。

9. 退出命令 Q（Quit）

Q 命令格式为：-Q

Q 命令功能为：退出 DEBUG，返回 DOS，但无信息存盘功能。

本附录仅列举了常用的 DEBUG 命令，读者可通过帮助命令（?）查看其他命令格式，并尝试使用。

参考文献

[1] 于英民. 计算机通信接口技术 [M]. 北京: 中国人民大学出版社, 2000.

[2] Barry B. Brey. Intel 微处理器结构、编程与接口 [M]. 6 版. 金惠华, 艾明晶, 等译. 北京: 电子工业出版社, 2004.

[3] 杨全胜. 现代微机原理与接口技术 [M]. 北京: 电子工业出版社, 2002.

[4] 周荷琴, 吴秀清. 微型计算机原理与接口技术 [M]. 4 版. 合肥: 中国科学技术大学出版社, 2008.

[5] 任国林. 计算机组成原理 [M]. 北京: 电子工业出版社, 2010.

[6] 王惠琴, 曹明华, 张玺君. 计算机通信技术 [M]. 北京: 人民邮电出版社, 2012.

[7] 韩毅刚. 计算机通信技术 [M]. 北京: 北京航空航天大学出版社, 2007.

[8] Andrew S. Tanenbaum. 计算机网络 [M]. 4 版. 潘爱民, 译. 北京: 清华大学出版社, 2004.

[9] IEEE Std 1284 – 1994. IEEE Standard Signaling Method for a Bidirectional Parallel Peripheral Interface for Personal Computers [OL]. 1994.

[10] Texas Instruments Inc. PC16550D Universal Asynchronous Receiver/Transmitter with FIFOs [OL]. 1995.

后　　记

经全国高等教育自学考试指导委员会同意，由全国高等教育自学考试指导委员会电子电工与信息类专业委员会负责计算机通信工程专业教材的审定工作。

本书由东南大学任国林副教授编写。全国高等教育自学考试指导委员会电子电工与信息类专业委员会组织了本书的审稿工作。参与本书审稿的有南京航空航天大学的周建江教授、上海交通大学戚正伟副教授，谨向他们表示诚挚的谢意。

全国高等教育自学考试指导委员会电子电工与信息类专业委员会最后审定通过了本书。

全国高等教育自学考试指导委员会
电子电工与信息类专业委员会
2014 年 7 月